MW01687814

Holybird

Holybird

Maria Montessori

蒙台梭利儿童教育经典原著

SPONTANEOUS ACTIVITY IN EDUCATION

儿童的自发成长

[意大利] 玛利亚·蒙台梭利◎著

刘建芳◎译

天津社会科学院出版社

图书在版编目（CIP）数据

儿童的自发成长／（意）蒙台梭利（Montessori, M.）著；刘建芳译．—天津：天津社会科学院出版社，2010.7

（蒙台梭利儿童教育经典原著）

ISBN 978-7-80688-537-6

Ⅰ．儿…　Ⅱ．①蒙…　②刘…　Ⅲ．儿童教育　Ⅳ．①G61

中国版本图书馆 CIP 数据核字（2010）第 014416 号

出版发行：天津社会科学院出版社
出 版 人：项　新
地　　址：天津市南开区迎水道 7 号
邮　　编：300191
电话／传真：（022）23366354
（022）23075303
电子信箱：tssap@public.tpt.tj.cn
印　　刷：北京建泰印刷厂

开　　本：720×960 毫米　1/16
印　　张：13.5
字　　数：230 千字
版　　次：2010 年 7 月第 1 版　2011 年 6 月第 2 次印刷
定　　价：25.00 元

目　录

contents

contents

c o n t e n t s

英文版序

研究过教育发展史的人都知道，玛利亚·蒙台梭利写的《蒙台梭利早期教育法》和《儿童的自发成长》这两本书对传统教育法已经产生了多大的影响。

第一本英文译本于 1918 年出版发行，当时的译文还能反映出那一时代的语言风格，所用术语还适用于当时的时代，只是在图解处有所改动。大多数照片都取自贝加莫市(意大利北部城市)的玛利亚·蒙台梭利学校，这个学校是高级蒙台梭利教育法体现得最好的学校之一。

我怀着对这位作者的崇高敬意和敬畏给这本书写作前言，我不知道别人是否也经历过像她那样的生活，并能够像她那样一如既往，勇往直前。

蒙台梭利博士的过去如何，我们从这本书的第一部分可略见一斑。在第一部分中，玛利亚·蒙台梭利所显示出的最重要的精神本质就是活泼、鲜活、充满活力。

在她后来写的一本名叫《童年的秘密》这本书中，她提及过一群 3~6 岁的孩子——他们是如何改变了她那段时间的生活。特别一提的是，他们可是一群流浪儿童，具有社会暴力倾向和毁坏力。他们出生于那些当时被剥夺了公民最普通权利的下里巴人家庭，他们显得肮脏、贪婪而有破坏倾向。

蒙台梭利博士还是位心理学家，她为孩子们创造了适合他们生活的环境，在这种环境中，他们可以有不同的行为动机。她只是教给孩子们一些做事的技巧，然后就让他们自由选择想要做的事情，而且只要他们喜欢，就可以全身心地去做这件事，不受任何其他干扰，只有那种可能会对他们造成伤害或伤害到别人的事情是不允许做的。几个月之后，这些孩子的行为举止发生了不可思议的改变，甚至连蒙台梭利博士本人都不敢相信这一切是真的。

"我用了很长一段时间才肯相信这不是幻觉，"她在《童年的秘密》一书中写到，"每次当我对一些事实进行了新的论证之后，我都会对自己说，我这一次还不会相信，再有一次我才会相信这是真的。这样我就可以保持我的怀疑态度，同时也会让我继续深入探讨这个问题。"

但到最后她也不得不承认事实就是如此。

"一天，"她在同一书中提到，"我带着极大的热忱站在孩子们面前，双手放在我的胸口上，满怀极大的敬意和慈爱看着这些孩子时，自问道：你此时是谁？也许我就是见到被耶稣基督把这些孩子抱在怀里、并听到他祝福他们的那个人？我会跟随你一起步入天堂之门。"

事情没有到此结束，她还会有更大的惊讶。为了能让孩子们自己逐渐地学会阅读，她还给孩子们一些字母积木，并教他们这些字母如何发音(是教他们如何发音，而不是告诉他们这些字母叫什么)。

几周后的一天，出人意料的事发生了，一个孩子竟然突然开始热衷于动笔写字。紧接着，又有一个，又有一个……这些孩子只有四岁半啊！这简直不能让人理解，似乎这是不可能的事情！她丢下她的医学事业，丢下她大学教授的职位，丢下她女权运动领袖的头衔，而去研究这帮孩子，这真是令人惊奇！他们为她开辟了一个新的领域——一个新的精神领域。

她洞穿了孩子的秘密！从那以后，她所做出的成果无不与此有关，而且是硕果累累。但人们对她的教育法的争议也随之接踵而来，而且一直持续到现在。

宗教人士对她的实证主义大加抨击，而实证主义者们又责备她使用宗教语言。科学家们嘲弄她不仅不够严肃客观，而且还大量使用煽动性语言；由于她不能接受别人的教育理念、由于她把这种过于理性的课题试用在还未成熟的孩子们身上、由于她限制了自由……教育家们批评她过于狂妄自大。

甚至连政客们都来对付她，那些国家机器因为她的理论而关闭了她在许多国家的慈善机构，将她驱逐出境，以至于很多次她不得不长期背井离乡，流浪在外。

若不是为了别的什么，蒙台梭利博士就应该是因为反驳或误解其他教育家而被载入史册了。若是别人，早就放弃这份事业了，因为所有人、所有发生的事情似乎都在诋毁她、贬低她的这份事业。但是她自得其乐，孩子们也在不断地透露出他们的秘密。没有什么力量能使她的事业夭折。她的事业在这个国家被禁止，但会在另一个国家生根发芽，继而禁止她的那个国家又转而接受她的理论并热衷于此。

仅凭这一点就足以说明了这套书的价值，这套书曾引起多少仇视和误解，你在阅读这套书时会听到“儿童传道者”之称，因为她总是抨击社会上一些教育界的不良现象和理论，似乎在抨击摧毁所多姆和俄摩拉城①的那些不轨之徒的先知一般。由于从一开始，她的行为就在这个人类社会中成为保护孩子们的一场不可缺少的战斗，她在惊涛骇浪中自成一格，写出这本书，保护孩子们免受伤害。她的有些表达似乎有点夸张，但你不要忘记，她所做的是她必须唤醒全社会的良知，她所面临的是已形成千年的（即使是无意识的）偏见、固有观念和灵魂深处的麻木。

为这些肯定是不同寻常的、单纯的、理论的、使用科学的表达方式进行辩护是她一直寻求的社会目标，虽然多少有些冲动，但是并非毫无道理。这在她对其他事物的抨击中可见一斑，如对那些反对儿童的空想以及反对与之相关的当时的教育方向和大多数人的心理形成的态度进行抨击时常用的语言。但是不可否

① 所多姆：罪恶之地（源出基督教《圣经》）；俄摩拉城：罪恶之都，俄摩拉城（据《圣经·创始记》该城因居民罪恶深重被神毁灭）。

认，他们夸大了儿童幻想的作用，没有区分正常幻想和非正常幻想，他们混淆了有意义的幻想和纯粹精神错乱的幻想。

如果说她是在对玩和幻想提出非议的话，那也不是说她没有认识到玩的价值，这在她后来的其他著作中有解释。但是在那时，幻想和玩同儿童天生的轻信一同被当作了成年人以此控制儿童行为的不同武器，即防止他们被孩子耍弄。

“玩去吧！”是那些不希望被孩子们打扰的人常用的口头语，童话故事不仅是经常被大人用来愉悦孩子、吸引孩子的工具，而且还是减少他们调皮捣蛋、乱跑乱闹的法宝，大人们可以以此来威胁孩子，如果他们不顺从，那么魔鬼就会来吃掉他们，小仙女就不会给他们带来他们想要的礼物。孩子们在这样“玩”时会感到非常快乐，但是没有人会指责他们精神空虚，需要有精神食粮。因此，蒙台梭利第一个学校因为“工作更重要”的想法，在学校中不允许玩具的出现。

幸运的是，随着时代的变迁，今天不再需要用幻想来让孩子得到满足，但在那时，幻想甚至还被应用于生理方面。在这本书中，详尽地叙述了一些非常贫穷的妈妈，她们没有能力满足孩子所需的肉和面包，就把面包掰成两半，然后让孩子把一半当作面包，另一半当作肉来吃，这实在是令人有所触动。而更令人感到触动的是孩子竟然欣然接受，而且还非常高兴地去想象他竟然吃到肉了，尽管他非常清楚自己吃的只是面包。

我们先姑且承认她指责社会时并没有用寻常的科学语言，但这并不是事实，因为她使用一些指责就是为了强化使用某些哲学观点。正如我以前提到过的，这是为了唤醒一些休眠沉睡的意识，让人更加理解孩子们所显示出的他们需要的手段，所有这些都清晰地说明她见证的这些现象并非由于任何她的教育理论。

蒙台梭利博士从没有希望，也永远不会希望自己是一位科学空谈主义者。她的教学法，是以实验为依据。她从未想过要建立一个心理的、方法的、哲学体系的想法，她只是在指明方向。她总是以科学的态度直接阐明方向，她的阐述已为广大领域、各个社会阶层以及全世界所证实：指导了教育领域和社会领域的实际应用，对人类人格的发展作出了贡献。

她只关注那些现象和事实，因为这些现象和事实在她或她的助手，或是受到她激励的那些从事这项事业的人所研究的各种不同环境下都有所显露。她总是试图抓住这些显示出来的、确实能够"看到"的现象的本质。为了能够解释并说明她在与孩子们的实际接触过程中遇到的情况和结论，她引用了当时的很多科学术语来进行阐述。

正因为如此——也正因为她提出的那些理论经过了"摸索"——教育心理学的某些症候才认定她的说法是错误的。这与宣布因C·F·沃尔夫[①]的"Theoria Generationis"理论探索了精源说和卵源说理论，所以它是错误的一样符合逻辑。当时占主导优势的理论也许经过了摸索，但事实就是事实，蒙台梭利博士所描述的那些事实到现在也还能看到，而现在很多人普遍接受的是另外一些事实。如果她想竭力让我们现时代的人理解并接受这些事实，她就要用现代的理论。这就是为什么当时她会那样做。她不得不使用在当时的科学被认为是不同领域的内容，但这并不意味着现在所有理论都是她的理论。

是蒙台梭利博士提出了教育领域的最终结论吗？她可不是这么认为的。

如果哲学家和教育家们指责她固执己见、僵硬死板，指责她自命不凡，指责她认为只有她自己是正确的，其他人都是错的，这是因为他们没有认识到，在其他人还在与旧的思想体系作斗争时，她就已经开始了新型的教育科学。

蒙台梭利博士完全明白，新的科学正在孕育成长，随着它的成长壮大，它会有更新的内容、更新的解释。她自己的理论也会随之更新，这种更新变化我们在她以后的著作中能够看到。

"在孩子巨大潜力中我所说明的是从前人们没有认识到的能量的存在。但是就相关的使用和知识而言，我们还只停留在加尔瓦尼[②]阶段，在这个阶段加尔瓦

① C·F·Wolff(卡斯帕·弗里德里希·沃尔夫)德国解剖学家，生物学家和胚胎学家。

② 加尔瓦尼(Galvani Luig，1737~1798)，意大利解剖学家及物理学家，电流发现人。

尼认识到死去的、去了皮的青蛙的腿之所以能弹动是由于某种神秘的能量,他指明了这点,并因此发现了原子科学领域中的电流。”

原子时代对证明蒙台梭利博士是正确的提供了有力的保障。为了充分应对已有的发展,时代要求人类要学得更多更快。人类自身不断受到飞速发展的毁灭性能量的威胁,而且当一个忍耐力、平衡力更强的人都想哭泣时,青年中的犯罪率就会增加,神经官能症的患病人数也会增多,全球几乎一半的孩子和大学生都会受此影响。

在这种左右为难的情况下,蒙台梭利博士指出,那些身心发育健康、很小年龄就能自发地、快乐地学习的孩子就会受到世人的瞩目。由于现在各个科学领域现代化的研究已经得出了与蒙台梭利博士50年前得出的相同结论,这一点更加备受瞩目了。

因此,我们出版了她早年的这部著作。必须指出的是,从1916年起,这部著作首次在意大利发行,到现在学校中的学习科目已经有了巨大的改善,可以做一个这样的比喻:本书的第二部分中需要解决的问题已经成为了摩天大楼的一块小小的抱角石。不幸的是,到目前为止,还没有哪部已发行的著作专门介绍这个进步过程。尽管如此,在意大利贝加莫的蒙台梭利国际学习中心,有一门与此相关的年度课程,希望在不久的将来,读者们能看到相关的系列书籍。

英文版出版者

第 1 章　儿童的生活调查

既然婴儿是人，我们就应该时刻把他们当作人来看待，在这样一个纷繁复杂的人类社会，我们必须关注他们如何以一种英雄般的勇气来实现对生命的渴望。

制约儿童身体与心理健康的法则是一致的

许多人要求我继续研究儿童教育法，这样他们能把我的教育法应用于七岁以上年龄的儿童，这说明他们还在怀疑这一教育法是否完全可行。

他们提出的质疑主要是道德秩序方面的问题。难道儿童不应该现在就开始首先尊重他人的意愿？难道儿童就不应该有那么一天会鼓足勇气去完成一项必须由他来完成的、又确实需要他付出努力的非选择性工作？而且，既然一个人的生活不会总那么轻松自在，不会总那么享受，难道他就不应该学会自我牺牲？

现在的初等教育从六岁就开始导入，七岁时正式实施，面对这种情况，有些人就提出了他们的质疑——现在我们面对的是那些让孩子的感到枯燥无味的数学表和用语法严格约束的枯燥的脑力练习，你是怎样考虑这个问题的？你是要全部取消，还是承认这一切是必须的，孩子们必须学习这些课程？

显而易见，整个争论都围绕着对“自由”一词的解释，而这个词是我所提倡的整个教育体系不可动摇的基础。

也许在不久的将来，所有这些反对声都会被付之一笑。也许那时再出版我这本书，大家会要求我把这些争议连同我的辩论一起从书中删除掉。但是现在，这些还有理由存在，也有必要对这些争议进行讨论。因为即使是人人都坚信的问题也同样会引发争议，所以要给出一个直接、清晰、有说服力的答案确实很难。

举一个类似的例子或许能省去我们许多口舌。在卫生学的指导下，在对待婴儿方面所取得的进步已经间接地回答了这个问题。从前是如何对待婴儿的？毫无疑问，许多人还能记得被人们普遍认为是必不可少的习惯做法：一定要把婴儿捆起来，否则孩子的腿将来就会不直；一定要把婴儿的舌下韧带剪开一些，以保证孩子将来能说话清楚；一定给婴儿带上帽子，以防孩子将来长成扇风耳；婴儿躺着时一定要时刻密切注意孩子的头部姿势，以保证他的后脑颅骨不会变得过于突出；细心的母亲会经常捋、捏婴儿的小鼻子，好让孩子的鼻子长得鼻梁笔直，鼻头尖尖，而不是鼻梁塌陷，而且鼻头又扁又圆；婴儿出生后不久，她们还会给孩子的耳朵刺洞，带上金耳环，以"改善孩子的视力"。这些习惯在有些国家可能已经遗弃不用了，但还有一些国家仍沿用至今。

有谁会不记得那些各种各样帮助孩子学走路的工具呢？孩子出生还不到一个月，甚至连神经系统都没发育完全，对他们来说不可能协调其身体各部位做动作，而在这个时候那些妈妈们每天就会花上几小时"教宝宝学走路"。她们用双手托住宝宝的腋下，看着小脚丫毫无目的地来回移动，就自欺欺人地相信宝宝已经开始在学习走路了；又因为孩子的脚弓确实在逐渐形成，而且双脚的摆动也越来越大胆，妈妈们就把宝宝的进步归功于自己每天的教导。终于，当这种运动建立起来的时候——尽管还没有获得平衡感，还不能双脚站立——妈妈们便用带子一类的东西提着孩子的身体，牵引着孩子在地上行走；再不然，如果她们很忙，没有空闲的时候，她们就会把婴儿放进一种铃铛状的篮子里，这种篮子底部宽大，可以防止篮子翻倒；她们把婴儿放在里面，双臂放在篮子外面，宝宝的身体由篮子的上口支撑着；这样虽然宝宝不能用双脚真正站立，却能向前移动，似乎这就是在行走了。

还有一种东西人们刚刚放弃不用，那就是给刚刚学会站立的宝宝戴一种类似凸起的皇冠帽子。这类似于跛子的拐杖：已经习惯于篮子的宝宝，突然失去了篮子的支撑，必定会时常摔倒，这个王冠一样的帽子就可以保护宝宝的头部不受到磕碰和撞伤。

当科学延伸到拯救儿童的范畴时，它又说明了什么呢？科学当然不会提供使鼻梁更直、耳朵不会是扇风耳的绝好方法，也不会提供给妈妈们更好的在宝宝刚出生就立刻能教孩子走路的方法以让妈妈们更轻松一些。不，绝对不会！这首先说明了一个人的头、鼻子和耳朵的形状是天生的；说明了一个人的舌下韧带不断开也能说话；此外还说明腿会自然长直，随着宝宝长大，自然而然就会行走，而不需要人为干预。

因此我们应该尽可能顺其自然，宝宝越是自由地生长发育，他的身体比例就越适合，发育就越迅速，各项功能就越健全。因此我们建议摒弃给婴儿捆襁褓，取而代之以“在自由姿势下最大限度地放松”。也就是说让婴儿的腿完全自由，这会使宝宝躺着时能完全舒展，而不会像许多人想象的那样，宝宝的腿上下乱动是他们在靠这种东西“愉悦”自己。切不要拔苗助长，等时候一到，宝宝自然就会行走的。

现在几乎所有妈妈们都相信这些了，那些卖绑襁褓带子和拉吊孩子走路的带子、还有放置婴儿篮子的小商贩们都确确实实无影无踪了。

结果，宝宝们的腿比以前长得更直，走路也比以前更好、更早了。

这是既定事实，也令人欣慰。因为过去人们一直相信孩子的腿长的直不直，鼻子、耳朵和头的形状长得漂不漂亮都是我们护理得好不好的直接结果，我们曾为此多么忧心忡忡啊！这是多大的责任，以至于每个人都感到难以胜任！而现在，我们可以放松地说：“这些都是天生的，我会让我的宝宝自由地生长，看着他健康美丽地成长；我要做的只是做一名大自然创造出来的奇迹的安静的旁观者。”

孩子的内心生活中也有类似的事情发生。我们曾为这些忧虑所困扰：形成性格、发展智力、对情感的表露和调整，所有这些都非常必要，但我们还要自问一下如何才能做到这些。我们或者可以随时随地与孩子的心灵相通，或者用特殊的方式束缚他们，就像过去许多妈妈们做的那样：用手捋捏宝宝的鼻子，用帽子固定宝宝的耳朵。另外，我们把忧虑隐藏于某种很平凡普通的成功之下。事实上，人类的成长中就包括有性格、智力和情感的成长发育。但当缺乏所有这些时，我们就崩溃了。那时，我们需要怎样做呢？谁愿意把性格给一位智力退化了的人、把知识教给一位白痴、把人类情感给一位精神病患者呢？

如果人类获得所有这些品质都确实是靠对心灵控制的方法获得的，那么在孩子们的心灵还很幼小时施加一点点的力量就足够了。但这事实上是不够的。

我们不是精神的谤造者，也不是物质的创造者。是大自然，这个“造物主”把万事万物掌管得有条不紊。如果我们相信这一点，我们就必须承认“不为自然发展设置障碍”这条原则。我们不能孤立地去处理一个个的问题——例如，什么方法最有助于发展个性、智力和情感？——因为仅仅这么一个问题，就可以揭示出教育的基础：即我们该如何给孩子以自由？

既然我们需要给孩子们这种自由，我们就必须考虑一些相类似的原则，这些原则类似于已由科学验证得出的、在人体生长发育过程中与身体的成长和各种功能健全相符合的原则；在这种自由中，孩子的头、鼻子和耳朵将达到最完美，其步态也会以其个体的先天能力达到最为完美。这样,也只有这种自由的方式将会引领一个人的性格、智力和情感最大限度地发育完善;也将会引领我们这些教育家的思想,使我们减少争论,使我们更有可能只去安静地看着他们成长,看着大自然创造的奇迹。

这种自由将会把我们从虚构的责任和危险的错误观念所带来的沉重负荷中进一步解放出来。

我们的悲哀在于,我们信以为真地认为我们要为一些与我们根本无关的事情负责,还自欺欺人地认为我们正在努力使一些事更加完美,而这些事根本不需要依靠我们就可以独立地自我完善!为此,我们就像傻子一样!而且进一步的问题由此产生了:什么是我们真正的使命、真正的责任?如果我们是在欺骗我们自己,那事实又是怎样的?我们哪些行为是有罪的?我们又忽略过哪些应该是有罪的行为?如果我们就像公鸡一样,相信太阳在早晨升起是因为公鸡打鸣,那么当我们头脑理智时我们该知道有什么责任呢?如果因为我们自己忘记了去吃“面包”,那谁会真正挨饿呢?

婴儿“身体救赎”的历史过程对我们来说富有极大的教育意义。

卫生学并没有被限制在论证人体解剖学的范围内,例如它不仅被公众所了解,而且还使所有人都确信身体的发育是本能的。因为事实上,婴儿的健康幸福与体形是否完美没什么关系,真正与之有关的、需要科学干预的是令人吃惊的婴儿死亡率。

当然,现如今考虑这些事情似乎有点匪夷所思,即使在这个婴儿疾病是最大威胁的时期,人们却几乎没怎么像关注婴儿鼻子的形状好看不好看、腿长得直不直那样去关注婴儿的死亡率,而真正的问题——生与死的问题——却被人忽视了。肯定有许多人,比如我自己就听到过下面这样的对话:“我在护理孩子方面经验丰富,我自己就有九个孩子。”“现在有几个孩子还活着?”“两个。”然而这样的母亲竟被看做是权威!

死亡统计所披露出的婴儿死亡率如此之高,我们甚至可以称这种现象为“滥杀无辜”了。这个著名的莱克希斯(Alexandra 的昵称,原意是“人类的守护神”)曲线图用于许多国家,说明了人类平均死亡率的问题,从这个曲线图中我们可以看出这样一个事实:这种可怕的婴儿死亡问题在整个人类中普遍存在。这应归结为两点不同的因素:毫无疑问,首先一个原因是因为婴儿特有的脆弱;另一个是因为人们缺乏对这种脆弱的保护,而且这种缺乏保护普遍存在。人们不缺乏对婴儿的良好祝愿,父母不缺乏对婴儿的爱,但错误在于无知,在于人们对极大的危险根本没有保护意识。现在对婴儿的生命最有杀伤力的疾病是传染病，尤其是源于肠道的传染病，这已经成为一种常识性问题。在纤弱的身体组织对肠道紊乱非常敏感的这个年龄阶段，紊乱会阻碍营养的吸收，同时产生毒素，这几乎是所有婴儿死亡的元凶。而这些疾病常常由于护理孩子的人习惯性的错误行为而加重。这些错误主要是由于没有良好的卫生习惯，这种习惯的缺乏会让我们现代人感到震惊，襁褓下僵硬的尿布在阳光下一次次晒干，根本不洗就直接给宝宝换上。其次是对婴儿的喂养没有形成规律。尽管宝宝的口腔内残留物发酵，很明显是要引起口腔炎症了，但是妈妈在哺乳前还是没注意应该清洗一下乳房，清洗一下宝宝的口腔。给宝宝喂奶也毫无规律，宝宝的哭声就是喂奶时间到了的唯一命令，而且无论是白天还是黑夜都是如此；宝宝越是消化不良或是因此而痛苦，喂食越是频繁，由此宝宝的病痛也就持续加重。过去有谁没见过妈妈为了让宝宝安静下来，把因发烧而小脸通红的宝宝抱在怀里，硬把奶头塞到号啕大哭的小嘴里呢？那些妈妈们也充满了自我牺牲精神和做母亲的烦恼！

科学做出了一些规定，要求尽可能讲卫生。它阐述的原则不言而喻，如果有人竟然没有认识到这就是为他们制定的，那真是让人瞠目结舌了。这个原则是：即使是最小的婴儿，也要像我们一样有规律地进食，也应该是在消化完前一次的食物之后再吃一些新鲜的食物。因此应该根据宝宝的年龄和其正在发育的身体功能调节状况，制定每隔几个小时喂食一次。不能让婴儿啖食面包干，有些母亲经常这样做，尤其是那些有些消化不良的宝宝，妈妈们为了阻止他们啼哭，就喂他们一些面包干。因为宝宝会把面包颗粒吞下，而他们还没有能力消化这些面包颗粒。

母亲们会对这个问题感到忧虑：宝宝哭闹的时候我该怎么办呢？然而她们这样做一段时间后就会发现，孩子的哭闹少多了，或者完全不哭了；她们甚至会看到仅一个星期大的宝宝在两个小时的喂食间歇期间安安静静，脸蛋红润有光泽，睁着大大的眼睛，他们是那么安静，以至于没有发出丝毫的生命迹象，就像是大自然在一刹那间庄严地静止不动了。宝宝们为什么会不断哭闹呢？那些哭闹实际上就是信号，表明的意思是：痛苦和死亡。

世界对这样哭嚎的小生命什么都没有做，他们被裹在襁褓中，而且经常是由一个没责任能力的孩子照看，宝宝们没有自己的房间，没有自己的床位。

是科学拯救了他们，给他们创造出了保育室、摇篮、婴儿室、适合他们穿的衣服，还有一些大企业和医学专家为他们专门制作的用于断奶后的卫生食品和专用营养品。总之，是科学给他们提供了一个全新的世界：清新、睿智、充满欢乐。婴儿成为有自己生存权利的新人,从而引出了一个专门为他们创造的新领域。其结果就是婴儿卫生法则被普遍推广,了解这一点的人数相应的直线上升,从而使婴儿死亡率也相应地下降了。

由此可见,因为有创造力的大自然能比我们更好地塑造婴儿的精神,所以当我们说婴儿也应该一样有精神自由时,我们并不是说就要放弃或忽视孩子的精神问题。

也许我们观察一下周围的人就会明白,虽然我们不能直接雕琢孩子的个性、智力和情感,但是或多或少我们忽视了一些责任和本该担忧的事情,而精神的"生与死"正依赖于这些责任和应该被我们忧虑的事情。

因此,自由原则并非放弃原则,而是那种把我们从幻想拉回现实,引导我们进行最为主动高效的护理孩子的原则。

儿童现在的自由完全是身体的自由

卫生学已经给婴儿的物质生活带来了解放,如不再用襁褓包裹宝宝、婴儿也能有户外生活、婴儿的睡眠不再受人为干预可以一直睡到自然醒等,这些事实都是最有力、最明显的证据。但这些仅仅是获得解放的手段,而获得自由更为重要的措施是在婴儿生命旅程的最开始便排除那些疾病和死亡的最大威胁。只要某些最基本的错误得以纠正、将阻碍婴儿生命得以延续的障碍扫除,不仅婴儿的成活率会大幅度提高,而且婴儿的生长发育也将得到明显的改善。那么确实是卫生学帮助他们在体重、外表形象、漂亮程度、身体发育等方面有所改善和提高吗?答案是:卫生学并没有做到所有这些事情。就像福音书上所说:谁能只通过思考就能使自己的形象更高大呢?卫生学仅仅排除了妨碍孩子生长发育的障碍,这些外部限制抑制了身体的自然发育和生命的一切自然进化,而卫生学冲破了这些枷锁的束缚。因此每个人都感觉到了这种自由所起的作用,每个人都鉴于这种事实一再地坚持这种观点:孩子应该拥有自由。由于"被满足的儿童物质生活的条件"与"已获得的自由"之间的直接关系,现在已得到了普遍而直观的共识,因此人们养育婴儿就如同呵护幼小的树苗一般。现如今的孩子享受着远古时代种植园里被精心照料的蔬菜般的呵护:上好的肥料、充足的氧气、适宜的温度、对消灭能引起蔬菜疾病的寄生虫的细心等。是的,我们因此可以说,对这些小皇帝的照料就如同别墅里最美丽的玫瑰花一样得到了精心的照料。

把儿童比喻为花朵，过去如此，现在也是如此，尽管这只是一些比较幸运孩子的特权。但我们需要注意的是，这是一个很严重的错误观念。因为婴儿就是人，能满足一株植物的条件不可能满足一个人。设想一下，如果我们这样说一个瘫痪在床的人："他只是个植物，而作为人，他已经死了。"如果他听了这话，会有多颓丧，这种悲哀有多痛苦！因为他除了一副人的躯壳，什么都不存在了。

既然婴儿是人，我们就应该时刻把他们当作人来看待，在这样一个纷繁复杂的人类社会，我们必须关注他们如何以一种英雄般的勇气来实现对生命的渴望。

那么儿童的权利到底是什么？让我们把儿童当作一个社会阶层来考虑这个问题。我们把他们当作是劳动者阶层，因为事实上他们确实是在劳动、在创造人类，他们就是我们的未来。他们承受着身体的疲惫和精神的磨砺，继续着他们的妈妈做了几个月的工作，但接下来他们的工作更艰辛、更复杂、更困难。刚出生时他们除了有潜力，其余一无所有。甚至成年人都承认，儿童被迫在这个充满了艰难困苦的世界上做每一件事。那么在这样一个未知的世界里，我们如何去帮助这些生命脆弱的朝圣者呢？他们的降生甚至比动物还要脆弱，还要无助，因为几年之后他们就不得不成为一个真正的人，不得不适应这样一个由无数代人经过艰苦努力而建成、高度复杂、极其有组织的社会。那么在这样一个高度文明的时代，也就是在这样一个当生活的可能性是建立在某些权利之上——这些权利要靠积极努力地争取才能得来，要靠法律赋予——既没有任何力量，又没有任何思想的婴儿来到我们中间时，他有些什么权利呢？如漂流在尼罗河上躺在蒲草做成的箱子里的婴儿摩西，他代表着犹太人的未来，但偶尔路过的某位公主就一定会看到他吗？[①]

我们把机会、运气、偏爱，把所有这些都给了这个孩子。而似乎《圣经》中对埃及暴君的惩罚、对埃及人所有家庭中第一胎死亡的惩罚[②]永远都要延续下去。

让我们来看一看，当婴儿来到这个世界上的时候，社会公正是怎样接纳他们的。我们生活在 20 世纪，而在这个时代，许多所谓的文明国家里，孤儿院是人们公认的慈善机构，奶妈也是社会公认的人群。什么是孤儿院？那其实就是一个关押所，一所黑暗可怕的监狱。在这所监狱里，犯人死去习以为常，就像是中世纪地牢中的人一样，无声无息地就消失不见了，丝毫不留痕迹。这些人从没有被任何

---

① 摩西的故事：选自《圣经》中的《出埃及记》。

②《出埃及记》中摩西对埃及人的十次惩罚。

人关爱过，他们的姓名被删去，财产被没收。最年长的犯人有可能还对他们的妈妈有些记忆，知道自己有过名字，与那些靠回忆去记忆色彩的美丽和太阳的绚烂的后天成为盲人的那些人一样，他们或许还能依靠回忆获得一些安慰。但是弃婴则和天生的盲人一样，每位囚犯都拥有比他更多的权利，然而谁更清白无辜呢？即使是在最暴政的年代，那些被压迫的人们也会点燃正义的火炬，最终导致大革命的爆发。那些因为碰巧见证了暴君罪行的人被关入了大牢，还有那些因被关入黑暗大牢而遭受闻所未闻的折磨因此失去了欢乐的人们，他们至少能唤醒人们去争取平等公正的法律制度。但是谁会为那些弃婴放声疾呼呢？这个社会就不认为他们也是人，实际上他们仅仅是人类的“陪衬”，而又有哪个社会不是用牺牲“陪衬”来保存名节、获得好名声的呢？

奶妈是一种社会习俗，一方面这是一种奢侈的习俗。还在前不久的时候，有一位出身甚至还谈不上是中上阶层的姑娘，在即将结婚时，以其未来夫君答应她的舒适居家条件引以为豪，她提出的条件是：“我要有一个厨师、一个女管家、一个奶妈。”另一方面，刚刚生了孩子的健壮农村女孩看着自己丰硕的乳房，会很得意地想到：“现在我可以找个富裕人家去当奶妈了。”只是在最近，卫生学才呼吁那些因懒惰而拒绝给自己孩子用母乳喂养的妈妈们的行为是可耻行为；直到我们这个时代，坚持自己母乳喂养孩子的女王和王后们仍然被引证为其他母亲们的学习榜样。卫生学建议把喂养自己的孩子作为母亲的责任是根据一条生理原理做出的：母亲的乳汁比任何东西都更滋养婴儿。尽管这已经说明得很清楚了，但是这项职责远没有被普遍履行。走在路上时，我们还能经常看到一位健壮的母亲身边跟随着一位抱着宝宝的奶妈，奶妈也穿红戴绿，衣服上绣着金丝银线，极为得意。有钱人家的主妇不会带衣着不整的奶妈外出的，她们总是带着时髦奶妈，这些时髦奶妈是婴儿卫生方面的专家，他们把孩子像“花”一样精心照料。

那么其他的孩子怎么样呢？如果某些婴儿一个人就有两个母亲给他喂奶，那么另外一个孩子就不会有奶喝了。但问题是母乳不是人工制造的产品，它是大自然的精心分配，即每一个新生命都会分配到相等的一份。只有制造生命才能产生母乳，养牛人对此再明白不过了：他们以非常卫生的方式饲养好奶牛，而把小牛送去屠宰场。每次把那些幼小的生命与他们的妈妈分开时女主人是什么感受！小狗小猫不也是如此吗？当家里的宠物狗生出太多的小狗而喂不起奶，主人只能清除掉一些小狗的时候，女主人心底里也会感到伤心！而这个女主人的宝宝却还由一位身体健壮的奶妈喂奶呢！让女主人伤心的是那只非常想养育自己的狗宝宝而低声呜咽的狗妈妈，它不知道自己是不是有能力喂养那么多柔弱的小狗，却还不想失去任何一个。奶妈则又是另外一回事了：她是自愿出卖自己的奶。而那个孩子——她自己的孩子——怎么办，没人关心，甚至连她都不关心。

只有清楚地以法律的形式界定出宝宝的权利才能保护宝宝，因为这个社会是法制社会。没错，这些权利就是财产，绝对的财产；即使你是因为感到饥饿偷一片面包都要被判定为是小偷，你将为此而被法律惩罚，被社会定为叛逆者。而财产权利则构成了社会基础最不可侵犯的组成部分。一位地产管理者把本不属于他的财产卖掉，用换来的钱去享乐，直接导致了财产的真正主人陷入贫困，这种犯罪令人难以想象，因为有谁会去购买没有主人签字的房产呢？而社会构成就是如此。如果有人确实犯下某些罪行，这个人不仅会被判罪，但事实是这些罪行几乎不可能发生。然而对于那些婴幼儿，犯罪却无时无刻不在发生，而且竟然没人认为这是在犯罪，而被认为是一种奢侈的行为。对于孩子来说，有什么能比拥有母亲的奶水更为神圣的呢？孩子可能会用拿破仑大帝的话来回答这个问题："这是上帝赐予我的。"毫无疑问，他的要求是合法的，而且这是他唯一与生俱来的、只为他而生的资产。他所有的财富就在于：生命的力量、生长的力量、获得活力的力量都来源于乳汁的营养。如果那些没有喝过母乳的婴儿长大后因贫困去艰苦劳作，他们就会身体虚弱、患佝偻病，结果会怎么样呢？多少伤痛、多少意外事故造成的永久性伤残都是因为此病。等将来孩子长大成人了，某一天在工作中出现意外事故并受伤，而且是永久性的时，那么他会在社会道德的法庭上对这个问题导致的结果提出怎样的控诉呢！

在一些文明的国家里，生活富裕的母亲们已经了解到了应该给自己的孩子哺乳，这是因为卫生学家们已经证明母乳喂养对宝宝的身体健康非常有利，而不是因为她们已经认识到享受母乳是婴儿的"民事权利"。她们认为那些还保留使用奶妈习俗的国家不如她们的国家发达，但文明程度却相差无几。

也许有人会问：如果妈妈有病不能哺乳孩子又怎么样呢？在这种情况下，这个宝宝是很不幸的。那为什么还要让另一个孩子因为这个宝宝的不幸而不幸呢？无论一个人有多贫穷，我们也不允许他们剥夺别人急需的财富。如果在现在这个时代还有某位要人需要靠浸泡在人血中才能治愈某种可怕的疾病，那他也不能因为这个目的，就像过去野蛮的皇帝那样让健康人为他流血。这些就是构成我们文明的因素，而文明又把我们与海盗和食人者区别开来，并公认每个成年人都有自己的权利。

但婴儿的权利并没有得到认可。这个事实表明的基本含义是：我们确实认识到了成年人的权利，但没有认识到儿童的那些权利！我们确实意识到了公正的问题,但这只限于那些可以自我保护、自我防卫的人,而对于其他人我们则保留我们的野蛮。因为现在很多民族已经或多或少地从卫生的角度提高了自己,但无论是什么民族,他们同属于一个文明——建立在最强大权利基础上的文明。

当我们开始严肃地审查孩子的道德教育问题时,我们应该先看看我们周围,先调查一下我们为孩子们提供了什么样的环境，难道我们愿意孩子们像我们一样,粗暴野蛮地对待弱者吗?难道我们愿意他们像我们一样根深蒂固地认为,对那些不能提出反对意见的人就应该独断专行吗?难道我们愿意他们像我们一样,与和我们一样的人交往时是半个文明人，而与那些无知和受压迫的人交往时就是半个野蛮人吗?

如果我们不愿意他们这样,那在我们给他们讲道德教育前,先要模仿那些马上要做教化的传教士们:他们在给别人讲道之前先低下头来忏悔,向教徒们坦白自己所犯之罪。

被剥夺了权利的孩子就像是脱了臼的手臂，只有当脱臼部位复位后人性才能在道德的进化方面起作用，也才能终止附带的因肌肉受损而造成的疼痛和功能失效，还有终止女人因此造成的痛苦与麻木。儿童的社会问题很明显更加复杂、更加深奥;这不仅是我们眼前的问题,也同样是我们将来的问题。

如果我们不是从心底里认为我们的这种行径是不公正的，就更不用说承认这些就是犯罪了。那么当我们和孩子相处时,他们还有什么粗暴行为是我们不能容忍的呢?

如何接纳刚刚降临于世的新生儿

我们先看看我们的周围，只是到了最近我们才开始对接受这么尊贵的客人有所准备。儿童床才发明不久;在数不清的、一味重复的、数量过多、过于奢侈的各类商品中,我们来看看有几样是专门为孩子制造的。没有适合孩子使用的盥洗盆,没有适合他们坐的沙发,没有他们用的桌子、刷子。每个家庭都有许多房间,但没有一个房间是给他们的,是为他们的生活而准备的,只有那些富裕有钱人家的孩子或幸运的孩子才有属于自己的房间，才有一个能或多或少有一点点自由放任的地方。

我们来换位思考一下,如果我们在这种条件下会遭受多大的痛苦。

假设我们发现自己身处绿巨人之中,与我们相比,这些巨人的腿无比的长,身体无比巨大,而且运动起来不知道比我们快多少倍,他们非常灵活,非常聪明。我们想走进他们的房子,可是每个台阶都竟然和我们的膝盖一样高;我们想爬进去,但不得不靠这些房子的主人的帮助;我们想坐下来,但是每个坐椅竟然都和我们的肩头一样高;我们想爬上去坐下,最终还是不得不让他们把我们放上去。我们想清洁一下我们的衣服,但是每一个刷子都非常大,我们既握不住又拿不起它;我们想刷刷我们的指甲,递给我们的刷子就像衣服刷子那样大。我们可能会很想找个洗澡盆来洗个热水澡,但是他们的澡盆都巨大,我们无法将之端起。如果我们明白这些绿巨人是一直盼望我们的到来,那么我们就不得不说:他们没有做好接待我们的准备,或是没有做好使我们在他们中间愉快生活的准备。孩子发现他自己需要的一切东西都是以玩具的形式存在的,都是为玩具娃娃准备的;丰富多彩、各类极具吸引力的环境条件并没有为他们创设出来,而玩具娃娃却有房子、起居室、厨房、衣柜;成年人拥有的一切都以缩小的形式为他们制造出来,然而孩子们却不能在这缩小了的东西里生活,只能用这些东西自娱自乐。世界和孩子开了个玩笑,因为没人认为孩子是活生生的人。孩子们最终将发现这个社会不承认他们的到来是有价值的。

众所周知,儿童损坏玩具,特别是损坏那些专门为他们制造的东西的这种行为,被视为他们智力发育的佐证。我们说:"他把玩具弄坏是为了弄清楚'这东西是怎么做出来的'。"实际上他是想看看玩具内部是不是还有使他感兴趣的东西,因为他对玩具的外表一点兴趣都没有,有时他粗鲁地打碎玩具,就像一个愤怒的敌人。然而,按照我们的想法,他破坏玩具只是因为顽皮。

借助于周围的事物生存是儿童的自然倾向。他愿意用自己的脸盆,愿意自己穿衣服,愿意真正给一个活生生的人梳头,愿意自己动手扫地,等等;他也愿意有自己的座位、饭桌、沙发、晒衣夹和碗柜。总之,他渴望的就是自己动手做一些有目的的事情,使他自己的生活舒适安逸。他不仅要"行为方面像个成年人",而且要"具备成年人的全部",这是他天性和使命的主导趋势。

我们在"儿童之家"里见到过这样的孩子,他像大多数训练有素的工人一样,也像大多数一丝不苟的管理者一样,愉快、耐心、动作舒缓而细致。再小的小事也能让他心满意足:把衣服挂在墙上钉得很矮、伸手可及的挂钩上;把一扇很轻便的门打开,门把手的大小正好适合他的小手;把一把椅子放到某个地方,椅子的重量对他来说并不很沉,他搬动椅子时既不会弄出很大声响,动作又很优雅。因此我们建议:给孩子创造一个每样东西的大小都与他相称的环境,并让他生活在这个环境中。这样有助于发展孩子内在的“积极生活”,而这种“积极生活”可以使孩子有很大成就感,因为在这样的环境里他们不仅看到了愉快的简单容易的劳作,而且还看到了精神生活。在这样的和谐氛围中,我们看到,孩子们的每项生活都需要开动脑筋,就像一棵植根于土壤中的种子,正在以唯一的一种方式生长发育:长时间地反复练习。

我们看到,孩子们在生活过程中,虽然专心于自己的工作,但他们的动作很慢,很蹩脚。这是因为他们的身体还没有发育成熟,就像他们走路很慢,因为他们的腿还没有长长,我们凭直觉感觉到生命正在他们体内逐步完善,就像蛹慢慢地在茧袋里成为蝴蝶。妨碍他们的活动就像用暴力摧残他们的生命。但是你经常如何对待你的孩子呢?我们所有的人打扰孩子时既不感到内疚,又丝毫不加考虑,就像主人对待没有人权的奴隶一样。对许多人来说如果要是对待他们像对待成年人一样表示出“尊重”那是非常滑稽的事情,然而我们却非常苛刻地命令孩子们不要妨碍我们!如果孩子们要做点什么事情,例如自己动手吃点东西,大人就会立刻过来喂他们;如果他们想自己动手扣好外衣的纽扣,大人就会连忙过来给他们扣好;孩子要做什么都会有大人来代替他们做,非常残酷,没有一丝一毫的尊重。可是我们自己却在工作中对我们自己的权益非常敏感,如果有人企图取代我们,他就冒犯了我们。《圣经》中有一句话:“他的地方将被别人占据”,这句话是说自己的领地有丧失的危险。

如果我们成为一个不能理解我们自己情感的那些比我们强大得多的巨人的奴隶,我们该怎么办呢?当我们正在安静地喝汤,在慢慢惬意地品味时(我们知道只有在自由的基础上才会有这种乐趣),假如一个巨人突然出现,从我们手中抢走汤匙,强迫我们以最快速度把汤喝下去,以至于我们几乎被汤噎住,这时我们会提出抗议:“看在上帝的分上,让我们慢点喝!”伴随而来的是从心底里感到受到了压迫,我们的消化也会因此受到损伤。再假如,我们正在一边想着一些愉快的事情,一边慢慢地扣着外衣的纽扣,此时你在自己的房子里享受着自由,从心底里感到无比幸福愉悦。突然,一个巨人凌空出现在我们面前,忙着帮我们穿衣服,而且巨人竟然一眨眼之间就把我们带出了家门。此时我们感受到自尊心受到了伤害,外出散步能给我们带来的愉悦顿时消失殆尽。我们的营养来源不仅仅是我们吞下去的汤,也不仅仅是能带来身心健康的散步等体育锻炼,还来源于我们自由地做这些事情。我们感到反感,试图反抗,根本不是因为对巨人的憎恶,而只是因为我们的天性,出于我们在生活的所有方面对自由的认识。我们人类自身没有意识到,只有上帝知道,知道这种意识会悄无声息地出现在我们人类的思想意识中,我们毫无察觉,而这种意识会贯穿始终。就是这种人类对自由的热爱滋养了我们的生活,甚至几乎在我们的一举一动中,给我们的生活带来幸福安康。关于这一点曾经有人说过:“人不光是为食物活着,还为精神活着。”幼儿肯定是更加有这种精神方面的需求!因为在他们的身上正在进行着创造!

为了捍卫他们生活环境的小小领地,他们不得不斗争,不得不反抗。因为每当他们想锻炼他们的感觉,例如触觉时,每个人都会指责他说:“别碰那个!”如果他们想从厨房拿点东西,例如拿些食品残渣做碟小菜,他们就会被毫无怜悯地赶到他们的玩具那里去。孩子的注意力集中之时,正是他们发展其精神活动的组织过程;孩子自发努力之时,也正是他们在盲目探索周围那些维持他们智力的物质之时,这是多么神奇的时刻啊,然而就是在这样的时候,他们却经常被粗暴地打断!难道我们自己忘记了那些在我们的生活中一直窒息着我们的事情,以及那些窒息给我们留下的痛苦记忆了吗?

虽然说不出确切的理由,但我们还是感到在我们的人生旅程中,我们被轻视并被骗走了一些宝贵的东西。也许正是在我们要创造我们自己的关键时刻,我们被大人们打断、被他们迫害,以至于造成了我们心理不健康、脆弱,甚至是不会生活。

我们来想象一下我们当中的某些成年人,他们不像我们大多数成年人那样成熟稳重,但是在精神的自我创造方面,他们却是天才。例如,一位作家突然有了写诗的灵感,这时他的仁慈、鼓舞人心的诗作就可以帮助别人;再以数学家为例,他刚要解出一个难题,而这个难题的解决会得出对全人类都有很大益处的新定律;我们再以艺术家为例,一旦他头脑里产生了他满意的理想画卷,就需要立刻画到画布上,以免一幅稀世的杰作丢失。想象一下,如果这些人在这样的心理时刻突然被某个粗暴的人打扰,朝他们高声喊叫让他们跟他走,还拉住他们的手把他们向外拉,或者用肩膀把他们向外推,去做什么?是去下棋,棋盘已经摆好了!哈,他们会说:恐怕再没什么事情比这更残酷的了!由于你的愚蠢行为,我们的灵感都没了,人类将因此失去一首伟大的诗篇、一幅传世名作、一个非常有用的发现。

在相同情况下,孩子虽然没有失去某个单一的事情或杰作,但是他失去了自我。因为他的杰作就是一个全新的人,他正在悄悄地成为一个有创造力的天才。儿童的“任性”、“顽皮”和“幼稚的自我吹嘘”也许就是由他那因被误解而从内心深处发出的让人难以理解的不幸呐喊。

但是实际上他们不仅是精神受到了伤害,他们的身体也受到了摧残。因为一个人的精神会对整个身体产生影响,这是人类的一大特性。

在一个收养孤儿的慈善机构,有一个长得非常丑的小孩,然而照看他的那位年轻保育员却很喜欢他。有一天,这位保育员告诉一位女捐助人说这个孩子越长越漂亮了,这个女捐助者就跑过去看,但发现这孩子依旧很丑,她在心里想,也许每天相处可以使人习惯别人的缺点,所以那位保育员感觉他越来越好看了。过了一段时间,保育员对女捐助者又说了同样的话,所以女捐助者又很善良地来访了一次。保育员在说到孩子时的热情给了女捐助者很深的印象,她感触很深,认为是爱使得保育员看不到孩子的缺点。几个月过去了,最后,保育员带着胜利的喜悦心情宣布:这个孩子从此以后不可能有任何缺点了,因为毫无疑问他已经"美丽无比"了。女捐助人看后也大吃一惊,不得不承认这竟然是真的。在伟大的爱的影响下,这个孩子的身体已经彻底发生了变化。

我们经常用这种思想来欺骗自己:我们正在给予儿童一切,给他们新鲜的空气和食物。其实我们什么也没有给他们,这是因为锦衣玉食和新鲜的空气对一个人的身体来说是不够的;所有生理功能都要求更富足,所以生命的唯一关键就在于此。儿童的身体也要靠精神的满足愉悦而存在。

生理学告诉我们:在室外吃一餐便宜的饭比在空气污浊的室内吃一餐豪华盛宴要更有营养。因为在户外,身体的各个机能更加活跃,吸收也就更加完全。同样,与所爱的人和富有同情心的人一起进餐,远比与粗俗的不能忍受的部长一起参加一个喜怒无常的贵族举办的盛宴要有营养得多。在这种情况下,孩子的哭闹就说明了这些。在有些地方,虽然我们每天吃的是饕餮盛宴,每天住的是花园洋房,但我们的生命受到压制,在这样的地方我们不会健康。

人类的身体与精神同在

生理学对人的这种生理机制一再地做出解释,人类道德表现与身体活动如此的完美一致,使得人能够由此体验到各种各样的感情,如悲伤、气愤、疲劳和愉悦。例如在悲伤时,心跳能力会开始减弱,如同瘫痪了一样;所有的血管开始收缩,血液循环由此变得更加缓慢,腺体不再正常分泌,而这些失调所表现出的是此人脸色苍白憔悴,身体疲惫不堪,由于缺少唾液而口干舌燥,由于胃液分泌不足而消化不良,还表现为手脚冰凉。如果持续如此,则悲伤会导致营养不良和营养的不断消耗,身体逐渐因虚弱而被传染各种疾病。疲劳就像是引起心脏迅速瘫痪的病症,它可以导致昏厥,俗话称"累死了";但放松就像是自动安全阀,几乎总是对此病有治愈力。也就是说，打一个哈欠，抖个激灵，就可以使肺泡扩张，像抽水机的水泵一样使血液流向心脏，使心脏重新跳动起来。人在气愤时，所有的毛细血管都剧烈收缩，面部因此毫无血色，从肝脏处分泌出过量的胆汁。人在愉悦时，血管扩张，对血液循环以及从而引起的所有分泌和吸收功能都有促进作用；人会红光满面，充盈的胃液和唾液会使人感到胃口大开，湿润的口腔中分泌的液体会让人感到要多为身体提供新鲜的给养；肺的扩张贮存了大量的氧气，燃烧了所有的体内垃圾，消灭了有毒的细菌，使得身体健康无比。

在意大利，死刑制废除，取而代之的是单独监禁的刑法。从此以后，我们有了一个精神影响机体功能的更加有说服力的证据。由于现在的监狱中有了现代化的卫生设施，牢房已经不能再被称为是折磨人的地方了，它仅仅是一个使精神食粮受到限制的场所。一间牢房中，四面光秃秃的灰色的墙，通过一个狭窄的两边是高高围墙的通道，可以走到一片空地，在这个空地上，因为四周是空旷的，所以犯人可以在新鲜空气下散步，尽管视线受到了限制。那么在这里一个人在身体方面还缺少什么呢？这里有食物供应，有遮挡风雨的房子，有床用来睡觉，有地方呼吸最新鲜的空气，身体可以得到充分的休息，但是没有别的了，除了休息就是休息，别的什么都不能做！对那些什么都不想做，对那些渴望过简单而且每天无所事事的人来说，这种条件再理想不过了。但是，悄无声息！一点点来自外界的人的声音都传不到被监禁在这里的人的耳朵里，他再也看不到其他色彩、其他东西，再也听不到来自外界的消息。在这种极度的精神黑夜中，他将苦度无边无尽的时光，一小时一小时、一天天、一年年。现在经验告诉我们，这些可怜的家伙们无法生存，他们最终不是疯掉就是死去。在被监禁几年之后他们的精神和肉体都将死去。那么是为什么呢？如果他只是一株植物，他就什么都不缺，但是他作为一个人还需要其他的养分。心灵的空虚即使是对那些最卑鄙的罪犯来说也是致命的，因为这是人类生存的自然法则。当精神食粮被剥夺后，他的血肉、他的内脏、他的骨骼都将一并随之死去，就如同一棵橡树，一旦离开了泥土中的硝酸盐和空气中的氧气，它就会死去。这种慢慢地令其死去代替了暴力致死，实际上，比暴力致死还要残酷得多。就像在九天中死于饥饿的吴哥利诺伯爵①，远比在半个小时内被烧死的乔达诺·布鲁诺的死法更为残酷一样；这种专门为惩罚人而设计的令其在几年中死于精神饥饿是所有惩罚中最残酷的。

---

① 吴哥利诺伯爵(Count Ugolino)：但丁的《神曲》地狱篇中人物。

如果一个身体健壮、残暴的罪犯会因精神饥饿而死去,那么一个被忽视了精神需求的婴儿的命运又将会如何呢?婴儿的身体非常脆弱,骨骼也正处于发育时期,他的肌肉中由于含糖量过高,而不能发挥肌肉应有的能力,只能自我发育生长。确实,他身体各个器官精密结构的发育需要营养和氧气,但是如果想使其各项机能令人满意,他就还需要快乐,愉快的精神会使身体真正健康。

第2章　现代教育的现状

教师必须塑造学生，因为孩子的智力发育和文化水平掌握在教师的手中，他们确实担负着艰巨的使命和巨大的责任。

支配道德教育与教学的原则

尽管成年人把儿童归为玩具类，无情地拒绝给孩子那些能够促进其心智发展的锻炼，但还要求孩子在道德方面要模仿他们。大人会对孩子说："照我这样去做。"孩子的长大成人，不是依靠锻炼与发展，而是依靠模仿。就像在清晨时爸爸对他的孩子说："看着我，看我有多高；我希望晚上回家时，你能长高一英尺。"

教育就是这样被大大简化了。如果大人给孩子讲一则英雄事迹，他就会听到大人要求他"成为一名英雄"；如果讲述某种道德行为，最后大人还要以这样的评述结尾："你要有优良的品德"；如果给孩子讲述某个大人物的事迹时，大人会伴随这样的告诫："你也必须具备这样坚强的性格"，就这样孩子们被推上了成为伟人之路！

如果孩子们表现出他们的不满情绪和烦躁不安，大人们就会告诉他们说他们有父母、他们要什么有什么，说他们非常幸运。总之，大人们会这样规劝他们："高兴点吧，孩子们！一个孩子应该总是高高兴兴的！"看，孩子的神秘向往应该是满足了。

大人们这样做之后会感到很满足。因为他们修正了孩子们的性格和道德取向，就像从前他们用绷带绑住孩子的腿，目的是帮助孩子的腿长直一样。

有反抗精神的儿童确实偶尔显示出这种教育的无效性,在这样的情形下,好的引导者就会选择一些合适的故事,说明忘恩负义的卑鄙、反抗的危险和坏脾气的丑恶,强调出这个孩子的缺点。但是这种谈话对孩子来说,就像在对一个盲人谈论有关黑暗的危险，对一个跛子谈论有关行走的困难一样。身体方面亦是如此,一位音乐大师对初学者说:“正确使用你的手指,如果不正确使用,你就永远也学不会弹琴。”孩子因为社会风气的逼迫整天都弯腰驼背地坐在学校的板凳上学习,母亲会对自己的儿子说:“让自己的举止优雅一些,不要在同学面前这样弯腰驼背、缩头缩脑,这让我感觉很没面子。”

如果某一天孩子宣称:“是你妨碍了我发展我的意志和品格；我似乎有些淘气,但那是在保护我自己;当我要受到伤害时怎么可能不显得慌乱不安呢?”对许多人来说,这可能是一种真相的流露,而对其他人来说,这仅仅是一种“对尊重的渴望”。

有一种方法，大人们可以用这种方法使孩子达到他们希望孩子达到的既定目标,而且这种方法很简单。这就是:孩子们必须做大人希望他们做的事情。这样,由成年人引导他们走向尽善尽美,而且要具有自我牺牲的精神,要爱憎分明,这样具有优良品质的儿童也就造就出来了。要控制住儿童,使他臣服、顺从——这是教育的基础。如果可以做到这些,无论采取什么手段,甚至是使用暴力,那么其他一切问题都会迎刃而解。但是要记住,所有这些都是为了孩子好。不可能有其他方法去雕琢好儿童的品格,这是所谓的“培养孩子的意志”所需要做的至关重要的一步,这一步将使成年人今后能够在谈论他自己时像维吉尔①谈论上帝一样。

第一步完成后,成年人将从自己的经历中辨别出哪些是他认为最难的事情,然后他们会适时地在这些事情上严格要求孩子，从而孩子会适应成年人生活中必定要经历的那些困难。但是通常成年人强加给孩子们的是连他们自己都没有勇气去接受的困难,哪怕只是接受一部分……例如,几年如一日,每日三至四个小时,一动不动地坐在那里听一门枯燥乏味、令人厌烦的课程。

是教师培养了孩子的心灵,那么他如何培养——相同的观念统治着学校:教师必须塑造学生,因为孩子的智力发育和文化水平掌握在教师的手中,他们确实担负着艰巨的使命和巨大的责任。然而他所面临的问题不计其数，而且极其严

① 维吉尔,公元前70~前19年,罗马诗人,拉丁语名普布留斯·维吉留斯·马罗,主要作品有三部:《牧歌》包含10首田园诗,把希腊牧歌传统的主题和当代政治和文学主题结合起来;《农事诗》是农事教诲诗;《埃涅阿斯记》。

峻，这些问题就像一堵篱笆墙把他和学生割裂开来。那么哪个问题需要最先解决呢？是如何引起学生的注意，以便于他能把在他看来很有必要的东西灌输给他们吗？或者是如何把教师的想法灌输给他们，并且能让他们记住？要得到这样的结果，教师就必须具备心理学知识，以及产生生理现象的精确方式、控制记忆的法则、思想形成的生理机制、掌控联想的法则，以及靠这种联想法则，思想逐渐形成并转化为伟大的行动，继而使孩子寻找这样做的理由。就是了解所有这些知识的教师一定要建构并丰富孩子的内心。但这并非易事，因为除了任务艰巨，还总是存在困难里面另外隐含其他困难的问题，其中包括如何引导孩子切实服从教育的问题、孩子是否能顺从教师教导的问题、孩子为了自己的利益是否能不显示出不服从的问题。因此道德教育是一切的起点，那么在做所有事之前，制定班级的纪律是非常必要的。要引导学生服从教师的教导，如果教师不能出于爱去这样做，也要强迫学生这样做。如果没有这个起点，那么也就不可能有其他所有的教育和引导，学校也就没有存在的必要了。

另外一个困难是如何节省学生精力，也就是说，如何最大限度地利用他们的精力而不造成浪费。例如，学生的必要休息时间是多长？作业应该多长时间内完成？也许第一个 45 分钟的课程后应该休息 10 分钟，而第二个 45 分钟后就应该休息 15 分钟？一整天的学习如果以此类推，最后，每 10 分钟学习可能就需要 15 分钟的休息。但是在每天的不同时间段里采用什么样的教学最适合学生的精力呢？以学习数学和语文听写开始一天的学习是最好的吗？什么时间段学生最倾向于锻炼他们的想象力呢？是上午 9 点还是 11 点？

其他的顾虑肯定会对优秀教师的心理造成震撼！例如，教师如何在黑板上板书才能保证坐在一定距离之外的学生看到？否则他所做的一切工作都是徒劳的。为了让所有学生看清楚黑板上黑色背景下的白色字迹，投射到黑板上的灯光强度应该多大？教师板书的字号应该选多少才能适合远距离的学生？这个问题非常重要，因为如果一个学生是由于纪律所限不得不从远距离去学习、去看黑板上的内容，那么他会付出很大努力，时间长了他可能就会近视，那老师就会成为制造盲人的元凶。这的确是一个严重的问题！

教师的这些顾虑给了我们什么样的思考呢？要弄清楚教师顾虑的原因，我们不妨想象一下一位即将当妈妈的年轻妻子，她会考虑下列问题：如果我对解剖生理学一窍不通，我怎么可能制造出一个婴儿呢？我怎么能建立起他的骨骼身架呢？我一定要仔细研究骨骼结构，然后再学习肌肉是如何附着在骨骼上。但大脑是怎样放到一个密封的箱子似的颅骨里的呢？那小小的心脏是不是要一直跳动直到死去？它有没有可能会疲劳呢？

当宝宝出生之后，她也会这样忧虑一些问题：很明显，如果他不懂得平衡，他就不会行走；如果听之任之，到 20 岁也不会理解平衡问题，所以为了能让他尽早学会行走，我必须尽早做好准备教他这些平衡法则。

学校里的教师是培养学生智力的人，学生智力水平的成长与教师的努力成正比。换句话说，老师让他知道什么知识他就知道什么知识，让他理解多少东西他就理解多少东西。当督学来学校检查时，如果检查到这个学生，问他问题，学生的答复若令他满意，他就会转向教师说："老师，你的工作做得不错！"这无疑要归功于老师的劳动，老师通过制定出了能集中学生注意力的方法，甚至是联系其生理机制引导自己的教学，因此功劳都是老师的。上帝在学校里的象征只是十字架，而真正的创造者是教师。

因此教师们要完成他们超出常人的工作就必须得到大量的帮助。有一种劳动分工，凭借这种劳动分工，更多高级专家的工作是准备教学纲要，如果教学是科学的有计划的教学，那么就要使这些教学纲要建立在心理学基础之上，或者建立在像赫尔巴特(1776~1841 年，德国哲学家、教育家)这样的教学专家已制定出的原则基础之上。另外，像卫生学和实验心理学可以进一步地应用于解决许多具体问题，例如用来帮助布置教室、制定教学大纲和课程表等。

例如，这里有一个建立在心理学基础上的上课记录。也就是说，考虑到了儿童心理活动过程中，有一定心理活动顺序的这些课程应该能促进儿童心智的发育；用这种练习方法，学生们不仅学到了知识，而且还能根据控制其心智形成的法则促进其智力发育。

实物教学课

一支蜡烛：感知能力和观察能力的培养

视觉：白色，固体

触觉：油脂状，光滑

蜡烛的各个部位：烛芯、外表、末端、边缘、上部、下部、中部

我们使用的蜡烛是由蜂蜡和硬脂混合而成，硬脂是用牛、羊和猪的脂肪制成，因此这种蜡烛被称为硬脂蜡烛；还有一种蜂蜡蜡烛，颜色偏黄，含硬脂较少。蜂蜡由蜂蜜制造出来；还有一种脂烛，脂烛非常油腻，燃烧时有一股难闻的气味。

记忆：你见过蜡烛制造厂吗？你见过蜂箱吗？蜜蜂的巢室是由什么做的？你

什么时候点过蜡烛？你是否有过心不在焉地举着一只点燃的蜡烛的时候？有没有引起过火灾？

想象：在黑板上画出一支蜡烛的轮廓。

比较、联想、抽象化：硬脂蜡烛、蜂蜡蜡烛和脂烛的相同点和不同点是什么？

判断与推理：蜡烛有用吗？是以前更有用还是现在有了电灯后更有用？

感想：孩子们很高兴参观了蜡烛制造厂，能看到这么多供人使用的蜡烛被制造出来确实是件令人高兴的事。当我们实现了我们教育的渴望时，我们感到愉悦和满足。

决心：如果我们不知道该如何把猪的脂肪变为硬脂，那么我们该怎样处理那些肥猪肉呢？如果我们不知道该如何利用蜂蜡的话，我们该怎么办呢？人类能够劳动，并把许多东西变为有用的物质和物体，所以工作就是我们的生活，保佑那些工人们！让我们也热爱劳动，并投身于孜孜不倦的劳动中吧！

（注意：孩子们都在一动不动地聆听着）。任何一种课程都是如此的要求，即坐在那里一动不动地聆听，甚至是道德课。例如：

道德教育源于对行为的观察。

（注意：所有的行为都是虚构和叙述式的）

以和蔼的态度叙述一个小故事：

"小姐，这个村子的教堂离这里有一公里多，是真的吗？我妈妈让我去那，我本以为到了，本来还很高兴，我都走了很长的一段路了，而且我非常累。""是的，"站在自家门口的女孩回答道，"你还需要再走一公里半才能到教堂。不过可以穿过我家的地去那里，我可以告诉你怎样穿过我家的地，这样只要 5 分钟你就可以到达教堂了。"多和蔼可亲的女孩啊！

因果关系：这位姑娘给过路者提供了便利条件，因此他能很快到达教堂，这样节省了很多体力，感觉很轻松。

记忆：你是否一贯对你的同伴友好？你是否总是随时乐意借给同伴他需要的东西？你是否总是很感激那些以友好的态度帮助过你的人？

比较、联系和抽象：把一个和蔼可亲的孩子与一个粗俗的孩子进行比较。

判断和推理：有必要对所有人都表示礼貌吗？仅仅提供帮助，以显示自己很和蔼就足够了吗？

感想：和蔼的人内心充满了温柔与甜蜜，他们的温柔唤起了所有人的同情心！琐碎的小事就能激怒令人讨厌的人，让别人感觉这个人很讨厌，甚至让人感到害怕。而性格温和的人给周围的人带来的却是爱的感觉。

意愿：孩子们，让你们自己习惯于友好地对待每一个人吧！当你们给别人帮助时应该感到高兴，否则，你就会感觉很烦恼。当你想要什么东西时，你是否是傲慢地去请求别人？如果是，那别人就很容易不答应你的请求；反过来，如果你非常有礼貌，那要想拒绝你是不是就会很困难？

实际上，对大多数老师来说，也许上一堂以真正的索取和给予行为作为示范的道德课要更生动有趣一些。因此，下面我再给大家介绍一堂课，这堂课曾在意大利教师竞赛中获奖。根据课程的主题，这堂课中只涉及了一个初级心理活动，那就是感官知觉（主题不是作者命名，而是由不同的格言组成）。

格言：事实是最好的老师。

我给自己做了以下规定：

把冰冷的概念和火热的概念进行比较（这本身必须非常充分，因为这些概念不是谷粒，需要一颗颗地捡起来，但其崇高的心理活动却异常复杂，因此很难理解）。

把冷热的概念再与给予和索取的概念联系在一起，培养学生对非常贫穷的人的同情心与怜悯心，冬天给他们带来了巨大的痛苦；这种感觉我曾尝试多次。

以上是我给自己做出的规定，下面是我给学生们做出的规定：

"孩子们，我们在这里多么惬意啊！每样东西都干干净净，井井有条，我是那么喜欢你们，你们也非常喜欢我，不是吗，孩子们？"

学生们纷纷说：是的，我是，我也是。

"吉诺，告诉我，你冷吗？"吉诺立刻回答道："不冷。""是的，你不冷。对，我们这里的确非常舒服，因为在那里（我手指向那）有个东西正散发出大量的……"

孩子们回答道："热，那是炉子。"

"但是房间外面没有炉子，就在那边，在很远很远的接近地平线的地方（孩子们在一定程度上对这个字眼比较熟悉），那里没有温暖。"

孩子们回答：那里很冷（因为很明确的相反概念，所以答案很容易得出）。

"昨天晚上……当我们在睡梦中的时候，你的妈妈也许在给你们缝补衣裳……多慈爱的妈妈，多善良的妈妈啊！……昨天晚上，很多很多的白色雪花从空中飘落下来！……雪花，那就是雪花啊孩子们！我们来一起大声说：那么多雪花！多美丽的雪花！我们到外面去仔细地看看雪花吧！"

孩子们：好的！好的！太好了！

"雪花太美了，看来似乎你们所有人都想拿上一片小小的雪花。但是恐怕行不通。雪花应该属于谁呢？（没人回答）谁买了雪花？谁造的雪花？你吗？是我吗？不！是你的妈妈吗？也不是。那是你的爸爸买了？（他们惊讶地看着我，因为这些问题实在是太奇怪了）还不是！那么说雪花属于我们大家。如果是这样的话，我们就可以抓一小把了（孩子们听了非常高兴）。我把昨天你们做的小盒子发给你们（学生们的课桌没有抽屉，所以没有地方存放他们做出来的东西，因此使用盒子就是一种有效利用了）。他们捧起雪，做得很好（我一边发盒子，一边对他们说话，以保证他们注意力集中）。我也用我和你们一起做的盒子装雪，我的盒子比你们的大，那么谁的盒子装的雪多呢？是我的还是你们的？”

孩子们：“你的！”

“那么孩子们，把雪都放到你们各自的盒子里，这太令人兴奋了！”

（我继续说）“等一下！放在这可舒服了！把手放在脸上，你会感觉脸很温暖，你的手也很温暖！我们来看看手触摸了雪之后是不是还很温暖。”

学生们说：“不温暖了，冷。”

“是的，确实如此。（继续往外走）雪花多美啊！它从天上飘落下来，天空给大地披上一件漂亮的外衣，全是……”

学生们：“白色的。”

在这种情况下，我的学生们已经习惯了这种健康有序的自由原则，因为这种有序的自由是他们性格形成的主要因素。触摸雪花、收集雪花，有些孩子会用绘画破坏雪花纯洁的外观，我允许他们这么做。我会稍停片刻，然后像搞突然袭击一样，把他们的注意力吸引过来。

“孩子们！我也要和你们一块去取点雪，但你们都要和我一起去。停！起立！请全体同学都看着我。我们取一小片放到我们的盒子里，对，就这样。（再次回到教室）噢！真是太冷了！那些没裹紧衣服的孩子们最冷了。可怜的孩子们！还有那些家里没有用来取暖的碳可烧的孩子们！”

学生们说：“是炉子。”

“他们该多冷啊！来，快点，都回到你们各自的座位上。把你们的盒子都放到桌子上。雪多冷啊！你们注意到雪把你们本来很温暖的手变得很冷了吗？”

学生们说：“我的手很冷！”“我的也是！”等。

“在院子里的时候，我看到卡洛琳拿了一些雪花，然后又突然让雪花落下去了；她忍受不了这种冷，但后来她又试了一次，这一次她拿住了，雪花没有掉落。”

学生们说：“我没看到。我只是很快地把雪花放到我的盒子里。”

“孩子们，当冷到像雪花那么冷的时候，我们把它叫做冰冷。格里多，请说一遍,这叫什么?还有你吉安林娜,这么冷的雪叫什么?谁能猜到?”

一个学生说:“冰冷。”

齐声说:“雪是冰冷的。”

“我们回到房间里,是因为外面冷如冰霜,而房间里呢?”

学生们说:“很暖和!”

“但是我们从外面带回来了一种很冰冷的东西,这种东西叫……”

学生们说:“雪!”

“炉子给了我们什么?你们记得吗?”

学生们:“热。”

“我想让玛利亚告诉我。还有你,佩皮罗。”

我继续说:“你们知道吗,我们的嘴也散发出热。大家张开嘴,不要张得太大!把一只手放在嘴前,右手,往手上哈气,就像我这样做。再哈气;现在让我们向外哈气,像我这样做,再哈气……再一次……再一次。好了,现在感觉一下,你们明白了你们的嘴也散发出什么?”

“热气!”

“现在让我们试着放一点雪在嘴里,就像这样一小片。哦!嘴里的热气消失了,雪一进嘴里,嘴里的热气就消失不见了。”

孩子们说:“我们的嘴都冷了。”

“是的,是的。嘴很冷,我们把这种冷叫做?”

孩子们说:“冰冷。”

“也许吉乌什普不知道,因为他没有同我们一起说这个词,我们再说一遍,这次他会同你们一起说的。再来一遍,布拉乌、吉乌什普,我们的嘴……”

“冰冷。”

“我们来再吃一小片雪,雪在嘴里化成了水,因为雪就是由水制成的。面包也是由水制成的,但不仅仅是水制成,面包师想用什么来揉面团呢?”

学生们说:“面粉。”

“还有什么?”

“盐。”

“还有什么?”

“酵母。”

“我看到路易吉还在吃雪,还有阿方索,还有皮埃里诺。你们喜欢雪吗?”

这三个孩子说:“是的,西格诺拉。”

“你们都喜欢雪吗？”

“是的，我喜欢。”“我也喜欢。”“还有我。”……

“好吧，那就再吃一点，但是不要吃太多了，吃多了会生病的，因为它太冰冷了(我频繁地重复这个字眼，因为这个字眼传达了我想传达的概念)。”

我继续说：“下雪的时候天就会很冷，想想那些许许多多穿得不够暖和，而且没有火炉的孩子们和大人们，他们很穷，他们非常受罪，很多人甚至因此而死去，可怜的人们！而我们多么幸运，我们有许多的衣服(他们已经学过这个词了)来保暖，我们的家里有炉子，学校里也有炉子，我们真是太幸运了！”

一个学生说：“我家里没有炉子。”

我说：“我知道你家里没有，埃米里奥，我感到非常抱歉。孩子们，你们一定要友善地对待埃米里奥和吉乌利浦，因为他们很……”

学生们说：“穷。”

“雪吃完了吗？”

“没有。”

“现在我们到院子里去把剩余的雪倒掉，然后把盒子放在桌子上晾干。明天，我要给你们看一张被白雪覆盖了的乡村的漂亮图片。来，带上你们的盒子，把雪倒掉，然后把盒子放在我告诉你们该放的地方。”

我打算以另一种方式重复这堂课，我会结合其他内容，以及以前涉及的其他有关概念。

由于在物质世界和精神世界里，一切事物都是一个不可分割的整体，都是一个最为密切结合的联合体，因此把孤立的教育事实杂乱无章地呈现出来必然会严重阻碍人类的发展，因为要把由神圣而永恒的法则统一起来的事物分割开是不可能的。

赋予儿童自由

在上面的“示范”课中说明我们只解决了热和冷两个概念，而且说明课堂教育过程中允许孩子们有大量的自由，但这是一种审慎的自由。

要把感觉绝对地限制在两个概念之内是极其困难的，特别是那些处于充满刺激物的环境中的人，这样的人已经积累了很多杂乱的概念。但是当这种物体出现在视线中时，为了紧紧抓住这两个概念，有必要尽可能消除所有其他的概念，这样注意力才能只集中在这两个概念上，其他的图像才会在意识领域内被屏蔽，这是有助于形成独立概念的科学方法。事实上，这是我们在感官教育中采纳的非常实用的方法。例如冷和热的概念教育课中，学生在最开始以很特殊的独立感觉方式做好了接受这两个概念的准备工作，他被蒙住眼睛，放在非常寂静的环境中，最后只用热的刺激物来靠近他。在这个孩子的面前放两个对触觉肌完全相同的物体：相同大小、相同形状、相同的光滑度、相同压强；例如，两个橡皮袋，里面装有等量等质的水，橡皮袋外面同样干燥。唯一的不同就是袋子里装的水的温度不同，一个袋子里装上60℃的热水，另一个袋子里装上10℃的水。先让孩子的注意力集中到物体上，然后把他的手放在热水袋上，再放到冷水袋上。当他的手在热水袋上时，教师说：热的。当他的手在冷水袋上时，教师就说：冷的。到此课程结束。这堂课只有两个词，课程设计时间很长，以尽可能保证这堂课中与两个词汇相关的感觉一次性传授给儿童。另外的感觉，即视觉和听觉，都不体现于课堂教学中，被触摸的物体除温度外没有其他的概念区别，这样，孩子就很有可能只单独接受这两种感官概念。

那么，会有人问我们：到底什么是儿童的自由呢？

我们承认，每一堂课都侵犯了儿童的自由，也正是由于这个原因我们才允许这种自由多存在一些时间，哪怕是几秒钟：即在孩子们说出冷和热这两个词的时候。但这也是受了事先准备的影响，首先通过隔离感觉，仿佛使感觉处于意识的黑暗中，然后仅仅使两种表象进入感觉，与其说这些孩子仿佛从前面有一个魔力灯笼的屏幕获得了他的心理知识，倒不如说，这些心理知识像掉落于肥沃土壤中的种子；就是在足以自由的选择、不断重复的练习、自发的、有联系的再创造活动中，儿童被赋予了"自由"。他所接受的不只是一堂课，而且还有接触外部世界的一个明确的印象；这种接触的特点是明确、科学地预先规定好方向，它不同于儿童不断从他周围的事物中接受的一大堆模糊不清的映象。这类模糊接触的多样性会使儿童的头脑混乱；而预先规定了方向的接触却会井井有条，因为在分离孤立技术的帮助下，这类接触会开始使他把事物区分开来。

我们的课程技术受实验心理学的控制。因此，毫无疑问，这种倾向与过去的课程技术形成对比，过去的课程技术是由观察心理学所控制，而迄今为止，学校通常使用的教育方法都是在观察心理学的基础上建立的。

是赫尔巴特把他那个时代的哲学心理学作为一种指导原则使教育法则成为一种体系。以他的个人经验，他认为他能够使之成为全世界广泛适用的发展智力的方法，他使这个方法成为了教学法的心理基础。感谢前罗马大学教育学教授、后来的教育部长克瑞代若，他使德国教育家赫尔巴特教授的教育法应用于全意大利的初级教育体系中，使得他著名的四个教育阶段(即四个步骤)——明了、联想、系统、方法——课程类型非常独特。这些阶段大致可以解释为：说明一件事物并进行分析检查(明了)；与周围事物或与记忆的图像进行判断和比较(联想)；从以前的判断推论出事物的定义(系统)；从深化的观念中、从这种会引导出一种道德秩序实际运用的观念中得出新原则(方法)。

无论是哪一种教学，教师都必须根据这些原则指导儿童的思想，任何一位教师无论如何都不能用他自己的理解力代替儿童的，而是要让儿童自己思考，并引导儿童进行实践活动。例如，在联想阶段，教师一定不能这样说："请看这样或这样的一个物体，请看那样或那样的一个物体，看他们多么相像，等。"教师应该这样问学生："当你看这些东西时你看到了什么？有没有什么东西与它相像？等"。在定义阶段，教师不应该说："鸟是一种有羽毛的脊椎动物，它的双臂演变成了两只翅膀。"而是应该通过迅速提问、修正和分析的方式，引导儿童自己找出确切的定义。如果赫尔巴特四个阶段的心理过程是出于自然的，那么对物体方面存在极大兴趣就是非常必要的；有趣的是这种兴趣会让人身心愉快，或者就像这位著名教育家所说的那样，沉浸在思想中会使之成为一个有很多观念的包罗万象的体系。因此时刻保持"兴趣"，并且应当始终坚持有指导、有方向是非常必要的。众所周知，作为赫尔伯特的一名学生要达到这个目的，就必须在这四个阶段前再加上一个首要阶段，那就是兴趣阶段；把所有新知识与旧知识联系起来，"从已知到未知"，因为绝对的新知识是不能唤起任何兴趣的。

"人为的使某个人产生兴趣"——即使那些对我们没有兴趣的人产生兴趣——实际上是一件非常困难的事；要一小时一小时、一年一年地吸引注意力，不是一个人的，而是许多与我们没有任何共同之处的人的注意力，甚至不止几年，这确实是件超人才能承担的工作。然而这就是教师的工作，或者如他自己所说的，是他的"艺术"：使这群被他用纪律约束住的孩子定下心来追随他，去理解他所说的话、去学习；教师虽然能控制儿童的身体，却控制不了他们的内心行为，除非他能使儿童产生兴趣，并保持兴趣。"指导的艺术"，亚迪高说，"主要在于：明了哪一点、以何种形式能保持学生的兴趣。最有技能的教师是那些不使学生的大脑感到有丝毫疲劳的教师，他们的教学使学生的注意力一会在这，一会又在那，使学生的大脑自行从转换中得到休息，并重新获得力量，以更新的活力回到课堂中。"

更为艰苦的教育艺术是引导学生靠自己的思维，而不是自然地去发现教师的意愿,虽然教师没有说出自己的愿望是什么;他应该激励儿童“自发地”把自己的思想联系起来——就像教师本人所做的那样——甚至成功地使儿童用自己选定的精确字眼组成定义,这些定义事先并没有泄露给他们。这就像是一些神秘科学的结果,一种魔幻术。无论如何,这些方法以前一直在用,现在也在用,在某些情况下,这些方法形成了教师唯一的艺术。

1862 年,当托尔斯泰参观视察德国的学校时,他被这种指导性的教育方法震惊了,亚斯拉加·波利尔在他的教学法著作中描述过他的学校,他再次演示了值得记录的一课,也许在德国的任何一所学校里都不可能再找到这样的一堂课了。

亚斯拉加·波利尔,1862 年

教授平静而自信地坐在教室里,教学设备都已准备就绪;小桌子上放着一些字母,还放着一本上面印有鱼的图片的书。老师看着他的学生们;他事先就知道他们要了解什么,他知道他们内心里都想些什么,他还知道很多在学校里了解到的其他事情。

他翻开书,亮出鱼的图片,“亲爱的孩子们,这是什么?”可怜的孩子们很高兴看到鱼,除非他们已经从其他同学那里知道了用什么酱汁可以来烹调这条鱼。任何时候他们都会回答:“是一条鱼”。“不对,”教授回答(所有这些既不是虚构也不是讽刺,而是我在德国最好的学校里无一例外地看见的一种精确的描述,还有英国的一些学校也采用了此种教学法)。“不对,” 教授说,“现在你们看到的是什么?”学生们都不说话了。

不要忘记,他们是被迫坐在那里并保持安静,每个人都坐在自己的位置上,不能移动。“你们看到什么了?”“一本书。”班里一个最笨的孩子说。同时,那些聪明一些的孩子在一遍又一遍地问着自己看到了什么;他们觉得他们猜不到老师想要的答案,他们觉得他们不得不回答这条鱼不是鱼,而是一个他们不知道的什么东西。

“是的,是的。”老师很热情地说,“回答非常好,确实是本书,还有什么吗?”那些聪明学生猜测了,兴奋而且自豪地说:“字母。”“不,完全不对!”老师失望地说,“说话前一定要先好好想想。”所有聪明的孩子都陷入了令人沮丧的沉默中;他们甚至都不再猜测了,他们想的是老师的眼镜,奇怪老师为什么不把眼镜摘下来,而是从眼镜的上端看他们。“说话,书上是什么东西?”所有的学生都沉默不语。“这个是什么东西?”“一条鱼。”一个大胆的机灵鬼回答。“是的,是一条鱼。但这是一条活鱼吗?”“不,不是活的。”“非常正确,那也就是说是死鱼了?”“不是。”

“正确，那么它是一条什么鱼呢？”“一幅画。”“正确！非常好！”

所有的学生重复着：“这是一幅画，”他们想这就够了。其实这根本就不够。他们必须说这是一幅画了一条鱼的画。同样的方法，教师引导着学生们说出这是一幅画着一条鱼的画。他自以为他正在锻炼学生们的推理才能，但是他似乎从来没有想过如果他的职责就是教学生们说出这种确切的句子：“这是一本里面有一条鱼的图画的书。”那么只重复这种简单的公式并让学生们把公式背下来就会容易得多。

作为托尔斯泰在德国学校里看到的这种老式课程的另一节姊妹课，我们可以引用近来由法国著名教育家、哲学家提出的下面的课堂为例，这位学者的教科书在他自己的国家和许多其他国家都被视为经典教科书，而且还应用于意大利的教师培训学校中。正如课本扉页中的副标题告诉我们的那样，它是一系列“为塑造那些意识到自己的责任、对家庭的益处、对他们的国家与人类有益的教师和公民设计的课程样板”[①]之一。因此，我们在中学范围内使用这种方法。我们引用的这门课是通过质疑（苏格拉底法）上课的课程原则的实际应用，并解决一个道德课题：权利。

——孩子们，你们从来没有把你们的伙伴保罗和这张桌子或是这棵树弄错过吧？

——哦，没有过！

——为什么？

——因为桌子和树都是没生命、没感觉的，而保罗却有生命、有感觉。

——很好。如果你们猛击桌子，它什么也感觉不到，你不会让它疼痛，但是你有权利破坏它吗？

——没有。我们不应该破坏属于别人的东西。

——那么你们在桌子的问题上该顾虑的问题是什么呢？是因为它是个没有生命、没有感觉的木头呢，还是因为它是主人的财产呢？

——主人的财产。

——你们有权打保罗吗？

——没有，因为我们会伤害他，他就会受苦。

① F. Alengry：《建立在心理学与道德基础上的教育》。

——你们顾虑的是什么呢？是别人的财产，还是保罗本人？

——是保罗本人。

——那么说你们不能打他，也不能把他关起来，更不能夺他的食物？

——是的。如果我们那么做了警察就会逮捕我们。

——啊哈！你们是害怕警察。就是这个原因使你们不伤害他的吗？

——不是，老师！是因为我们爱保罗，我们不想让他受苦，也是因为我们没有权利这么做。

——那么你们认为你们应该尊重保罗的生命与情感，因为生命和情感都是需要尊重的东西吗？

——是的，先生。

——所有这些都是你们必须尊重保罗的原因吗？请大家仔细考虑。

——还有他的书、他的衣服、他的书包和书包里的午餐。

——什么意思？

——我们不能撕他的书，毁坏他的衣服或是他的书包，也不能吃掉他的午餐。

——为什么？

——因为这些东西是他的，我们没有权利占有属于别人的东西。

——占有属于别人的东西的行为叫什么行为？

——盗窃。

——为什么不允许盗窃？

——因为如果我们偷东西就会进监狱。

——又是因为害怕警察！这就是我们不能偷盗的主要原因吗？

——不是，先生！是因为我们应该尊重他人财产和尊重他人。

——非常好。财产是人格的延伸，必须同样受到尊重。

——就这些了吗？保罗身上再也没有比他的身体、他的书、他的抄写本更值得尊重的了吗？你们没有看到其他的东西吗？你们再也想不出别的东西了吗？我给你们点暗示吧：保罗是个勤奋的学生，是个诚实的、性格温和的伙伴，你们大家都很喜欢他，他值得你们喜爱。我们把所有在他身上感到的尊重，我们认为他有的优点叫什么呢？

——荣誉……美名。

——那么，这种荣誉、这种美名，保罗是靠他良好的举止和礼貌得来的。这些都是属于他的。

——是的，先生，我们没有权利剥夺他这些东西。

——非常好；但是我们称这种盗窃行为是什么？即盗窃别人的名誉和美名的行为？先说说，我们怎样偷窃这些呢？我们能把这些东西放进我们自己的口袋里吗？

——不能，但是我们可以诋毁他。

——如何诋毁？

——我们可以说他伤害了他的一个伙伴……他从邻居果园里偷了苹果……他曾说别人的坏话。

——好的。但是你怎么能用说这些坏话的方法偷到他的荣誉与美名呢？

——先生，如果人们对他有不好的印象，人们就不会再相信他了；这样他就会挨打、被责骂、被孤立。

——如果你说的关于保罗的坏话都是假的，会给他带来愉快吗？

——不会，先生。这会给他带来痛苦。冤枉他只能说明我们非常丑恶、可恨。

——是的，孩子们！这种有意撒谎，目的是伤害别人的行为是丑恶的可恨的，这叫做污蔑。一会儿我会解释在真实情况下的怪话与污蔑和诽谤的不同，还会指出中伤和污蔑的可怕的后果。

下面我们来总结一下我们刚才说了什么：保罗是一个有生命、有感觉的人，我们不应该让他难受，不应该抢劫他，或是污蔑他；我们应该尊重他，保罗所拥有的高尚的东西构成了他的权利，使他成为一个有道德的人。我们的责任就是尊重这些被称为是义务的权利。这种责任和尊重他人权利的义务也叫公正。“公正”一词来源于拉丁语(jure stare)，意思是维护某人正当的权利。

我们能举出的公正的义务概括起来有：不许杀人……不许制造苦难……不许偷窃……不许污蔑。看看刚才所说的这些，在“不许”的后面总跟着一个动词不定式，这到底是什么意思呢？

强迫、命令、禁止——继续解释，强迫尊重……命令尊重权利……禁止偷盗。怎样才能把这一切归纳成一句话呢？那就应该是：**不许作恶**。

学校中实证科学的出现与医学发现

实证科学应邀进入学校，就像是进入了一个需要把光明和黑暗分开的混乱地带、一个需要救助的灾难地带。

实际上最先进入学校的科学是医学，当时医学组成了一门特殊卫生学，类似于现在的红十字服务。渗透到学校中的卫生学最有趣的部分是只给“学校里学生的疾病”诊病并开处方，也就是说，疾病的得来只被作为学校研究的一个结果。在这些疾病中，最普遍的是脊柱弯曲和近视。前者是由于长久坐立引起的，也是由书写时双肩的不平所造成的。后者是由于儿童总是坐在光线暗淡的地方，孩子看不清楚，或是距离黑板太远，或是儿童必须阅读的字迹太远，总之是由于眼睛长时间过度疲劳造成了近视。同时还会诊断出其他一些小病：一种器官衰弱症，很多人患此病，卫生学开具了一个非常理想的治疗方式——免费发放给学生鱼肝油或是一种可以滋补身体的补药。贫血、肝病、神经衰弱也被作为学校中的多发病被研究。

就这样，一个全新的领域对卫生学开启了，它是职业病最丰富的来源，读和写在与教学法有关的方面得到了仔细研究，同时与脊柱弯曲和眼睛的曲光缺陷有关的方面也得到了仔细研究。

并没有像人们原来预想的那样，那些受位置不恰当和坐姿不匀称的学习之害的学生们的不正体态并没有靠医学的帮助而减轻，而一个新的分支——“法医学”——却出现在实际生活中。的确，医学注意到了孤儿院中那些孤儿的疾病与死亡问题，注意到了被人工和不合理喂养的孤儿们，还有那些由奶妈喂养的孤儿们；医学一个一个地检查了所有的病人，并揭示了这个事实：儿童没有公民权。现在医学进入了另一个领域，在这个领域中，受害者不是几个“病例”，而是一般来讲包含了所有儿童。现在是法律把责任强加于这些受害者身上，强迫所有孩子长年累月地多年劳动，使他们的身体备受折磨。如果说法医学分支的产生与犯罪有关，怎么就没有一个与清白无辜有关的医学分支产生出来呢？

在对待儿童问题方面科学没有完成其使命

医学只局限于医治人为产生的疾病。疾病的病因也被研究出来过，但并有发布，其作用仅仅是没有使本来会大量人群发病的结果出现。它没有充当它应有的伟大而高贵的“保护”生命的角色，就像战争中的红十字会服务那样，仅仅是冲在前面，去医治受伤者，减轻他们的痛苦，但它没有考虑过作为健康卫士，它享有的权威能使它呼吁和平，使危险的、不公平的、不人道的战争尽早结束。

在与微生物的斗争中，它是许多战胜死亡的战斗中的杰出脊梁，因此在一代代与产生贫困根源的直接战斗中，它本来可以高举保护后代的旗帜，然而与此相反，它只把自己局限于苦心经营一个模仿科学的研究分支——学校卫生学——中，这样使自己成为社会犯罪的帮凶。

来看一看最近发表的学校卫生学方面的论文，我们会发现它仅仅是笼统地概括了世界各地医学的一些观念和工作：

我们将简要说明造成脊柱弯曲发育的条件。疾病通常出现的年龄在第二婴儿期，因此叫做青春期脊骨弯曲。脊骨弯曲的原因是因为佝偻病，这种病出现在婴儿早期，这个问题对我们这里来说很少见，因此我们对此没有直接的兴趣。最普通的原因，我们最需要注意的是我们大多数学生在学校学习时采用错误的姿势；这种问题极为普遍，因此我们称脊骨弯曲为学生的职业病，莱金德利博士就我们学校谈了他的看法，说学校是制造体型变形和近视的工厂。

我们发现近视的最主要原因是那些学生在学校里学习的极端条件：不充足的光线，课本通常采用的字体太小，教师频繁地使用黑板，板书时不注意字体大小与学生座位距离的比例，很多原因造成儿童眼睛疲劳。"利普润斯博士说，当光线减弱到一定程度时天生敏锐的眼睛的视力也会迅速减弱。学生在不充足的光线下学习、做功课时，要弥补这个原因引起的敏锐缺乏，就只能取决于他看眼前物体的视角。换句话说，他就把要看的物体放到离自己异常近的地方。

当视力的敏锐度被限制在一定范围时，要看清楚一个特定字母的时间就需要增加，因此光线不充足会使学习速度减慢，除非学生用靠近字母的方法来增加敏锐力。这样近视就构成了对有害学习条件的积极适应，这样才能使学生加快学习速度。

因此，可以这样说：让孩子们自己找一个光线好的位置，如果黑板离他太远，就让他坐近些；如果光线不足，妨碍他学习，就让他慢点做；如果更换地方对所讨论的问题没有妨碍的话，那就往前挪一两步，慢点做功课——到底有哪个暴君会拒绝这样的小小要求，会把哀求者非弄到失明的地步呢？

这个暴君就是教师，他希望通过道德规劝赢得他的牺牲品的爱戴。

允许孩子坐累了就站一会，写累了就停一会，这实际上很容易，他们的骨头也不会变形。谁能漠视孩子们由于过分使用课桌而脊柱弯曲呢？就像是中世纪时期，由于靴子而使得脚背变形了却对此熟视无睹。在什么土地上这种可憎的折磨被认为是有必要的呢？

因为一个人想用自己取代上帝，希望照他自己的幻想和喜好塑造儿童的思想，不让孩子受到折磨是做不到这点的。因此这是唯一的理由。

我们将引证一些治疗方法，这些疗法是被称为用所谓的科学建议纠正学校中学生的脊骨弯曲。这个疗法限定了确切的位置，在这个位置儿童可以长时间坐着学习而不损伤脊椎。

儿童坐在桌子旁，将双脚平放于地上或脚凳上。双腿与大腿应该有一个正确的角度，大腿与躯干也要有一个正确的角度，与椅子保持一种最小的倾斜度。躯干应该保持脊柱侧面没有倾斜度，手臂与身体两边平行，胸部不应抵在桌沿上，盆骨应对称地支撑，头微微有点前弯，距离桌子 30 厘米；眼睛的中线与桌子的前沿保持平行，呈水平位置，前臂的 2/3 应放在桌子上，要放在桌面上而不是依靠在桌子上。

要达到所有这些条件，就非常有必要使课桌的比例适合于儿童；桌子的各个部分应符合学生的身体和四肢。

达弗塞尔认为以下尺寸是制作适合儿童使用的课桌时必不可少的：

1. 高度。
2. 腿的长度，测量膝盖以下长度，坐姿，儿童的双腿与大腿之间角度正确，双脚平放于地。以这种测量得出从脚凳以上所需的坐高。
3. 身体的直径，从前到后，从胸骨量，另加 5 厘米得出书桌与坐椅靠背的合适距离。
4. 股骨的长度，这个长度的 2/3 就是坐椅面的深度。
5. 最后，腹腔高出座位的高度，另加几厘米，所得数字就是书桌的高度。

   考虑到儿童成长迅速，每学年应进行两次测量，按照这些测量尺寸我们可以使儿童改变位置。

有一种小甲壳动物，它光溜溜降生到世上，为此这个小动物就需要寻找到适合自己的空壳。当它长大一点后，外壳变得太紧了，它就爬出来再去找一个大一些的壳。这种生物可以主动地为自己寻找新壳，而不需要专家进行测量，也不需要教师替它寻找一个空壳。对我们和科学家们来说，一个儿童竟然还不如这个低能的无脊椎动物！

让 40 或 50 个孩子一动不动地按照已经规定好的卫生而健康的姿势坐在那

里长达几个小时,并找到非常适合孩子生长发育的桌椅,这样的难度使得上述疗法不切实际。因此我们当中还有驼背的人,这个问题还是得不到妥善解决。

因此有人认为,在罗马的一些样板学校内多建一些矫形所更符合实际。矫形所中有一套价格昂贵而且精确的器械,学生轮流前来仿照医学用于治疗脊椎结核造成脊椎弯曲与软骨病的方法,把被医治者的头部悬吊起来。健康的儿童与不健康的儿童都同样使用这种受罪的方法,然而结果确实令人鼓舞。如果这种悬吊疗法在儿童六岁时就开始经常使用,它将使由于学校课桌引起的长期的伤害得到完全的纠正,孩子们就会从脊椎疾病中解脱出来。

实验心理学的发现——过度学习

卫生学进入学校后发现了学生的脊椎弯曲和近视问题;实验心理学发现疲劳是由过度学习引起的,并着手开始研究学生的疲劳问题。卫生学按照惯例——即寻找减轻已经确诊的疾病的方法——建立了一个科学分支,这个分支到现在还没有一个确切的名称,有人把它叫做实验心理学在学校的应用,还有一些人称之为科学教学法。

有必要记住的是,实验心理学是费希纳[①]在 1860 年创建的。他是一位物理学家,习惯于做各类实验,但不是做活物的实验,他仅仅采用了把用于物理学的方法用于心理测验,这样建立了心理物理学。实验用设备,尤其是那些触觉测量器非常精密,但是所得结果却变化不定,以至于根据数学法则,这些结果不可能是“测量错误”,而明显地应该归咎于“方法错误”。的确,对于液体的测量,很有必要用一种不同于测量固体的仪器,虽然都仍属于物理学范畴;但我们不能用夸脱来测量一种固体物质,用码来量酒,那么在测量实实在在的物质与精神能量的方法上会有多么大的差别啊?

继心理物理学之后,冯特[②]提出了心理生理学。冯特是一位心理学家,他运用

① 费希纳·古斯塔夫·狄奥多(1801~1887),德国物理学家和心理学家,希望让心理学成为一门真正客观的科学,发明了“心理物理学”一词来定义自己对物理刺激强度及其引发的感觉之间量化关系的研究。

② 冯特·威廉,(1832~1920),德国心理学家,是心理学作为一门独立学科的创始人,并建立了专门的心理学实验室。

适合生理学基础的研究方法来研究心理学。他没有制作出精确的测量仪器,但是他及时地测量出了神经反应。费希纳的早期研究使各种精密仪器的产生成为可能,这些仪器可以测出从一米高处掉落下来的水滴声,而冯特的研究却引出了一种精密计时器,其精确度可以测出 1/1000 秒。但这个设备却没有真正能用于精确的研究——计时器测量不出其震荡的任何结果——要测量的对象捕捉不到。例如,在测量以脉冲传导速度沿神经传导的神经流,以及在脊髓末端的神经中枢传动的速度,在相同单位时间里,伊克斯纳得到的速度是 8 米,而布洛奇得到的速度是 194 米。

尽管在精确的研究方法与非常不同的结果之间有着巨大的反差，这种反差表现为数学法则的荒谬，但实验心理学还是继续幻想着以数学为基础进行广泛的研究。

作为这种科学衍生出来的分支，它进入学校的目的是为了给予学生精神帮助,给予教育学新的活力。

各种研究方法不再仅仅是那些过时的、以前流行的心理物理学和生理物理学方法,从此,实验心理学从其根源中解放出来并独立发展。到现在,实验心理学为了它自身的研究,尽管它不排斥实验室中采用的方法,使用精密可靠的仪器,如感觉计和测力器,但还是单纯地依靠生理试验,因此学校已经成为了它实验的主要场所。

例如,注意力最熟悉的一个实验就是给出一份打印好的准备阅读的材料,要求是把所有的字母 A 划掉,由精密计时器计量出所用时间。

大声从 1 数到 100,同时笔头做算术题,这个试验是测试注意力的分配,由精密计时器计量出所需时间,且判断出所有的错题。让几个人同时做相同的题,使我们能对比较个体活动进行研究。在学校,事先定好要做的听写练习,可以让一组学生完成,注意对其完成练习所花时间与所出的错误相比较,这也是一个获得集体数据的简单而且行之有效的实用方法。

所有心理学家都认为这些实验应该不间断地定期在学校里进行。人们认为这些实验是附加物,是一种额外的东西,作为科学研究的一种方法,这些实验有助于人们总结出学生在学校学习的一般心理状况。

这么做实验,其主要结果一直是:学生所犯错误种类繁多、注意力集中很困难。也就是说,这些实验暴露出了学生的厌倦和疲劳程度。

这给我们敲了警钟!旧式教学法只考虑到学生应该做什么,而这些科学研究第一次把儿童的神经可能受损这种概念提到日常生活中来,并引起了我们注意。

因此人们日益频繁地对学生产生疲劳的原因进行研究，随后也开始了如何与疲劳做“斗争”或“减轻”疲劳的实验。所有与这个问题相关的因素都经过了研究：年龄、性别、智力程度、个体类型、季节影响、每天不同时间的影响、每周不同日期的影响、不同习惯的影响、休息间隔、兴趣、学习种类、身体位置、还有基点方位问题。

科学面临着许多尚未解决的问题

所有这些研究结果就是一堆变得越来越庞大的得不到解决的问题。是否男性比女性更容易疲劳、是否智商高的人比智商低的人更容易疲劳，所有这些都尚无定论。关于个体类型问题，提塞斯所得的结论似乎最值得注意：“每一个个体疲劳与否与其意志力有关。”说到季节问题，学生从开学的第一天开始，一直到放假那一天，学生的疲劳每天都逐渐递增，但不能得出结论这是否有季节的影响，或者是否如斯凯顿所言：“学生疲劳的递增是由于学校的制度。”至于每天的时间段问题，斯凯顿说：“当学生自愿学习时，疲劳程度是否会降低，这还是个疑问，而这个问题很难解决。”每周一和周五是一周中疲乏程度最不明显的两天，但是与此相关的研究尚不明确；对于习惯问题、休息间隔问题、兴趣问题，他说道：“至于这些与疲劳对立的因素，它们到底实际上可以减轻疲劳还是仅仅掩饰了疲劳一直是人们的疑问，但到现在仍然没有定论。”大量各种各样有趣的对于改变学习问题的研究得出了相同的结果——即频繁地改换学习科目比持续学习一种科目会引起更大的疲劳，突然中断比持续学习更容易疲劳。以下实验(引自克拉帕瑞德)是由舒尔茨做的。第一天，他要求几个女孩做 25 分钟的加法，然后再抄写 25 分钟文章。再有一天，她们同样做加法和抄写文章，但是分别做 50 分钟。后一次的结果比第一次要好很多。尽管如此，我们都知道，学校仍然普遍实行频繁地课间休息和变换课程的方法，用这种方法作为战胜疲劳的科学方法的一部分。

与学校有直接关系的研究之一就是各类教育学科产生的难度系数，也就是说，这些科目产生的疲劳程度。瓦格纳提出，最大的系数应指定为 100，这样每一个科目就可以得出下列难度系数：

数学	100
拉丁语	91
希腊语	90
体操	90
历史与地理	85
法语与德语	82
自然史	80
图画和宗教	77

我们可以注意到,这种结果是以一种武断而令人吃惊的方式建立起来的。尽管如此,“实验科学”很有可能做出以下推论:

“调查不同年龄学生的不同学习科目的难度系数排序非常有意思,这会使我们一方面了解不同学习科目何时学习最有效,还能预先考虑如何制订学习计划;另一方面,有助于制定每天的学习时间表;如果可能,我们可以把最容易使人疲劳的科目放在一天的最开始。”

有一项研究提出:疲劳产生毒素;委查德成功地分离出了这些毒素,并制成了抗毒素,而且他在老鼠身上的实验也成功了。在诊所里他也反复进行过实验。关于出现毒素的问题,实验发现,在进行“使人疲劳”的学习过程中人体大量产生毒素,而当学习非常有趣时就只产生很少的毒素。

这种科学从头到尾都是一些解决不了的问题从各个研究中产生出来的。我们看到,并非考虑其中的一两个因素就能减轻疲劳;课间休息和变换学习科目也只能加重疲劳。有一种能够使由于过度学习造成的疲劳得以消除的方法,这就是使学习有乐趣,把学习变成快乐,而不是痛苦。

“使教育成为需要,使授课具有吸引力,这一直是所有知名教育家所推崇的,如芬龙、卢梭、裴斯泰洛齐、赫尔巴特、斯宾塞。”克拉帕瑞德说,“但是这一点却没有被每天都在进行实践的学校所认识。”

“大家普遍认为,教育家的首要责任是不做害人之事;首先不做害人之事,这也是医学实践接受的原则。但要绝对严格地服从确实不可能,因为学校教育的每种方法,在某种程度上都对儿童的正常发育有一定的伤害。但教育者将会寻找减轻这种教育必然造成的伤害。”

在所有这些调查研究之后,这的确是一种起不到什么作用的安慰!公开声明每一步都出现问题,但又没有一个问题已经得到解决!确实,所有这些问题中都存在着潜在的问题:如何才能使学校变得富有吸引力,充满欢乐。因为迄今为止,儿童的身体常常受到扭曲和伤害,常常由于疲劳而出现血液中毒现象。虽然没有伤害的教育不可能存在,但是这种伤害一定要以快乐为前提！这真是进退两难。这就是为什么我们看到的这个新科学充满了无数的疑问,更恰当地说,就是“愚笨”。

就是因为这个原因，卫生学和心理学如今倾向于一起抛掉那些不能弥补的所有伤害,因此“减刑”的意思就是说缩短学习时间、削减课程、避免笔头练习。这样,一个新的幽灵——愚笨——使得儿童每天大部分时间都放任自流,儿童成为破坏幽灵的替身。但同时,我们这个时代又要求我们对下一代要密切关注,并为他们准备一个更加广泛更加复杂的人文环境。

诚然,今天通过研究疲劳而发现抗毒素似乎可以找到躲避伤害的方法。“想一想！”克拉帕瑞德说道,“一种血清可以预防疲劳,这多宝贵啊！”从这个观点来看,我想说的是,难度系数会比找到制定各科目难度系数的“方案”更为实用更为合理的应用。的确,这些表明了每一种不同学科所引起的对学生的伤害结果的系数,决定着消除这种结果所需要的抗毒素的剂量。在不久的将来,当这些学校的辅助学科和教学有了预期的进展时，也许我们会看到矫形术病房和心理化学诊室并排而立。在这里,每天晚上,学生们不再使用那种旧式的悬吊矫正法去纠正他们受伤的骨骼，他们可以用一种由教学调节难度的方法，并接受一种注射治疗,这种注射疗法可以消除疲劳毒素产生的影响。

也许这读起来就像是最低劣的讽刺文章,但是事实并非如此。矫形医院就是一个很好的例证,或许很快我们就会看到化学诊所被建立起来。如果自由的问题都可以用机器来解决,如果公正的问题也可以从化学的角度来考虑,那么相似的结果将会是科学在这种错误基础上加以发展的科学的合乎逻辑的终点。

很明显,真正能指导教育、能把儿童从奴役状态中解放出来的实验科学还没有诞生。当它诞生时,它与目前所谓的使儿童遭受疾病折磨的那种“科学”之间,就如同化学与炼金术的关系，如同积极的医学与已经经过了几个世纪的经验医学的关系。

我认为,如果有一个人离开数学领域,转而研究生物和实验心理学,把他给你的印象记录下来,那将会是件非常有趣的事情。

据报道,有一位年轻的英国工程师,他曾经在工作中犯了错,他研究了两年我的教育法后,转而回到他伟大的祖国去学习生物了。以下是他对实验心理学的意见:

在心理学方面，我们正在研究的是最现代的实验研究方法。目前，我们正致力于思想和想象的研究。我必须承认，我发现这门课并无多大启发意义，虽然我同意有必要了解这些研究方法。在现代心理学中，几乎没有什么完全适合我们自己方法的实验材料。在我看来，那些研究者们和普通人看一棵树没有什么区别，他们只注意到最明显的外观：叶子的形状、树干等，他们都极其庄重地观察着树，并用非常准确的语言（也许他们相信这就构成了科学），但他们经常把定义的功能和对事物的描述相混淆。

为了披上科学的外衣，他们用这种方法，对美好事物的精彩描述转为了乏味的定义，但是这样却对激发人的思维无能为力。他们从不思考，他们阅读大量书籍；虽然不同心理学家之间的图像不一样，但他们认为用代表实物的心智图像与在黑板上画一个活生生的器官没什么区别，但是他们的语言是相同的。他们之所以这样是因为他们认为他们正在进步，他们不是在培训学生进行毫无偏见的观察，而是把他们的偏见注入了学生的头脑中，让学生死记硬背那些最怪诞、最莫名其妙的定义和描述，结果就是阻止了学生们独立思考。

虽然上述观察会解释树的外部数据，然而，他们还未开始研究的树的内部结构才是其基本结构，但这些细节并不重要。因为仅研究单个树根的细节就可以用最简单的方法概括。这种"科学"使我联想到一个与星座有关的古老传说，当人们还不知道行星的运行规律时，所谓的科学仅仅局限于用"大熊"、"巨蟹"、"山羊"之类的概念。

我憎恨那些毫无趣味的腐儒，他们认识不到自己的无知，却用一种极度威严的神气写下大量枯燥的著作，似乎他们发现了绝对的真理，他们的著作在思想上给学生留下深刻的影响，使这些学生也像他们的老师那样缺乏趣味。但是在我看来，学生们所关心的只是有关通过考试的问题，而没想发现什么新知识。因此，教授们"奉献"给他们的只是达到了这个目的。这样，由于错误的教育制度，我们所有人都受此奴役，这种教育体制亟待改革。

第3章 我对实验科学的探索

儿童自由发展的奥秘就在于为寻求内部营养所需要的方法和适应自身原始冲动的能力。

心理生命的构成始于注意力这种独特的生理现象

实际上，我对3~6岁儿童所进行的实验是我对研究工作所做出的具有实际意义的贡献，这种研究像卫生学能发现适合儿童身体发展所需要的疗法一样，也能发现儿童心理发育所需要的疗法。

因此，我认为有必要把那些促使我进行这种研究的基本实例记录下来。

在我正在用我多年来一直沿用于弱智儿童的原理和部分材料，给罗马圣罗伦佐区的正常儿童写第一部分论文那段时间里，我偶然注意到一个三岁左右的小女孩的活动：她全神贯注地摆弄着一套圆柱体插板，先是把圆柱体一个一个从洞中取出，然后又将它们分别插回原处。小女孩的面部表情是如此专注，使我感到万分惊讶；在此之前，我还没有见过哪个孩子能对一个东西如此有兴趣。我相信，儿童注意力不稳定，会使其在玩耍过程中不断更换玩具，因此我对这种现象产生了特殊的兴趣。

最初，我在一旁静静观察这个小女孩，开始数她动作重复的次数；我看着她玩了很长时间之后，把她连同她坐的小椅子一起端起来，放到一张桌子上；小家伙急忙把她那套玩具抓起来，将玩具放到椅子的扶手上，然后把圆柱体放在大腿上，又重新开始了她的工作。我接着又让房间里所有小朋友都唱歌，但歌声似乎没有影响到她，她继续重复着插插拔拔的动作，歌曲结束时，她仍然在重复着那些动作。当我数到第44次时,她终于停住了,但这并非由于外界分散注意力的刺激。小女孩满意地看了看周围,仿佛刚刚从惬意的小憩中醒来。

我想我会终生铭刻于心,就像一个人有了重大发现时的经历那样深刻。

我渐渐地在孩子们中发现了这种现象的普遍性。因此,也许可以把儿童的这种注意力看作是一个受限定的与某些外界条件相关的持续反应。每次当她注意力极端专注时,她就完全变了,变得更加安静、更加智慧、更加富于进取心了,从而表现出一种极特殊的精神品质,同时也反映出一种更高级的意识现象,例如注意力转移这一类的现象。

如同像是在一种饱和溶液中形成的结晶点, 周围聚集着很多杂乱的游离物质,经过一系列反应,最后产生了奇妙的结晶体。因此,当出现极端专注现象时,儿童意识中的一切,包括那些杂乱不定的部分仿佛都自动汇聚在一起,从而达到了一种新的精神境界。而且每一个个体都可以发生这种神奇现象。

这使人联想到人类的生命, 人类的生命可以以一种低级状态存在于众多事物中并无名地延续,直到某种特殊的东西强烈地吸引并控制它。这时人类便注意到自己,他感觉到自己已经开始存在了。

成年人也同样可以发生这种全神贯注于某件事情的意识现象, 这种现象是"内部构成"诸多现象的唯一一种可以持续的成分。它既是儿童内心生活的正常开始,同时也随之发展,可以作为实验用的实例,对之进行研究。

儿童的心理就是这样显现出来的,并且在这些表现中,逐步演变出了显示精神自由的方法。

这个故事很快就传遍了全世界,最初这似乎只是个神话。渐渐地,由于实验是由大多数不同人群所做,因此这种简单的、显而易见的"精神疗法"的原则便得到了普遍接受。

心理发育可以在外部刺激帮助下促成

我对儿童教育作出的贡献,事实上,在于通过实验详细说明了儿童内心发育的自由形成。

如果儿童不能自然地得到自主的有机发展, 如果寻求如何发展儿童的精力(扩张潜力)和与儿童自然发育所需要的方法,那么要使儿童能自由地发展也是不可能的。为了更加自由，自由活动的儿童就会在自己的周围，发现某个按自然法则发展的与自己的内心世界有直接关系的有组织的事物，正如自然界中的昆虫，在花的外形和种类中找到它们与营养之间的直接联系。毋庸置疑，在寻找滋养自己的花蜜而且有助于植物生长的过程中，昆虫不受任何约束。在自然界，再没有比这两种天生的默契合作者的生命组织结构更令人惊叹的了。

因此，儿童自由发展的奥秘就在于为寻求内部营养所需要的方法和适应自身的原始冲动的能力。与此相似，婴儿一生下来就会吸吮乳汁，这个行为就是由外界环境及复杂的营养条件和婴儿本能需要之间构成的一个完美的统一过程。

正是在这种原始冲动下，即内部饥饿，儿童的天性开始形成并表现出自己的特点，这如同初生儿在自我发育过程中自然地发育，长成自己独一无二的长相。

所以，我们不能只局限于寻找有助于形成儿童人格和发展儿童性格的教育方法，我们需要做的是给儿童提供必要的营养。

正是以这种方式，儿童做出了有章法、复杂的行为活动，并在对原始刺激做出反应的同时锻炼了自己的智力，发展了我们认为崇高的品质，我们认为这种品质不是儿童与生俱来的，例如工作过程中的耐心和毅力，还有道德秩序、驯服、文雅、感情、礼貌、安详。至于我们习惯于区分不同事物的本领这一点，到目前为止，我们还始终抱着要通过成年人直接介入来发展儿童这种本领的幻想，并坚持以此作为成人的任务，尽管事实上，我们从来不知道我们应该以什么方式能够成功达到这个目标。

为了做到儿童品质的自然发育，很有必要让儿童拥有完全的自由。也就是说，儿童平静稳定的发育不应遭到不和适宜的干扰和影响，就像我们应该让新生儿在宁静、祥和的环境里，以让他们在合适的环境里吸收营养、正常发育。

我们应该以这种态度来等待孩子内心生活的发展，以及内心生活中不能预见的令人惊叹的奇迹的产生。正如聪明的妈妈，她们只给宝宝提供营养，让宝宝休息好，静静地看着宝宝一天天长大，静静地等待着大自然赋予宝宝的礼物：长第一棵牙、说第一个字、最后某一天出现爬、站、走等行为。

但是要保证儿童的心理发展，我们必须以固定的方式为他们准备好发育“环境”，并从该环境中直接提供给儿童所需要的外部条件。

这是经过我的实验所证实的事实。迄今为止，我们很少讨论儿童的自由问题，在自由与任之不管之间并无明显的界限。有人说：“自由是有限度的，应该正确理解自由。”但从未有人正确解释“如何理解自由以及什么是应当与自由共存的凭直觉获得的自由”。

这种解释如果成立就可以为所有的教育开辟一条新路。

环境应该包括自我教育的手段,但是不能"盲目采用"这些手段。它们代表的只是由一部分人进行实验研究的结果,因为做这样细致的研究工作就有必要做科学的准备工作,而且准备工作极其艰辛、长期而且严格。促使儿童心理发育的方法,同样也需要长期的研究后才可以采用。凭有很强的判断力或课前做精细的备课,去解决学生自由这个大问题的那些教育家们根本解决不了自由这个问题。即使最伟大的科学家,或是天生就适合做教师的人都永远不会自己发现这一点,因为在准备方面和天赋方面,应加上时间这个更深层次的因素——即很长的做准备实验的阶段。因此,首先要有一门已经为自我教育提供方法的科学。今天,在学校谈论自由的人也应同时展示出可使这种自由得于实现的近似于科学仪器的具体东西。

这种科学仪器必须建立在精密细致的基础上,像物理学家的透镜要根据折光原理制作一样,教育所用的仪器也应该以儿童的心理现象为基础。

这样的仪器可以比作为一个很系统的"心理测试",然而它不以外界测量为基础,即不以评估它所引起的瞬间心理反应的量为目的。相反,它是一种能够持久产生并维持其心理反应,能自我决定的刺激。因此,这种心理反应决定并建立了系统的"心理测试",心理反应又是以注意分配及与之相关动作的重复。当某一刺激以这种方式与"反射人格"相适应时,它就会起到维持一个活泼反应的作用,而不是其估量作用。所以,它是一个针对"内部构成"的刺激。实际上,在这个被唤醒被维持的活动基础上,也伴随着有机体引起的与刺激相联系的内部协调。

这不像现在已经进入到学校里的实验心理学对古代教育学这门估量人格科学范畴进行的研究,而是作为改变人格的科学进行研究,因此,它可以被当作一门真正的教育学。现在受到各种解释的古代教育学的发展开始于"感受型人格"这个概念——也就是说,接受旨意,然后被动形成的一种概念,这种科学的发展又源于积极型人格这一概念——反射和联想,它在由实验决定的系统化刺激的作用下所引起的一系列反应中得到发展,所以这种新的教育学属于现代科学,而不再属于古老陈旧的臆想,尽管它不以纯粹的"实证心理学"的测量研究为根本基础。但是,形成这门科学的"方法"——实验、观察、证据或证明、新现象的再创造及再使用等——毫无疑问地使之置身于实验科学的行列。

外界刺激受质和量的制约

再没有什么比这些实验更有趣了。通过实证方式,外部刺激在质和量上都可以非常精确地受到控制。例如,呈各种几何形状体积很小的物体只能暂时吸引 3 岁儿童的注意力;但逐渐加大物体的体积,我们就可以得到能够控制儿童注意力物体大小的极限,这样的物体可以刺激儿童行为活动的持久,因此儿童的这个活动就成为儿童发展的一个因素。由于很多孩子同时做这项实验 ,所以就有了一系列大小不等的物体的体积。

颜色和物体的每种质地也是如此。为了能使各类物体达到控制儿童注意力的目的,有必要增加物体的某种张度或强度,增加张度和强度与否可以由儿童显现出来的心理反应决定。例如, 药片最微小的色彩变化就足以吸引儿童的注意力,等。因此,质是由在儿童身上引起反应的心理实验决定的。在这种实验中,儿童会长久地重复玩同一物体,形成了内心发展现象及自我形成现象。

需要指出一点,在众多物体特征中,有一种特征要求活动行为要有最高程度的智力水平,即对错误的控制。

要使这个过程成为一个自我教育的过程, 刺激仅仅用于唤起行为活动是不够的, 它还必须能指导行为活动; 儿童应当不仅在一个行为活动中坚持很长时间,而且还必须保持在这个行为活动过程中的正确性。物体自身所固有的性质不仅仅由它在儿童身上引起注意的直接反应决定, 而且还要由它所拥有的对错误的控制——即产生有效的高级活动协作的能力(比较、判断等)——的基本特点来决定。例如,最初一种能吸引三岁孩子注意力的物体,立体积木(一组在有相应圆孔判定木块上能插进或拔出各种规格的圆柱体) 中, 就包含着最为机械的控制。因为即使是一个极小的错误,也会在活动结束时剩余一个圆柱体没有插到应有的位置上,那么很明显就要纠正这个错误,如若不纠正,也就意味着活动不能结束。另一方面,纠正错误也很简单,孩子自己就可以改正。在儿童活动中突然出现的一些小问题很像突然得到了一个意想不到的玩具,会使儿童兴趣大增。

然而,值得注意的是,并非是这些问题本身刺激出了儿童的兴趣,也并非是它们激起了重复行为,即儿童的进步。引起儿童兴趣的是一种情感变化,这不仅表现在儿童插放物品时,也同时表现在他们获得新的感知时,在于使他们认识到圆柱体体积的区别时，这种区别在他们活动初期并没有注意到。只有在孩子犯错时这种问题才会显现出来，而并非伴随在正常发展过程中。仅仅一个因出现问题而感到好奇的兴趣激发不会成为对成长有深远影响的兴趣，对成长有影响的兴趣出现于对生命本身的需求，因此也会指导精神人格的发展。如果这个问题只是一个使内心能自我发现的问题，那么生命的秩序可能就会被扰乱，犹如某些外界因素会导致人生误入歧途一样。也许，我在答复那些主要的反对意见和评论时过分强调了这一点。

确实，在通过让儿童鉴别为教育他们所设计的第二阶段的教学系列积木时，对错误的控制不是机械的，而是心理的。假设这些积木体积各自不同，而且色彩足以吸引他们，而他们也已经能辨别积木体积的不同了，因此他们能够发现错误。正是由于这个原因，第二阶段的积木系列在其大小和颜色上就包含了对错误的控制。一个层次更高、完全不同的对错误的控制是由算术结构教具提供出来，这种控制以儿童在玩这个教具时的情态对比和儿童表现出极为出色的意志力的对比为主要内容，并使之真正地进行有意识的自我学习。但是，尽管对错误的控制可能很弱小，尽管此控制越来越与外部机械设置问题无关，而要依赖正在逐渐发展的内心活动，通常要视情况而定，就像物体的所有特性一样，这需要取决于儿童对物体的注意力时间长短和玩此玩具的重复次数等基本反应。

另一方面，决定教具量的实验标准也有所不同。当实验设备制造精确时，就会引发出儿童与其内心发展非常协调、非常和谐的自发性实践活动，以至于从一个新的心理现象的某种意义上讲，在复杂的发展过程中展现出了一个更高层次的类型。

儿童本能地将对材料的注意力转移开来，没有显现出任何疲劳的痕迹，而是仿佛被注入了新的能量，而且他也具备抽象能力。在这个发展阶段，儿童把注意力放在外部世界，并以在前一阶段中内心里形成的秩序来观察这个外部世界；他开始本能地做出一系列仔细而有逻辑性的比较，这种比较能够真正获得“知识”。因此，这个阶段被称之为“发现”阶段，这些发现激起了儿童的热情和喜悦。

儿童发展的这个更高层次在其最后爬坡阶段收益尤其大。在儿童抽象行为刚刚开始出现时，有必要注意不要把儿童的注意力引向物体。例如，如果这个时候教师仍然要求儿童继续摆弄教具，那么就会阻碍儿童的本能发展，会在儿童的发展道路上设下障碍。一旦引导儿童上升到更高层次并令其体验到许多智力情感的热情熄灭，他的发展道路也就关闭了。同样，教具过多也会导致同样的错误；这会分散注意力，导致儿童对教具的练习活动变为机械式的，还会导致儿童在没有发现并利用教具前就度过了心理发展阶段。而且这样的教具毫无用处，也正由于教具的无用，使"儿童失去了他们的热情"。

需要明确的是，为了满足生命发展过程阶段的内部需要——即向更高层次的发展阶段，或者叫做爬坡阶段——什么是必须的什么是充足的？要确定这个量的标准，我们必须以儿童的表达以及儿童对教具的积极反应为指导。那些长期摆弄这些教具并显示出被这些教具深深吸引住的那些儿童会突然逐渐地、不被察觉地开始向上发展，就像一架飞机完成在地上的滑行，然后起飞。儿童表现出的对物体的明显热情，实质上是兴奋和喜悦所引起的激动的面部表情来表现的。他也许似乎什么都没做，但这只是一瞬间的事，他很快就要讲话，这表明他的内心已经发生着变化，之后他的活动会带着他进行一系列的探索和发现，他得救了！

现在我们来看看另外一些孩子，但是这些孩子身边充斥了太多的教具。在他们刚刚要发展时，他们却被这些教具绊住了、阻碍了，很明显是被这些教具阻碍了发展。儿童得到新教具时，注意力的减弱和不稳定性，以及因此而产生的疲倦都表现在儿童内心活动受到明显的压抑，儿童的行为因此而变得很糟糕。他们沉浸于大声的空笑、粗鲁的举止和懒惰之中，他们要完一个新的教具，接着又要另一个，因为他们陷入了"毫无益处的浮华的怪圈"中，他们不再敏感，只渴望减轻疲劳感。就像那些犯了类似错误的生活混乱的成年人，他们软弱，毫无修养，"正处于毁灭的危险状态"。如果没有人帮助孩子把那些毫无益处的教具从身边拿走，并给他指出出路的话，这个孩子几乎没有能力使自己从这种状态中解脱出来。

这两种极端类型会使我们通过实验来决定出儿童发展所需要的教具量的标准。

教具过量会削弱并阻碍儿童的发展，这已被我们的合作者们反复验证了。

另一方面，如果实物教具数量不足，儿童最初的自我练习不能把儿童引向使之成熟的第二阶段，那么儿童就不会达到本能的抽象行为，这种抽象行为的出现表现为自我教育走向无限进步的第二阶段。相同的精神专注和注意力时间延长，使得儿童重复动作的基本现象指导我们决定适合儿童不同年龄的刺激物，一种能使 3 岁儿童连续重复 40 次动作的刺激物，只能使一个 6 岁儿童重复 10 次。能引起 3 岁儿童兴趣的物体并不能吸引 6 岁儿童。但是，当某一刺激物适合相应的年龄时，6 岁儿童就能比 3 岁儿童更长时间地集中注意力。倘若一个 3 岁儿童能连续重复同一动作 40 次，一个 6 岁的儿童便能重复 200 次他感兴趣的动作。如果 3 岁儿童能在同一物体上连续练习半个小时，那么 6 岁儿童则可以练习两个小时。

因此，要为某种目的进行系统测试，如让儿童准备学写字的测试，如果不考虑受测试儿童的年龄，便是毫无价值的。例如，人的书写系统是以生理上适合书写的姿势的直接准备为基础，也就是说，是以字母积木这样用于书写练习教具的使用和对字母表中字母的临摹为基础。孩子们一方面用数不清的平行木条插满插板的空当，另一方面又在触摸字母，准确无误的固定好积木，最后达到所有的孩子都能异常相同地突然间自然而然地进行字母的书写。因为通过触摸相同字母，所有的孩子已经使必要的动作固定化，所以他们能真实地再写出积木中的字母。为了达到这个目的，为了真正能做出写这个字母的动作，不断练习是很有必要的。对此感兴趣的儿童大多在4~5岁之间，如果我们将同一教具交给6岁儿童，他就不会经常去触摸字母积木。而且与一个在适宜年龄就开始进行练习的儿童相比较，他总是不能完全写正确。这也可以应用于其他方面，因此我相信，在以一个至今尚未确定的实验标准来决定不同年龄儿童的心理特征，以及提供了适合儿童发展的教具的条件下，按年龄划分智力水平是可行的。

很明显，有某种可能性可以使我们确定儿童发展的方法，可以在内部需求和外部刺激之间建立一种真正的联系，就像是昆虫与花之间的联系。

一旦做好一切准备工作，就很容易达到促使儿童内心生活的自然发展。一旦所有教师都可以对这些运用自如时，他们就可以实现校园自由的理想了。

这个漫长且玄奥的实验——正如我说过的，在伊塔和塞贡的启发下——实际上是我对儿童教育最重要的贡献。

所有这一切准备工作不仅确定了现在众所周知的方法，而且还是使这个方法继续下去的关键。

仅仅作为起点，教具的研发是必须的

在组织发展的外部手段中，存在着一个由心理发展和心理飞跃过程所需要的教具问题。材料部分不包含全部的心理特征，整个身体的特征较脚步特征来讲要多些。如同飞机场不是飞机活动的地方，而是飞机起飞前和着陆时必有的场所，也是飞机停放的地方，是飞机的避难场所，是飞机必然返回的飞机库。因此在心理的形成方面，就需要必须有精神得以升华、得以休息、得到庇护和有支撑点的材料，没有这样的材料，儿童心理就不会“自由地”成长和发展。

为了使材料成为真正的儿童心理支撑点，就应该“再生产它的形式”，并使这种形式融入与教具特殊目的相应的功能中。例如，在心理发展的第一阶段与感官相关最初的实践行为——天性赋予感官需要的质和量——使得后来的行为能够促进观察和抽象的成熟。反之，材料中便不会有任何能以如此大的兴趣和如此多的知识与儿童心理发展的第二阶段相适应的因素。但是，我们仍然可以看到儿童渴望有更高层次的实践活动——而且现在我们见证了同样的儿童注意力的原始现象会在字母积木和算术积木上，通过听觉和视觉的联系进行有条不紊的更为复杂的练习表现出来。这种现象同样体现在儿童对数量和大小比较以及数字的积极学习中。“耐心”和“恒心”也伴随着愉快和喜悦等现象一同出现。这是当儿童发现了内部精力有了借以显示其力量的场所，以及可以自由平静地进行实践活动的场所时表现出来的特有心理现象。

这种以自然顺序为指导的方式所形成的心理坚强且有活力，神态表现出平和宁静，行为特征表现出能否进行良好的自我控制。

因此，外部材料即教具应当具有像不断向上的楼梯似的作用，用以帮助儿童一个台阶、一个台阶地上升适应自己的心理要求。每个台阶上都有必要具备文化手段和更高级的形成手段，所以，每一步的心理活动都要不断更新材料。为了达到这一目的，就有必要准备各种新颖、形状更为复杂的物体来吸引儿童的注意力，使他们在自我练习中发展智力、发展恒心和耐心、发展抽象能力和本能的创造能力。在儿童的第二发展阶段，我们看到儿童在实践活动中产生了一种不仅要在大脑中记忆物体形象，而且还要努力“迅速获取知识”的愿望。例如背诵乘法表。尽管背诵诗歌或散文选段有时是一种激情，这倒不会令我们感到吃惊。

同样有趣的是儿童在算术计算中表现出来的超脱，在心理趋向成熟的某一阶段，他渴望“在抽象中推理”，渴望“用数字进行抽象计算”，就像是服从一种内心的冲动，力求将心灵从每一个教具材料中解放出来，并且还能节省时间。我们因此看到8岁的孩子就成为早熟的、希望只凭头脑就能做计算的人。

从这些孩子的内心角度讲，他们要开始进行自我教育，就需要极其敏感。如同一个膳食安排非常合理的新生儿，在进食后的两个小时很安静平和，他是在消化吸收；到了下一个喂食时间，他便大喊大哭。儿童也是如此，他们一旦完成内心成熟，就会立刻要求“新的材料”、“新的工作内容”，他们一定要得到这些，以解决自己的迫切需要。如同成人在身体需要时能直接说是饿是渴还是困了一样，儿童也会用类似的方式要求看书、学习语法、获取观察大自然的方法。孩子的敏感性既强烈又明显，这时教师必须做出反应。

显然在这时,某种特定的外部基础是必须的。教师毫无目的采用的方式作为对于那些意识正在加强的儿童来说是不够的。他必须以事先已由经验证明的条件为指导。换句话说,前面已经几次提到的能指导儿童心理向上发展的“阶梯”都必须是已经被经验证明过的,就像婴儿在其生命发展的第一时期所确立了的前面讲述过的方法。

为儿童内心世界的发展建立起上升式阶梯,建立起外部支撑手段得到了逐步重视。它就像是一个倒立的圆锥体,把尖顶部分看做是心理生活的开端,2 岁半的儿童属于这个范畴,他们的注意力集中在感官刺激物引起的原始冲动之上,如同饥饿使新生儿吸吮乳汁。随着外部条件成倍增加,儿童心理需要的逐步增加便使得外部材料越来越复杂,在他们内心里贮存了文化精华。

最高等级的外部组织并非设立在单纯的心理学需求基础上,而且还在某些文化自身的基础上。每门科学,例如,算术、语法、几何、自然科学、音乐、文学等,都应该在系统的、有计划的授课方式基础上教授给学生。儿童最初出现的心理特征必须经过各门学科的专家之间进行合作来补充,以确立一种对自我教育有必要、充分的方法。

这是实验性的准备工作,它确立了揭示心理生命所必需的发展手段,确立了一个完全符合儿童心理形成所需要的步骤,是组成这个工作的重要环节。

进而言之,他们可能与所谓的教诲方式或旧式的教具吻合,然而他们的意义却大相径庭:旧教具是教师对被动来听课的学生做讲解时所用的一种辅助手段,它仅仅与被解释的事物有联系,而且这些事物是随意选择的。因此旧的教学方法没有采取任何与儿童心理需要相关的科学原则。

另一方面,实验证实,儿童心理发展的教育手段与儿童心理发育密切相关。教育手段的目的并非只是指导儿童,而是要引发儿童潜在的精力本能地迸发出来。

所以把外部材料即教具交给孩子,让他们自由地运用本身潜在的精力,他们可以选择自己喜欢的教具,这种喜欢是由儿童的心理成长需要而定。只要他们喜欢他们选择的教具,他们就会长久地专注于此;这一表现与儿童内部成长过程所要求的持久练习相符。没有任何教师可以预言某个学生的内部需求或成熟时间,但是只要给他们自由,一切问题都会自然而然地迎刃而解。

心理的真相

要解释儿童发展过程中在他们身上反应出来的现象，要完全放弃那种仅仅依据儿童在各门学科中的表现,来评判能力的陈旧教条式观念,采取一种科学的观点很有必要。因此,几乎像自然科学家一样,观察生命的某些现象的发展是很重要的。确实,我们准备了特殊的“外部环境”,但是儿童的心理感受与其内心活动的本能发展关联密切。

因此,教师与儿童之间并不存在直接联系。教师观察出儿童的感受也肯定不是因为有教师的指导。就像试剂一样,教师指导的目的是为了引起儿童特殊的心理反应;这些心理反应类似人格组成,可以归纳为唤醒。随着儿童内心发展过程中已经开始的“外显”,作为构建儿童内心成熟过程顺序的第一个结果,首先需要有纪律。

新学校开办的开始几天的某些混乱现象是正常的，尤其是如果教师做第一次实验,不久却因过于乐观自信而不顺利,因此学生没有对实验教具立刻发生反应，教师也许会因学生们没有像她曾经希望的那样把他们的注意力都吸引过来而感到窘迫。如果是贫苦儿童,他们会立即被吸引过来,但如果是富家儿童,他们早就玩过很多各种各样奢侈昂贵的玩具,因此最初他们很难被这些教具吸引。一旦教师对自己尊敬的“自由”及存在于刺激物与儿童心理反应之间的联系做出武断的结论时,就会很自然地出现混乱。但是,有经验的教师很清楚,只有当儿童内心必将发展的部分被唤醒时,“自由”才能真正开始,他们在最初阶段才能更加智慧老练。

如果在做第一次实验的教师和一个都是富家子弟的班级之间形成课堂困难的情况下,经验更具有指导意义,也给了我们一幅清晰的基本心理现象的图画,这幅图画可以看做是从混乱中分离出来的一种秩序。

对这一关系,我引证过各种各样的描述,其中有些已经出版发行。这其中有乔治小姐介绍她在美国建立的第一所学校，也有对德福蕾丝小姐在英国建立的学校的描述。

乔治小姐精彩地描述了最初阶段的混乱:“他们(孩子们)开始时把教具从别人手里夺过来;如果我想把某个教具出示给某个孩子时,别的孩子就会立刻把他们手里的教具扔掉，跑过来围住我们乱吵乱闹。我介绍完某个教具的特性后，所有的孩子都争先恐后，吵着要这个东西。实际上，他们对这个东西根本就没兴趣：他们玩了一个又玩一个，注意力根本没集中在这些东西上……其中一个孩子根本不能安静，连坐都坐不住，我们给他一个小的环状教具，他也玩不了多久。他们的活动毫无目的，在房间里乱跑，不管周围的东西。在这些活动中他们没有想到要尊重、保护他们周围的东西，他们被桌子绊倒，弄翻椅子、踩到东西；有时他们在一个地方活动，有时又朝另一个地方跑去，他们随意抓起东西就四处乱抛。”

德福蕾丝小姐这样描述了她首次实验中的混乱状况：“我必须承认，实验开始的前四周令人心灰意冷，因为孩子们不能安静下来做任何一件事，哪怕仅仅安静一会。他们没有耐心，没有积极性；他们不时地像一群羊羔相互追逐，一个孩子拿起一样东西，其他的孩子就会效仿。有时他们在地上打滚，把椅子弄翻。”

从对罗马富家子弟所做的实验中，我们看到了下列描述：“最大的困难就是纪律问题。孩子们显示出对课程没有一点兴趣，似乎已经开始讨厌这种课程了。”

所有独立从事这项研究工作的人员在自己所著的有关引导儿童课堂秩序的文章中都一致认为：情况基本相同。在某一时期，儿童开始对某些练习表现出浓厚的兴趣，但不一定是与教师给的教具有关，可以是任何能深深吸引他们注意力的东西。重要的并非是那些教具，而是他们的心灵对刺激物做出相应的反应，并被刺激物所吸引的内心行为。

一旦一个孩子对我们给他的，能促进他心理发育需求的教具产生浓厚的兴趣，他就会继续表现出对所有类似物体的兴趣，也就会很自然地继续进行他的这些活动。一旦开始这些活动，他就会自愿继续稳定而深入他的一系列活动。而且这样的活动所取得的进步不是逐步而缓慢的，也不是那种可由一个标准而系统的外部行为所引起的，而是会“突然的”出人意料地进步，使我们认为这是他们成长过程中非常重要的生理生命的关键时刻。孩子就是这样一天一天地长出乳牙，说出第一个字，迈出他人生的第一步；当第一棵牙长了出来，那么随后也肯定会长出所有的牙；当说出第一个字，他也肯定会学会说话；当第一步迈了出去，只此一次，他就肯定会走路。

随着第一次心理秩序的建立，一系列类似的关键时刻也会随之而至，因此这第一次心理秩序标志着内心生命发展进化的开端。

下面引自乔治小姐对规律形成的一段描述：

几天后，那令人头晕眼花的游离不定的混乱群体——没有秩序的儿童——就开始形成了固定的顺序。儿童似乎已经开始找到自己的路,在许多曾被他们认为是淡然无趣的教具中,他们发现了新的乐趣。由于这种新的乐趣,他们才开始以独立个体来活动了。"他们变得非常独立。所以出现了这样一种情况:对一个孩子特别有吸引力的教具对另外一个孩子却丝毫引不起兴趣;孩子们在注意力的表现中呈现出明显的区别……当一个孩子发现了某个能自然唤起他兴趣的教具时,就说明我们的实验成功了。这种热情有时突然降临,或者以一种惊人的速度突然来临。

有一次,我几乎把当时那个阶段的所有教具都用上了,但是却没引起他丝毫的兴趣。后来我无意中给他看了两张红色和蓝色的卡片,却引起了他特别的兴趣,他立刻抓过去,仿佛在干渴时看到了水,一节课他就学会了5种颜色。在以后的几天里,他也注意了几乎所有他曾经不感兴趣的教具,并逐渐掌握了它们。

一个在最初难于集中自己注意力的孩子,他通过某个最为复杂的教具,找到了自己的兴趣之后,整整一周都不停地摆弄它,并从中学会了数数及简单的加法,然后他将精力放到了圆柱体和插板上以及一些较为简单的教具上,而且对这一系列的每一部分都显示出了兴趣。

孩子们一旦找到他们感兴趣的教具,混乱情况立刻就消失了;他们的好动性也随之结束,从而沉浸在摆弄教具和认识颜色等活动中。

乔治小姐还很生动地描述了上述现象出现之后儿童的发展情况,她用一件有趣的事来说明儿童个性的诞生:

"两姐妹,姐姐5岁,妹妹3岁。妹妹随时都在仔细地模仿着姐姐的言行,因此,她几乎不是一个独立的个体。例如,姐姐有一支蓝色铅笔,她也一定要有一支;姐姐吃奶油面包,妹妹就拒绝吃别的东西,也要和姐姐吃一种。类似的例子还有很多。妹妹平时在学校对什么都不感兴趣,只是跟着姐姐学,姐姐做什么她就做什么。一天,妹妹突然对粉色的立方体积木产生了兴趣,她一遍又一遍地把积木搭成小塔,完全忘掉了姐姐。姐姐对此非常惊讶,把妹妹叫过来对她说:我在这填涂,你却搭积木,你是怎么回事?从此之后妹妹就成为一个独立的人,她开始了独立的发展,不再是她姐姐的影子了。"

这些事例表明,在最初的基本现象——对教具材料产生浓厚而长久的兴趣——出现之后,其心理本能发展会发生质的飞跃,而这种本能似乎之前并不存在于这个个体中；这已在许多不同的地方为许多互不相通的人所做的实验反复证实。

例如，德弗雷丝小姐曾谈到一个4岁小女孩的情况，这个女孩不会端着水走路，哪怕只有半杯水，也会洒出来。因此，她从来不做这样的事，因为她知道自己不行。一天，她突然开始被一些教具所吸引，从此之后，她能很轻松地拿着盛满水的杯子走路了，因此当她的小伙伴们画水彩画时，她最大的乐趣是给他们端水，而且水一滴都不会洒出来。

澳大利亚教师巴尔登小姐叙述了另一件有趣的事。她的学生中有一个小女孩还不具备清晰的发音能力，只能发出一些模糊的声音。因此她父母带她去了医院。检查结果显示，她的发音器官很正常。医生认为，尽管她还没具备正常的语言能力，但这只是早晚的事。后来这个女孩子开始对立体插板产生兴趣，她不停地一遍又一遍把木板取出来又插上去，突然一天，当她正沉溺于取出插进的乐趣中时，她跑到老师面前，说道："快来看呀！"

这说明，当儿童开始对某项工作产生兴趣时，自我发展就是他们的乐趣。某些心理学家认为，这是一种与智力发展相符合的"情感共鸣"。惯于精确判断的生理学家则认为，喜悦是儿童内部成长的表现，如同体重增加能够表示机体的成长。

儿童自身似乎天生就具有对自己心理成长的"感受力"，即一种通过扩展个性而获益的意识。他们毫不掩饰地呈现出自己内心开始发展的情况，这是更高层次的心理过程。"所有的儿童，"乔治小姐认为，"都表现出任何人在真正做出某种新奇的事情之后所体验到的骄傲。当他们学会做某一件简单的事情后，便围着我欢呼雀跃，搂着我的脖子说：这完全是我自己做的。你以为我做不了，而且我今天做的比昨天还好。"

这些现象出现后，就形成了一种真正的规律，这个规律最明显的结果是与社会提倡的"尊重他人的工作，为他人的权利着想"密切相关的思想品质。从此，一个孩子不再想拿走别人正在用的东西，即使他很羡慕，也必须耐心地等到别人不再用的时候；儿童学会了经常聚精会神地观察别人摆弄他自己也想玩的物体。儿童心理内部的规律性形成之后，会突然出现一个能使他们完全独立工作的阶段，以发展自己的个性。这种独立工作不仅不会使他们"道德孤立"，反之还会在儿童之间建立起一种互相尊重和互相爱慕，这是一种使他们团结而不是分裂的情感。因此，随之也就会产生包含群体秩序的具有情感在内的复杂的纪律。

德弗雷丝小姐说道："圣诞节后，学校再开学时，班里发生了巨大的变化，似乎班里已经有了纪律约束，而这些纪律并不是我制定出来的。"他们显然都沉溺在各自的活动中,这说明他们已经开始了自我教育的第一阶段。他们自动走到柜子旁挑选他们上个学期已经厌烦了的教具材料,如几何插板和带刻度的圆柱体积木等,开始摆弄这些教具;年龄较小的孩子对带按钮和用穿孔连接起来的框架结构的教具更感兴趣;他们不厌其烦地拿了一个又一个,似乎对这种新鲜玩意很好奇。整个教室里充满了工厂的气氛。孩子们凭借一时的想法选择教具,因此他们希望有一种制度,他们本人内心所希望的制度。他们把注意力集中在玩耍教具的工作上,既精确又有章法,在战胜各种困难的过程中得到满足。这种对工作的精益求精对他们的个性发展产生了影响,他们变得能控制自己了。"

最使德弗雷丝小姐感到震惊的是一个四岁半的小男孩,最初这个男孩似乎非常的神经质、容易激动,他扰乱了整个课堂秩序。"这个小男孩的想象力是以一种超乎寻常的方式发展起来的。当他拿到一个教具,他根本不在意这个东西到底是什么样子,而是把它当作一个人,然后自己是另一个人,他不停地和它说话,把注意力全部集中在这个想象中的'人'上而不是这个物体上。因为他的大脑处于混乱状态,所以他不可能做任何精确的行为。例如,他连一粒纽扣都扣不上……但是突然间,他发生了神奇的变化,我非常吃惊地注意到了他的巨大改变;他突然把一种实践活动当作他最喜欢做的事情,然后一个接一个地选择所有其他的教具材料,就这样,他的神经质消失了。"

我从两名女教师在罗马一所专为富裕阶层设立的"儿童之家"里,对许多儿童进行的个别研究中举例说明,其中有两名儿童性格迥异。一个是年龄较大以后才进入"儿童之家",这之前他在另一种环境里成长;另一个是适龄学生。年龄大的孩子(5 岁左右的小男孩)曾进过福禄培尔幼儿园,因其好动被认为是爱惹麻烦的孩子。"最初的几天里,无疑他对我们是一种折磨,因为他想做事,但又不能安静地坐下来。他把所有的事情都说成'这是一场游戏',然后或是在教室里乱跑,或是给别的同学捣乱。最后他突然对绘画发生了兴趣。"尽管普通的绘画前要先有感官练习,但我们还是给他自由,让他先绘画;因为坚持让他做另一件事是徒劳无益的。实际上,这个已超过儿童心理需要第一阶段的孩子,是第一次被一种更高层次的练习——绘画——所吸引。"不过,这个过去经常调皮捣蛋,学过字母表,但是从未定下心来摆弄过任何一种这样的东西的孩子,突然之间建立起了一种纪律观念。我们不知道发生这种变化的确切时间,但是在他的内心,纪律得到了保持和完善,并达到了更高层次,它与儿童对各种活动日益浓厚的兴趣成正比。当绘画成为他最初的兴趣后,他本能地也就开始对用于识别长度的圆柱体产生了兴趣,之后是平面几何插板,慢慢地遍及了所有教师最初提供给他们的感官教具。”因此，我们看到这个年龄较大的孩子反向选择教具材料，他先是有条理地从最难的材料入手，然后再选择最基础的。

另外那个3岁的男孩也表现得非常没有秩序。正当教师对他的无秩序感到绝望时，他却开始对立体插板和一个木架子产生了兴趣，此后便开始专心他的工作，不再打扰别的同学。

在罗马一所由西格诺里那领导经营的专为穷人开办的“儿童之家”里，可能会观察到更多。为了更清楚地说明这一现象的全过程，我用图表来表示。

横向线AB代表安静状态，横线上方表示有序工作的情况，横线下方则表示无秩序的现象。当孩子首次被某件工作强烈吸引而变得安静时，他的内心就会形成一种永久性的秩序，我们可以用这个图表来仔细研究最有利于工作的条件。

这是儿童心理发展的方式图，即个体有序工作初期的样本：

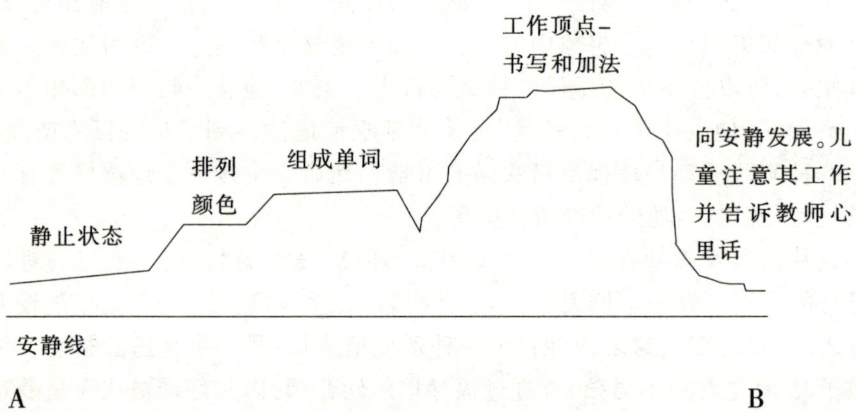

有序工作曲线图

从图中可以知道，儿童在保持一段时间的安静后，就会找些他们认为简单容易的事情去做，如按深浅程度给颜色排序；他可以做一段时间这个工作，但是不会太久；随后他会找一些比较复杂的事情做，例如用活动字母拼单词，这个过程会持续的长久一些(大约半个小时)。之后，他会停止工作，在房间里走来走去，变得不太安静。如果这时仅观察其表面现象，似乎他是疲惫了，但是几分钟之后，他就会找一些更加有难度的事情做，而且更加专注，最终达到高峰阶段(做加法并写出得数)。完成后他会长久地盯着他的劳动成果，然后告诉老师自己所做的一切并开始信任她。

这时孩子的表情是满足惬意，而且自己也感觉有所提高。

孩子在第一和第二阶段之间显示出来的疲惫非常有趣，它不像曲线尾部部分表示的那么安静愉快。事实上，他显得坐立不安，来回走动，但是他没有打扰别人。可以说他正在为自己的兴趣寻找最大限度的满足，并准备做“伟大的工作”。

但另一方面，当这个内心循环过程结束时，儿童开始摆脱内部注意力，而转向愉快地体验更高层次的社交冲动，如渴望倾诉内心秘密，渴望与他人密切地交往。

在遵守纪律的班级里，一个相似的过程在全班展开了。西格诺里那·玛奇洛尼用曲线表示出这一复杂现象。

班级工作时的情况

上午最开始，大约 9~10 点时，全班学生选择的工作一般都是容易和熟悉的。

10 点钟时，全班出现了混乱问题，孩子们焦躁不安，他们既不工作，也不挑选教具材料，旁观者以为他们都累了，可能要出现精神涣散的问题了。但几分钟之后，全班重新安静下来，秩序变得更好了，他们都专心于自己的工作，而且都选择了新的更复杂的工作。

当孩子们完成工作停下来后，他们变得温顺、平静而愉快。

如果一个毫无经验的教师认为在 10 点这个儿童“伪装疲倦”期是无秩序的表现而介入，要求学生休息，他们则会永远处于不安状态之中，不能进行下面的活动。那么他们会变得不安，会继续处于一个非正常状态；换句话说，如果他们在一个有序的循环过程中被中途打扰，他们就会失去与有规律且完整地进行内部活动相关的所有特征。

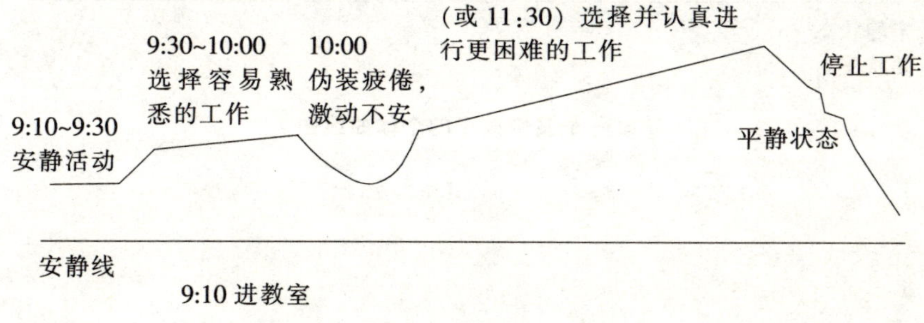

个体有序工作的单线曲线图并非普遍现象，严格地讲也不会如这个描述的类型经常发生,但这可以看做是那些达到了秩序阶段工作的一般范例。仔细观察尚未形成工作秩序儿童的曲线情况非常有趣，几乎没有多少比较贫穷的孩子像富裕家庭的孩子们那样在这个阶段完全处于一种混乱状态，他们总是多多少少会被教具材料所吸引,以一种从一开始就表现出来的某些兴趣摆弄他们。然而这样的兴趣只是最初的、表面现象。他们更主要的是好奇、想摆弄漂亮的东西。确实,他们能摆弄一阵这样的东西,能摆弄完这个再选另一个,但是他们绝不会产生更加浓厚的兴趣。这个阶段的特点也是富裕儿童完全不具备的特点,就是“混乱更迭”。下面的这个曲线图说明的就是这个阶段的问题。

个体区别

儿童工作时的不同曲线可以在宁静状态水平线以下找到，这说明处于混乱状态。除非他在工作,否则只有老师让所有孩子都安静时他才会安静下来。然而这种情况也不会持续时间太长,曲线会突然跌落下来。从这幅图中我们应该注意到,在无秩序过程中,简单工作阶段(摆弄木架)在前,困难工作阶段(平面插板和木架)在后,在这两者之间有一段最大限度的跌落到无秩序状态的轨迹。

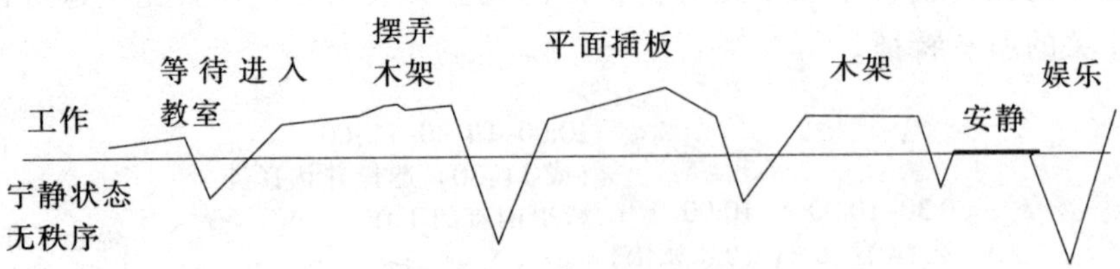

一个贫穷孩子的个体曲线图

工作曲线

一个贫穷、粗野，几乎完全被父母忽略的孩子。

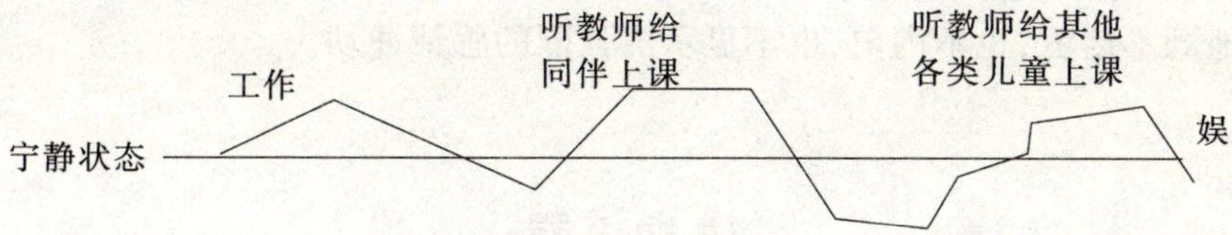

无秩序阶段曲线图

这个孩子似乎有向他人学习的倾向；他丢下手中的工作，或者只是在瞬间被工作吸引，似乎不能直接接受教育。如果有哪位老师想教他，他就会皱着眉头跑开。他四处乱跑，扰乱别的同学，似乎难以管教。但他能认真听老师给别的同学上课。

当这个孩子学会如何做事并开始做时，他就能坚持，在上面的曲线表中这个正常阶段非常明显，即准备做事、暂停（暂停期间他暂时恢复了打扰同伴的习惯）、然后全神贯注地工作、最后休息（其间再次打扰别人）。曲线图的顶端部分不仅表明这个孩子对工作的极大兴趣，而且还说明了他在这时非常友善。他不仅平静，而且似乎待人热情，温文尔雅；当他到达工作顶峰时，他会经常环顾四周，给别人送去飞吻，但他丝毫没有放松工作。仿佛瞬间这个粗鲁而笨拙的孩子已变得聪明可爱，并且内心中也充满了爱。

这个曲线图上的几条线都在宁静状态线上方，各线之间衔接生硬，不如曲线自然。简单轻松的预备之后就达到工作顶峰，难度最大的工作（颜色）经过最艰难部分之后又被简单地重复，图中也没有明显的休息阶段；孩子又转向一个非常简单的工作（玩立体插板）。其性格的某种薄弱点似乎在这种热情不高的心理活动

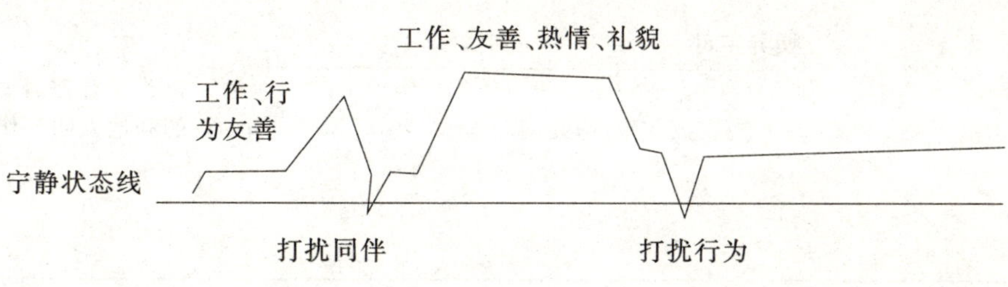

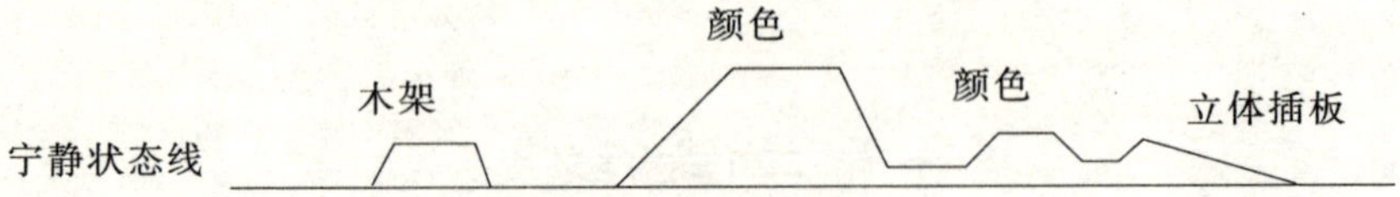

弱智儿童工作曲线图

过程中表现了出来。这个孩子做出了一系列的努力，但他既不能下定决心全力以赴，也不能决心停止工作。虽然他很平静，但他的这种平静状态显示不出有任何变化；他既不活泼，也不内向，也不显示出强烈的感情冲动。

进步过程

当全班纪律形成之后，就可以观察儿童内心活动发展的全过程了。

需要记住的是，培养材料应该提供从基本的感官练习向书写、计算及阅读过渡的循序渐进的练习。学生可以自由选择他们各自喜爱的练习，当然，当教师教他们做每一种练习时，孩子们只选择他们知道该如何使用的东西。教师在观察他们时，要发现什么时候他们已经成熟到足以做更高层次的练习，并把这些练习介绍给他们，或者也许某个孩子在观察到别的孩子做了以后，会自己动手去做。

为了了解他们在工作中的进展，我们必须牢记这些条件。

下面两条曲线表示的是与有序工作初期曲线相比的最高发展阶段。存在于

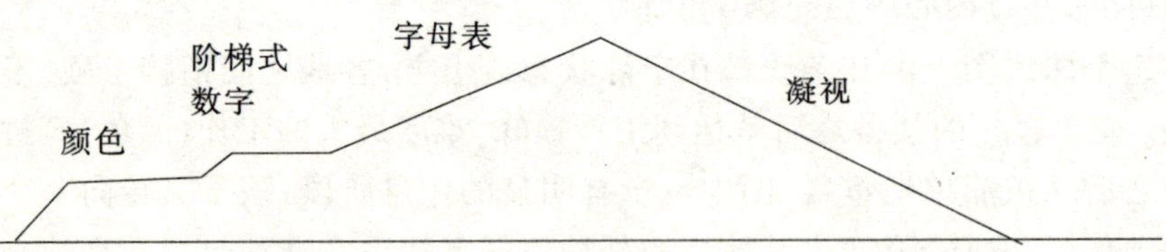

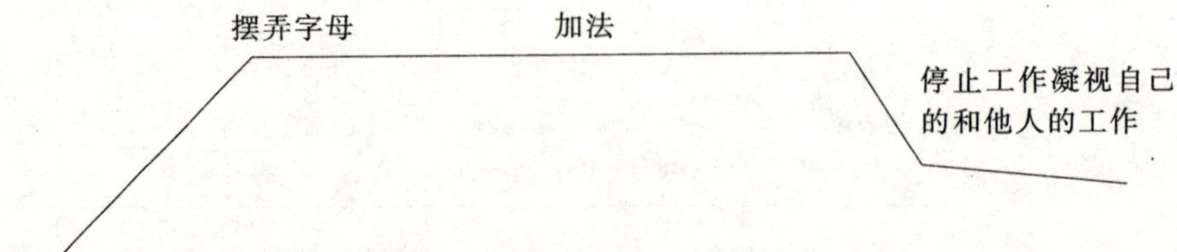

容易和困难之间的不安阶段趋于消失。儿童似乎更加相信自己，他们直接、更有信心地选择最高级练习。

接下来便是两项不间断工作的两个连续阶段，一个是准备阶段，另一个是认真工作阶段。准备阶段时间很短，后一阶段时间则很长，值得注意的是，经过最大努力工作之后的休息阶段具有舒适和平静的特点。另一方面，我们发现任何外界干扰都会使儿童显得疲倦(焦躁不安)，或变得注意力不集中。

在第一条曲线图中，初期工作包括持续时间很短的两件容易的工作，儿童从这些工作直接过渡到认真工作。最后休息时头脑里总是在思考，他停下工作，长久地盯着他的劳动成果，一声不吭。在准备将它搁置在一旁之前或凝视完他的工作成果之后，他便静静地去观察别人的工作。

在第二条曲线图中，有一段非常明显的与静止状态线平行的线段。儿童几乎是在始终如一地进行工作，他们的准备工作阶段与认真工作阶段之间唯一的区别就是时间的长短；凝视阶段则成为“内心活动阶段”，这几乎是儿童的“吸收”或“内心成熟”阶段。此后，孩子越来越频繁地观察别人，似乎这是自己和别人之间一种自然的“比较”研究，或者说是积极观察外界环境的兴趣得到发展，这便是发现阶段。我们可以说：儿童在自己的工作成果中认识自己，并使自己与别人及环境进行交流。

在这个阶段，一个循环过程的完成对儿童个性的形成将产生深远的影响。儿童不仅被激励着去进行紧张努力之后的又一个需要集中注意的工作，而且必须保持一种思考的、内部平衡的、持续不断的对环境的兴趣和态度。他的个性已经发展到了一个更高的阶段。这时儿童开始成为“自己的主人”，并进入我称之为“顺从现象”的性格现象阶段。儿童能够服从，即控制自己的行为，并能使自己的行为与别人的愿望相符，一旦受到干扰，他们可以毫不紊乱，毫无倦意地终止某项工作。另外，工作已经成了他们的习惯，他们不能忍受无所事事。例如，当我们叫一些正处于这个阶段的儿童上观摩课，把他们作为“研究对象”时，他们极顺从地服从指示：测量身高、头围等，而且每当要求他们做某种练习时，他们总显出极大的兴趣而不是应付，仿佛他们知道是在与老师配合。但是当他们不得不等待，坐在一旁等着老师把他们叫到前面去时，他们不能无所事事地坐着，于是就摆弄起物体。对他们来说，静止不动是不能忍受的。通常，在我上课时，学生们喜欢摆弄蕾丝架或系结架[1]，或者把地上铺满活动字母玩拼单词，只要可能，在等待时，

① 蕾丝架和系结架是蒙台梭利教育中两种教具。

有些孩子就会画画或玩填涂。

所有这些都成为智力活动的表现，形成了儿童心理有机体的一部分。

但是为了确保这种态度和个性发展的连续性，有必要让儿童每天做一些真正的工作。因为正是从一个完整的活动循环过程，从有章法的集中精神开始，儿童心理的平衡性、伸缩性、顺应性和有效地完成较为高级行为(如顺从行为)的能力才得以发展，这使人联想到天主教为保护精神生活的力量而采取的方法，即“精神注意”阶段，它使寻找到“道德力量”成为可能。正是从有章法的“冥想”中，有道德的人格获得坚定的力量，如果缺少它，人的内心会既不连贯，也不平衡，也就不能拥有它，就不能为了更高的目标战胜自我。

孩子总是需要注意力集中阶段和认真工作阶段，并从工作中获得最后发展的能力。

下图所表示的是儿童发展中的一个高级阶段：

高级阶段

平均型

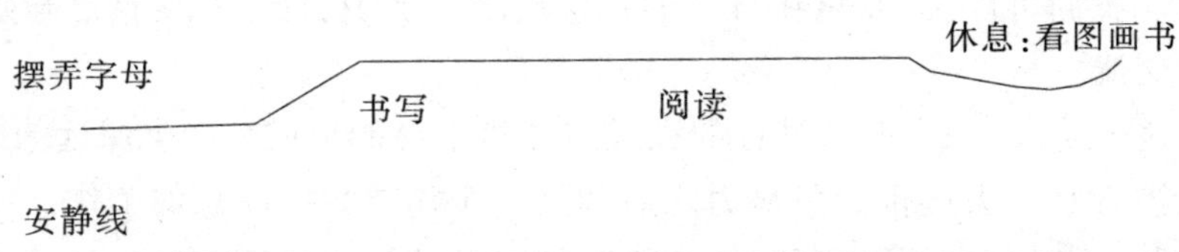

甚至连准备工作都达到了更高阶段：学生一上学，他就会选择。例如，是要学习字母表中的字母，还是要写字，然后是(艰苦的工作)阅读。为了休息，他会选择一种智力娱乐项目，例如看连环画。

学生所有的智力活动都属于较高层次的活动，他的道德层次(顺从、沉静、坚韧等)也是如此。

以宁静状态线为发展水平线，我们可以看出，水平线已经提高。

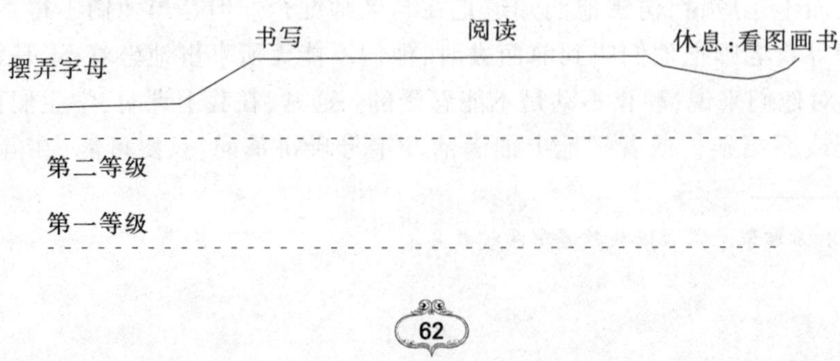

在最高阶段,工作线趋向平直,并与宁静状态线平行。

同时,决定发展程度或内心发展的平均数已成为可能。通过这些我们可以对个体变化进行研究。在原始型中,特点是行为混乱,注意力不集中,因而也就不存在真正的工作线。因为曲线图的大部分处于宁静状态线以下,而在对一个任务的永久注意现象已表明的图形中,第一层次正常而有序工作的平均特性图表已经建立:即紧接初期工作的是好动阶段,然后紧接努力工作阶段的是休息阶段。

接下来我们来区分第二层次,在这个层次里其特点通常是好动期消失,艰苦工作以平静的思考结束。这是一个发现、观察普遍规律、顺从的阶段,这时工作已经成为了习惯。

随之表现出来的是一种普遍的提高,通过选择较高层次的初级工作而被认识,有纪律的行为成为一种习惯。

在这个过程中,工作曲线开始变得平直,并与宁静状态线平行。

发展概括曲线图表

平均发展的图表

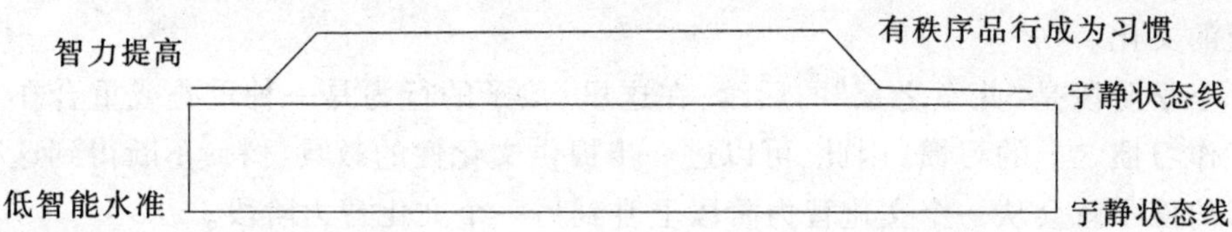

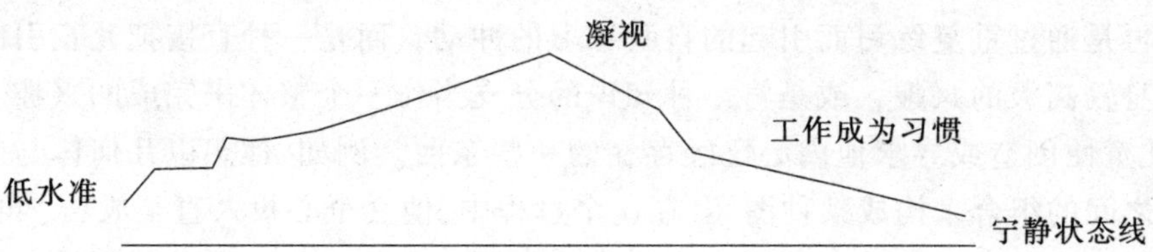

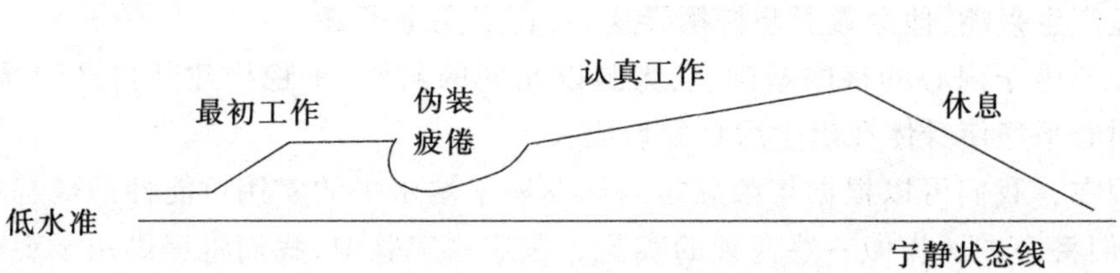

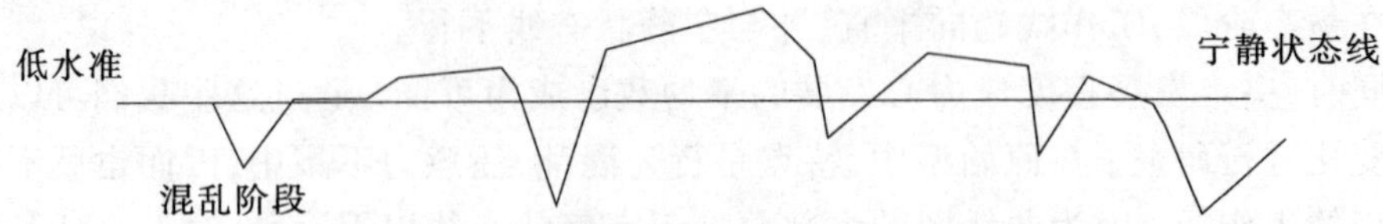

水平的提高与更高级智力工作的性质有关，线段的变直与内心发展和人性发展的性质有关。还与人们认为的道德秩序的性质有关，如宁静、纪律、表现为顺从和在儿童各种各样活动中的自我控制。

当工作成为习惯时，孩子的智力水平就会迅速提升，有条理的秩序性使好的行为成为一种习惯。此后，孩子就会有秩序、持之以恒地工作，而且非常守纪律，执著、不做作，而身体这个有机体永恒、平静又活泼的工作节奏恰似人的呼吸一般。

每个人个性建设媒介的支撑点是根据内心的自然愿望自由地工作；因此，智力工作的自由是自律的基础。“儿童之家”最辉煌的成就就是要培养出有纪律性的孩子。

正是这种内心的组织性，使他们成为一种特殊“类型”或者叫性格，这种类型或性格是继续自由地进行实践活动所必须具备的，其目的是要征服以后几个阶段上的文化。

小学阶段是“儿童之家”的后续，在这里，孩子的行为是一种重叠或重合在早期工作习惯之上的习惯。因此，可以进一步提供文化性的教具材料，不断得到这种练习的孩子就会从一个文化智力阶段上升到另一个文化智力阶段。

相继而至的几个年龄段显示出来的差异是从智力兴趣引起的，这个智力兴趣不再是通过重复练习而引起的自我练习的冲动，而是一种直接把儿童引向工作本身较高级的兴趣，或是将一种知识的分支当作一个整体来完成的兴趣。因此，儿童便创造或寻求他内心已经存在的一些东西。例如，他想以几何体与金属插板之间的组合来构成某种图案，在这个过程中，他会全心投入直至成功。再如，我们看到有的孩子连续七八天专心致志地做同一工作，另一个孩子开始对数字和算盘产生兴趣，他会数天坚持摆弄这些，直至完全了解。

在产生于内心的秩序基础上，大脑以相同的耐心、平稳构建其自己的城堡，这种耐心平稳使身体在出生后自发地成长。

现在，我们可以根据年龄确定内部发展平均水平的实用可能性的最基本想法，我们将会进一步做一些完善的实验。在这些实验中，我们将提供用于观察的相似的孩子、完全适宜的环境和训练有素的教师，那时的孩子将能胜任科学的工作，而工作的特点是高于目前用以估计身体发展的数学平均值，而且更具有精确性。

然而，我们必须考虑到，现在得出的平均值也只代表儿童一种漫长而系统的工作，它们还取决于为自然发展心理而使用外部材料的方法，以及为此付出的更为艰巨的劳动。

这是科学研究中的一个难题，许多人认为并且相信通过对大脑表皮的测试就能得出结论，他们的代表人物是比奈和西蒙。

对儿童的研究不可能通过短暂的一个过程就能完成，因为儿童的性格特征是如同电影画面一样地显示出来的。

为适应生理生活而形成的“外部手段”，具有极其重要的作用；否则如何能在没有确定外部手段的情况下，判断个体在获得内部秩序、提高抽象能力、各个阶段的智力发展、养成纪律观念的差异，同时使外界手段像许多支撑点一样，能引导儿童在心理形成过程中达到目的呢？

为了准确地确定个体差异，必须有一个持久的工作过程或目标，这也是每个个体借以进行自我个性建设的外部手段。当外部支持相同，并大致与儿童某一年龄阶段的需要相符时，内在结构的不同就起因于个体本人。另一方面，如果方法不同，反应的不同就起因于手段的不同了。

最后，很明显，在所有的科学研究中，必须具备测量的用具，而每一个被测的事物也需要一种特殊的用具。而在心理测量中，所用的永恒的手段应该是“教育方法”。

一系列的方法，如比奈—西蒙测试法，既不能测量任何东西，也不能提供一个按年龄阶段来划分智力水平的大致标准。至于对被测试的孩子，他们的反应又从何而来呢？在多大程度上它才由个体的内部活动产生？又在多大程度上由环境行为而产生？如果不考虑环境，那么谁能决定应给予儿童的反应是什么样应有的心理价值呢？

在每一个个性中，我们必须认清两部分：一是个体的、自然的、本能的活动，通过它，个性的组成部分可以使个性内在地产生、建设、提高，并由此得以形成的环境中提取；第二部分是完成这个过程的外部设备，例如一个能识别 64 种颜色的 4 岁儿童，说明他在颜色感受力和在头脑中按深浅排列颜色等方面具有非凡的能力；但也说明他有完成这一任务的方法，例如，他有 64 块颜色板，那么只有他有必要学习，在他闲暇时和不打扰他的情况下，他就能长时间地练习。

心理因素(P)是另外两个因素之和,一个是内部因素(I),另一个是外部因素(E):

$$P=I+E$$

在这个公式中,未知的、不能直接得到的因素I可用字母X代替:

$$P=X+E$$

如果我们要比较两个孩子,一个是已经在上述条件中自由地掌握了64种颜色,另一个却一直生活在贫穷的环境中,到处是灰色和褐色,所以我们观察他,认为他感觉迟钝,缺乏观察力等,那么我们应该能够看到他们两人外部表现出来的差异。然而,这种差异并非是儿童本身固有的,假如第二个孩子所处的环境与第一个孩子的环境相同,那么他也有可能识别64种颜色。因此,我们在这种情况下进行判断,应从外界因素而非内在能力为基础。我们应该评估两种不同的环境,而不是两个不同的个体。

为了能判断个体差异,前提就是这两个孩子具有相同的发展条件。在这种情况下,如果在相同年龄的条件下他们还不能同样地识别64种颜色,其中一个孩子只能识别30种颜色,真正的个体心理差别就显现出来了。由意大利的一位实验心理学权威人士提出的测量异常儿童(迟钝或有缺陷)智力水平的一个方法,就是要求被试者从一系列物体中选出最大的和最小的立方体。这种选择,和所有具有相同目的的测试一样,完全不受文化和教育的影响。但是如果一个用我的教育方法受过教育的有缺陷的孩子接受这种测试,他会因长时间的感觉训练,比心理学家从特殊学校里挑选的孩子更容易选择那些最大或最小的立方体, 而且我的缺陷儿童不仅年龄小一些,所受智力的教育也少一些。因此这个测试也检测了不同的教育方法, 而由于年龄和所受教育的原因存在于这两个孩子之间的心理差异几乎可以忽略不计。

人是个性和教育的混合体,教育包括人生中他所经历的经验,任何一个方面都不可能脱离另一个而独立存在于个体中:没有经历获得的智力只是一个 抽象概念。一个个体不可能脱离环境而存在,心理生活也是如此,因为构成人类发展方式的环境是人的一个基本组成部分,实际上,就是人这个个体自身。然而,我们都知道,心里个体不是他的环境,而是他的内心生活。

给出的公式:$P=X+E$

X是个体生命内部特有的部分,可以说每个个体都有自己的X。但是,为了进一步了解X,首先就要了解P和E。

一个正在进行测试的人,或假设他是自己通过心理结果分析来进行“心理测量”的人，实则是在测量两个未知数量的混合体，其中之一是个体的外部因素，使研究结果无效。

因此，为了研究独立活动中儿童的个体差异，如对颜色、声音、字母的感知，或对周围环境及发现错误的观察力或语言、动作的协调能力，首要的是考虑一个永恒的因素：由环境提供的发展方法。

这里，教育学与心理学之间一个简单明了的差异已经表现出来了：教育学通过实验决定发展方式，以及在考虑个体的内心或身体自由时运用这些方式的方法；心理学则研究各种不同类型的人的一般反应或个别反应。但这两者是一个事实的两个方面，即人类的发展；个体和环境是同一产品的两个因素P和E的心理统一体。

在内心活动变得有秩序之后，孤立的道德秩序的心理研究也必须——如果他们真正有任何价值的话——建立在长时期的观察基础之上；因为在混乱阶段很容易出现判断错误。在对临床精神病或犯罪病理的研究中，当我们提到为了治疗的目的而“跟踪观察某位患者”时，我们的意思就是要将他置于特殊环境之中，讲究卫生和有纪律的条件等等之下，并在这种环境之中观察一段时间。这种观察对正常个体的发展，具有更广泛、更深刻的价值。在这种情况下，不但有必要提供有秩序的外部环境，而且还需要将儿童混乱的内心世界变得有秩序，然后对儿童进行长时间的观察。

我们可以对我校两名最有趣的儿童所做的观察为例。当我在罗马上最后的国际课程时，这两名儿童被吸收到教师培训学校。

两名儿童的情况

在观摩教育里把他们作为人类学研究对象

教室里学生相当喧哗，有的在交谈，有的在大笑。教室中间放着一个计步器。这两个孩子的行为表现几乎相同，他们两人都安静地各坐一旁，摆弄着他们自己从隔壁教室里弄来的蕾丝架，他们既不抬头看嘈杂的教室，也不加入谈笑大军之中。他们专心致志地工作，唯恐没有抓紧时间。当给他们手势让他们进来进行测量时，他们极其顺从，立即放下手头的工作，带着微笑走过来，仿佛是被某种东西吸引过来。很显然，他们明显地感觉顺从是一种乐趣，感觉意识到能够工作和意识到长者命令他们准备放下他们喜爱做的事情时给他们带来的发自内心的喜悦。他们小心谨慎地站在计步器上，需要他们调整姿势时，只要在他们耳边低声地说一个字，他们就会极其准确地做出需要的、几乎是不易察觉的调整动作；他们能控制自己的本能动作并支配它们；他们能把听到的要求变成行动；这使他们能够服从，并为自己建立了一个惊人的内部控制结构。测量结束后，没人告诉他们接下来应该怎么做，他们两人一言不发，期待地等了一会，然后相互挤了一下眼睛、互相微笑了一下，仿佛是打了个招呼；他们已经明白了，所以自动回到各自的角落里，拿起蕾丝架，继续他们的工作。过了一会，又被叫着回去，他们又重复了相同的动作。

当我们想到在这个年龄的孩子(约4岁半)，如果不管他们，他们会四处乱跑，会几乎无意识地碰翻东西，既强求别人顺从自己的荒诞想法，又粗暴且盛气凌人地驱使别人时，我们就会明白这两个孩子的内心已经得到了完善，这时工作已经成为了他们的习惯，服从会有意想不到的收获。

人体测量学表明：其中的一名孩子O，被测量的各项指数均正常(身高、体重、躯干长度)；另一名孩子A则低于正常指数。

下面是一位教师对这两个孩子处于无秩序、无纪律情况下行为表现的记录：

O：粗暴、易激动、敌视伙伴，从不愿意亲自动手做事，而是在一旁看别人做事，然后干扰别人。听老师讲课时还带着轻蔑讥讽的表情。孩子的父亲说，他在家时也同样粗暴、骄傲自大、从不听话。

A：安静，但具有一种强烈要监视同伴的欲望，并随时向老师汇报别人做的他认为错误或不正确的小动作。

这两名儿童都很可怜。O几乎完全被家人所忽略。

他们通过工作将自己变为有秩序的孩子后，老师做出了以下判断：

O：在家中表现出的所有波动都与他为争到面包吃有关，他的父亲很穷，不关心他，不给他足够的面包吃；但孩子自己不气馁、不哭泣，而是进行坚持不懈地斗争，为了得到他应得的那份面包，他用尽自己知道的一切办法。当老师问他父亲为什么不给孩子面包时，他父亲说："因为他总是要个没完。"

在学校里，O经常从一个组跑到另一个组里，从一个课堂跑去另一个课堂给别人捣乱、碰翻东西，因为他在用同样的方法争取自己的精神食粮。

这说明他是个有强烈生存欲望的孩子，自我保护似乎是他最突出的思想倾向。

一旦他的生活有了保证，他不仅会变得温顺，而且还会由于他情感的细腻和敏感而惹人注目。他是这样一个孩子：当他为自己学会或完成某项事情而感到无比喜悦时，他会友善地看着周围的伙伴，频频地送给他们飞吻。这时老师对其他已经进入秩序或纪律阶段的孩子们会说："快继续工作吧。"，而对他则要说："继续工作,对别人好点,给别人一个安静的环境。”

以前,学校没有热餐供应时,孩子们都从家自己带午饭,他们带的午饭差别很大:只有两三个孩子的午饭很丰盛,花样繁多,有肉、水果等。O 就坐在其中一个孩子旁边,他们的桌子都是固定的,不能动。O 的餐盘里除了一个面包别的什么都没有, 这面包还是靠他努力争取到的;O 看了一眼那个孩子餐盘中的午饭,似乎是在估计他要用多长时间吃完午饭,但没有任何嫉妒的表情。相反,他很郑重地缓慢地吃着他的面包,以便不会先别人吃完,那样就会让人看出别人还沉浸于各种各样丰盛的菜肴时他就已经没什么东西可吃了。因此,他缓慢、认真、一点一点地咀嚼着那个面包。

这说明他的自尊心极其地强烈(控制自己的食欲),同样强烈的是他对生命基本需要的意识。正因为有这种意识,他被迫去努力斗争,争取获得“必需”的东西。在他那张灵活的脸上所表现出的爱,以及在那不图回报的柔情表达里,表明了这个孩子具有的敏感性。

值得注意的是,我们估计这个孩子会营养不良,但是他的人体测量和体重等各方面指数相对于他的年龄都正常。生活在那样的穷苦家庭,又从来没有得到过多少呵护关心,他能活着完全是靠自我奋斗,因此,他的身体正常是因为他的顽强精神。

A:这个孩子总是那么安静、内向;他很快地进入了积极、有秩序、自愿、完整彻底的工作中,他非常认真、耐心地工作。A 属于普通学校中聪明、品行好的那类学生,他经常上学时不带任何食物,他的这种优良品质和被动的性格会成为他致命的危险;他因为不做任何努力抗争,欣然接受营养不良。在很大程度上,他靠内心世界的思想活动受益,但他却永远不能拥有自己的想法。在秩序阶段他仍然拥有这些美德,既不会因此而激动,也不会有任何的进取。他各方面的人体测量指标都低于一般标准, 这说明他的人生是不成功的, 他已经迈上了人生的失败之旅;他属于“需要别人拯救”的那类人。

他特有的道德特征是 “间谍行为”,老师在观察他时注意到,他不像其他孩子那样埋头工作,而是经常到老师面前来询问老师自己做的是对是错,不仅在摆弄教具材料时如此,在每次牵涉道德行为时也是如此。他最注意的问题是:他需要先弄清他这样做是对是错,然后谨小慎微、努力正确地完成工作。至于他的监视倾向,老师注意到:他从不流露出任何对同伴的憎恶,他只是专心地观察别人,然后像说自己一样告诉别人该怎样做或是否正确。然后他自己也会注意以此为借鉴,不犯同样的错误。

实际上,A 的监视倾向表明了一个占据他儿童意识的问题：对与错的问题。他有限的人生经历不能满足他,于是为了弄明白什么是对和错,他就希望从他人那里受益;仿佛他着迷的事情就是渴望一切行为都能正确,避免做错任何事情,仿佛这是他唯一的渴望。这个孩子的情况使人想起一句成语:物极必反。A 似乎注定了要接受这种命运。身体的需要对他来说无关紧要，对心理需要他也同样不在意,美德成为他生命的主要动力。如果社会不重视这种儿童,不负担起对这些脆弱生命特殊保护的责任,那么,这些儿童就会夭折。

这两个孩子的案例至少纠正了一个错误的根据表面现象做出的判断，这种判断在一所普通学校中将成为关于儿童特性的永久性记录：把一个儿童视作粗暴的人,另一个视作间谍。

如果我们把"粗暴"和"间谍"这两个词用"英雄"和"天使"来代替,并且能感动更多同情这两个孩子的人的心的话,当老师们用这样的词夸耀他们时,我们就敢说:"爱的判断就是科学的判断。"那么在这个判断中基督的怜悯就体现无疑了。

那么"心理行为"开始于一个原则,这个原则可以被这样解释:"这个孩子是活生生的人"其他的所有结果都源于此。

这种基本生命行为以一种内心的极化形式出现:仿佛是一个结晶点,在这个结晶点周围,假设有适宜的材料和不受干扰的环境,最后结果就是自然结晶。在没有结晶前需要高度集中地重复最初行为。

因此,在我观察学生所做的记录中,我没有列出一个很长的分析研究公式,而是给出了一个"心里观察指导",这个心理观察指导以我试图说明的综合概念为基础。那些开始就不用我的方法进行观察的人不会理解这种指导的含义,因为它根本不属于用来观察学生的心理研究概念。但那些开始就使用这种观察方法的人则不用任何说明就能理解。

我们老师也有专业术语，老师通过这些术语而不是普通表达就能够相互理解，在观察过程中如果用普通表达方法是不能确切表达清楚他们在研究过程中行为想法的。因此,老师永远不会说"这个孩子正在发展或进步,这个孩子很好,或很淘气,等"。他们会用这样的表达:这个孩子变得遵守纪律或不遵守纪律。他们等待的是内部秩序,所有事情都取决于是与否的原则。

这就引申出一个比"生长"更加深刻的概念。说一个生物生长,这只是做了一个非常表面化的说明,仅仅看到了它确实在生长,但事实是,它的内部正在进行着有序且万物皆有的成长过程。

举例来说,当一个动物的胚胎形成时,它就开始成长。而任何一位做过内部观察的人，都会为一个比显而易见的外部“生长”更令人惊讶的事实而感到惊奇：胚胎内部发生奇妙的细胞聚合现象。有些细胞互相重叠，形成像叶子式的结构，成为生物的肠；另一些细胞分裂形成神经系统，一些细胞孤立起来，形成肝脏，由此持续地进行着细胞个体不断的组合，形成各种组织器官。生物出生后身体的各项功能都取决于这时细胞的自身建设。

重要的不在于胚胎的生长，而在于它的调节。“生长”通过使生命得以实现的秩序而产生，不与其内部器官合作而生长的胚胎不会有生命存活。这里不仅存在内部动力，而且还存在生命的奥秘。内部秩序的发展是在具有生存动力的生命里获得生存的必要条件。

在“心理观察指导”中总结的现象实际上代表了儿童心理秩序的发展。

心理观察指导

工作：注意儿童在何时开始专心致志于某一工作，无论时间长短。
做什么工作，做了多久（动作缓慢，重复做一个练习）。
儿童在专心于某一特殊工作时出现的特征。
同一天里，他做过哪些事情，坚持了多久。
他是否有自觉用功的时期以及持续时间多长。
他如何显示进步的欲望。
按照顺序，他选择了哪些工作并坚持下去。
不受分散他注意力的外界刺激物的影响，在工作中表现出忍耐性。
在受到有意干扰时，是否重新做被分散了注意力的工作。

行为：观察儿童行为中的秩序状态与无秩序状态。
他的无秩序行为。
注意在工作发展中是否出现行为的变化。
注意在有秩序的行为的建立中是否有：
喜悦的转换期，
间隔的平静，
有爱的表示，
在同伴的发展中起的作用。

顺从：注意孩子被召唤时是什么反应。

注意儿童是否以及何时开始尝试介入别人的活动；

注意儿童对召唤的顺从何时开始；

注意儿童对命令的顺从何时形成；

注意儿童从何时开始热切且高兴地服从；

注意儿童在某一发展阶段表现顺从时的各种外表现象间的关系。

(a) 做更复杂工作时的记录；

(b) 不同的行为的记录。

第4章　教师的准备工作

当教师感到自己是受兴趣的强烈驱使而“看到”儿童的精神发展变化，并体验到一种宁静、快乐、不可遏止的观察欲望时，她就会明白她正在“步入正堂”。

把儿童心理活动的发展当作是自然现象和实验反应的可能性，这使得学校活动成为研究人类心理起因研究的科学实验室，也许在不久的将来，学校将成为最优秀心理学家的实验基地。因此，要尽可能完善地准备这样的学校，不仅要准备“一种更好的教育儿童的方法”，而且还要准备新型的科学材料。大家都知道，在学习自然科学的学生实验室里，他们需要这样一个组织，这个组织的功能就是为要研究的课题准备材料。例如，观察一个简单的细胞运动，需要一块凹形玻璃片，玻璃片要有滑道，滑道底端是可以漏水的空腔；还需要浸泡活细胞的淡溶液，以保持细胞持续的活力；还需要培养细胞的土壤，等。因此有些人就有了特定的工作，这些人被称之为“准备工作者”。他们不是教授助理或助手，而是高级服务人员，之后他们会成为高级工作人员。而现在，这些人几乎都是从事科学研究的研究生。的确，他们的工作最为精细，他们必须具备生理、物理和化学方面的知识，而且他们对人类的研究工作来说，自身的文化知识“准备”得越充分，科学的进步就会越迅速、越有保证。

很奇怪，有人认为在所有这些自然科学实验室中，只有实验心理学的实验室需要这样的组织。如果某位心理学家安排其准备者的工作，会叫他准备实验“仪器”，因而或多或少需要采用物理实验室的标准。

他不会想到应该让准备者准备的不只是这些，还要准备实验对象，实验对象就是生物有机体。但是,如果仅仅要观察一个细胞、一个细菌,那他只需要一个准备实验仪器的“准备者”;如果他要观察的是一个人,那他就一定需要一个准备实验对象的“准备者”。

心理学家们认为,他们只需要说一句话就能够抓住实验对象的注意力,然后他们会向实验对象解释如何做这个实验以达到实验目的。他们认为任何实验对象都可以直接到实验室去,可以在实验室里双方见面,这样接受准备工作。简而言之,现在的科学家就像是正在捉蝴蝶的孩子,把蝴蝶抓住,观察一会,然后就放掉,又让蝴蝶飞走了;不像生物学家,他们会在科学实验室里,细心、适当地做好实验的准备工作。

另一方面,我们在实验中所显示的心理发展情景虽然不完全,但它表明了有必要把儿童心理发展的巧妙方式告诉给孩子,尤其是为了尊重孩子的自由。同时还表明保证能够揭示其心理现象的条件和形成一个真实“观察材料”的条件。所有这一切都需要一个特殊的环境,需要准备一支有实践经验的工作人员队伍,组成一个在复杂性与组织性上比一般自然科学实验室更具有无限优越性的整体。这样的实验室只能是根据科学方法组织起来的、最完美的学校,这里的教师就是那些准备者,即研究生们。

确实没有哪个学校会达到这个崇高的理想目标;但毫无疑问,所有学校和教师都应该向这个实验科学的方向去努力。儿童心灵的拯救是建立在生活方式与生活自由基础之上的,这些将成为给予新一代的另一种“自我权力”;同时,它也是作为一种社会和哲学观念而建立的,应该取代当前的所谓“教育的义务”,因为这不仅是国家经济的负担,也是后代的负担。如果国立学校儿童的心理现象没有使心理学更加丰富,那它们就会自行消亡,就像大自然的美本身就是一种结束一样。

实际上,新学校绝不是为某一门科学服务的,而是为当今的人类服务的。教师们会为他们眼中活泼可爱的学生感到高兴,却没有站在科学的角度去分享人类生命的伟大。他们沉浸在一种神圣的自我陶醉之中,他们所见到的一切,正像亲人之间的亲密联系一样,使他们欣喜,使他们精神振奋。

毫无疑问,如果采用这种教育方式,教师就必须以新的方式进行授课准备工作,因而教师的个性和社会地位也将改变。

迄今为止,在首次实验后,一种新型的教师已经逐步发展起来了。教师需要学会沉默,而不是学会讲话;需要观察而不是灌输;需要谦恭而不是自诩一贯正确。

教师与学校的转变必须并行

当实证科学登上世界舞台时,大学教授也经历了同样的转变。过去的教授与今天的教授有何不同?旧时代的教授经常裹在用貂皮装饰的长袍中,像皇帝一样坐在高高的椅子上,说话威严,学生们不仅一定要信服他,而且还要以自己的名义向他起誓;今天的教授则让学生坐在高于自己的位置上,自己却站在低于学生的地方,或站在地板上,让学生们都能看到他。学生们都坐着,只他一个人站着,穿着灰色的亚麻外衣,就像是一位工人。

学生们都知道,当他们能够证实教授的理论、能够推动科学进一步发展、能使他们自己的名字也列入那些曾做出过贡献或发现过真理的人的行列中时,他们就正朝着更大的进步迈进了。

这样存在于学校中的尊严和等级制度被对化学、物理或自然现象的兴趣所取代了,由于有了这种兴趣,其他一切都不重要了。实验室的所有安排都是以适合各类实验为目的;如果需要光,那么所有的墙就是玻璃围成,如果需要避光,实验室就可以建成一个冲洗胶卷的暗室。重要的是实验现象的产生,无论是发出臭味还是香味;无论产生电火花,还是盖斯勒管的颜色;无论是赫尔姆霍茨反射灯,还是震动中金属板上微粒几何图形的排列;无论是树叶的形状,还是青蛙肌肉的收缩;无论它是研究眼睛中的盲点还是心脏跳动的节奏,一切都同等重要,一切都可以研究。渴望和执著的探索是对于真理的探索。新一代要求的科学不是教授们的演说艺术、高贵的姿态、讲课时的深入浅出、词语激昂的结束语、以吸引注意力为目的的任何权宜之计,所有这些都曾发展为一种特殊的授课艺术。年轻人从大学校门走出来,既不是因为记住了他们的老师讲课时的声音,也不是记住了他们的相貌,而是他们对于知识的渴望激励了这些年轻人对于知识的探索。

但这并不意味着要忽略对教师的尊重和热爱。一个现时代的学生从心灵深处感到他对面前谦和俭朴的科学家、人类幸福的缔造者所产生的尊重完全不同于对长袍假发的学者们所引起的可笑的恐惧。

现在,教师和学校的转变必须同时并行。在学校里,当所有的事情都围绕一个基本事实,而这个基本事实是一个自然现象时,学校就进入了科学的轨道。那么教师就必须具有科学所需要的那些必要的特征。

在献身科学的人中，我们发现他们都具有一个特点，即他们不受思想内容支配。简而言之，无论是物理学家、化学家，还是天文学家、植物学家、动物学家，虽然他们的知识内容完全不同，但他们都是实证科学的探索者，他们具有和过去的玄学家完全不同的特点，这些特点不是与研究的内容有关，而是与科学的方法有关。因此，如果教学法在这些科学中具有它应有的位置，它就一定是以其方法为特点；那么教师就一定要做好准备工作，不是准备好讲课内容，而是准备好授课方法。总之，教师与其应该在"文化"方面，不如说是应该在"品质"方面与众不同。

这里所说的基本"品质"就是"观察"能力。这种品质非常重要，所以实证科学也被称为"观察科学"，这个术语在那些与观察相结合的实验中变成了"实验科学"。很明显，仅仅有感觉和知识对于一个人来说不足以进行观察，因为观察是一种必须通过实践培养起来的习惯。如果我们让一个未经训练的人用望远镜观察星象，或者详细描述显微镜下的一个细胞，无论示范者怎样试图用语言来解释应该能看到些什么，外行也不可能看到。当那些确信德弗里做出了伟大发现的人，去他的实验室里观察各种各样月见草属的微小植物的变种时，他经常徒劳地解释那些细微然而是本质的差别，指出一个新的物种实际上是几乎还处于没有发芽的种子。众所周知，当一个新的发现公之于众时，很有必要公布一下大致的细节，缺乏专业知识的人所不能理解的这些细节正是这项发现的关键所在，因为他们不能观察到其差别。

观察是需要"训练"的，这是走向科学的必由之路。因为，如果现象不能被发现，就如同它们根本不存在；而另一方面，科学家的心灵完全沉浸于观察事物的强烈兴趣之中，观察者经过"训练"后开始对此产生兴趣，这样的兴趣正是造就科学家精神的动力。就像儿童身上的内部协调就是整个心理协调的凝聚点，因而以教师所观察对象的兴趣为中心，教师完美的新人格就会由此自发形成。

对品质的观察包括各种各样细小的品质，如耐心。与科学家相比，未经训练的人，不仅表现在用裸眼与借助透镜都不可能看见的盲人的特点外，还表现在他是个没有耐心的人。

如果天文学家还没把他的望远镜对准焦距的话，外行是不可能有耐心等到他对好焦距的。同时，当一个科学家在完成工作时，是不会意识到他所进行的是一个漫长的、需要耐心的过程。外行人则会焦躁不安或怒气冲冲地想到："我在这里干什么？我可不能这样浪费时间。"当显微镜学家希望外行参观时，他们要准备一长排对好焦距的显微镜，因为他们知道，参观者希望"立即、迅速"地看到变化，并且希望看到"很多"。

不难想象，一个对实验室工作做出过突出贡献、拥有各种各样荣誉和尊严的最受推崇的科学家，温和地答应让一位女士看看显微镜下的一个细胞组织，仿佛这是最自然的事情一般，他会严肃而神情自若地做出以下的事情：首先，切下一片组织上的一小部分，仔细地清洗载物玻璃片和玻璃盖片，擦拭干净显微镜的镜头，调好焦距，准备讲解。但是毫无疑问，在这段时间里，那位女士会一直在唠叨："对不起，教授，但是我真的……我有个约会……我很忙……"一旦她什么都没看到，她会难过地抱怨："我浪费了多少时间啊！"实际上，她什么都没有做，只是白白地消耗了她自己的所有时间！而她缺少的不是时间，而是耐心。没有耐心的人不能正确地估计事物，他只能满足于自我冲动，只能让自己得到满足。他完全以自己的活动来计算时间，能够满足他的东西大概就是绝对的空虚、无用和琐碎。这倒不要紧，因为它们的价值在于他的满足，如果他满足了，那就不能说是浪费了时间。但他所不能忍受的东西，还有使他认为是浪费了他时间的事情，就是精神紧张和短暂的自我控制，或一段没有直接结果的等待。这里有一句意大利谚语：徒劳等待等于自杀。这些缺乏耐心的人就像那些爱管闲事的人，当需要他们真正做一项工作时，他们总是当逃兵。

完全彻底的教育实际上是需要克服这种态度的。如果我们要使自身与外部世界联系在一起，就必须能够掌控我们自己的意志。没有这样的准备，我们将不能对那些从中得出科学结论的微小事物给予适当重视。

任何希望能为科学的发展作出贡献的人，都具备进行持续不断地工作、并准确加以应用的能力，这种能力也确实是他们最宝贵的资产。我们来回忆一下，一个物理学家，他在把一台仪器放到绝对水平的位置时是怎样做的。他怎样耐心地换了一颗又一颗螺丝钉，试了一次又一次，工作既需要缓慢又要仔细：要达到什么程度呢？要达到使其平面处于绝对水平方向。当这个测量是在硬金属上完成时，他还需要小心翼翼地确保温度的波动不至于影响哪怕是最小长度的改变，因为这对于在标准水平面上仪器的科学使用是极其重要的。然而，他所做的事情是件多微不足道的事啊！只是保持水平而已！当伟大的化学家希望找出能产生反应的最小量的物质时，他就像一个小男孩，不停地摆弄曲颈瓶，装满他想要研究的东西，接着把它倒空，然后再装满水，观察其反应，反应发生后，再倒空瓶子，再装入新水，再看有没有进一步的反应。就这样，稀释度建立了起来。在这个稀释度中，物质将留下痕迹，在这种情况下，寻找最小量是很重要的，而就是为了寻找到这个微小的、几乎可以忽略不计的最小量，伟大的科学家的行为竟然像个孩子。

这种谦恭的态度是耐心的一个要素。在任何时候，科学家都是非常谦逊的。

从其行为上看，他能够走下他的职业宝座，站在一张小桌子前工作，他能够脱下他的神圣长袍，穿上白大褂；他能放弃那个宣讲时具有绝对权威性的真理的高位，和学生们一道去发现真理、检验真理。他能做到所有这些，不仅使学生们学到理论，而且还使他们受到真理的鼓励，去进行自己的独立活动。从所有这一切到他实验室的工作，他都是谦逊的。他认为，世界上没有小得不能吸引他、小得不需要他全神贯注、小得不能占据他所有时间的东西。甚至在大量社会荣誉面前，他也一样的谦逊。对他来说，谦逊才是他真正的荣誉，是他伟大的真正源泉。即使他是参议员或是国家部长，一个微生物或一点点分泌物，或者是任何一点点东西都会使他感兴趣。独裁者辛辛那特国王[①]的例子无法与现代科学家相提并论，这些科学家远远超过了他，是他们的力量拯救了人类，并给人类带来了繁荣昌盛。

但科学家谦恭的最高形式是随时的自我克制，这不仅表现在其行为举止方面，甚至还表现在精神生活方面。例如他们珍爱的理想信念、他们内心萌生的信仰等。面对真理，他们不带有任何偏见，随时做好心理准备放弃所有那些以前抱定的与真理相违背的观点。渐渐地，他从错误中净化了自己，使自己头脑保持清醒、透彻、坦率，一如真理。为了真理，他情愿把自己融入一个崇高的追寻真理的队伍中去。

这难道不也正是为什么婴儿疾病方面的专家，在目前的社会地位和权威远远高于学校教师的原因吗？然而，儿科专家仅仅在寻求儿童病体方面的原因，但教师则用错误遮蔽了儿童的灵魂。

如果教师能在儿童的灵魂中发现真理，那会怎样呢？那他将会非常伟大！为了将自己提高到这样的高度，无论如何他必须学会谦虚、自我克制、有耐心，还要摒弃建立在虚荣心上的骄傲。以后，他才可能披上科学家神圣的外衣，对人们说：在另一个真正的科学中你们看见了什么？芦苇迎风摇曳？人们身着柔软的衣衫？不，你们看见了先知。但我比先知更先知，我就是那在旷野中呼唤的人：为你们准备了通往真理的道路，并使之变得更加平坦。

---

① 美国东岸有一座历史名城，名叫辛辛那堤(Cincinnati)，这名字是源于古罗马独裁者辛辛那特(Cincinnatus)。

好老师胜过科学家

的确,一个教师胜过任何其他科学家,因为科学家永远只能停留在他们所研究物体的外部:电能、化学能、微生物的生命、星球等所有的东西都与科学家本身相距很远。但教师的研究对象是人类本身;儿童的心理表现所唤醒他内心的东西比他所表现出来的兴趣还要多。他从儿童的心理表现中获得对自身内心的新发现,他的情感在接触与他一样的其他人时容易产生波动。他所研究的是整个人生,而不是部分人生。因而那些美德,例如谦虚和耐心,包括科学家为自己树立的外部目标,都包含在整个灵魂之中。因此,对教师来说,这不再是一个"科学家的耐心"或"科学家的谦逊"的问题,而是全人类的道德问题。

正如过去把科学家的精神发展只控制于摆弄试管仪器一样,科学家精神的发展就像是一束穿过望远镜筒的光线,像耀眼夺目的太阳在地平线上四散开来一样绚烂夺目。那些所谓的道德是我们获得真理的必要手段,但科学家在工作中感受到的乐趣,一定是随着真理在体力、原生物或人的灵魂中的表现而做相应的改变。一个名称似乎很难适合两种形式。于是我们立刻明白,与教师相比,科学家在某种程度上是一个受到限制、枯燥无味的人。虽然他的精神与人们一样崇高,但他精神所涉及的范围则只限于那些比较低级的生命中。

只有在学生与其研究的课题能够融合在一起时,人的精神生活与科学家的道德才能相结合。这时,科学才可能成为智慧的源泉,真正的实证科学可以使一个人成为有真知灼见的圣贤。在科学家的美德和圣贤的美德之间有一种真正相应的机制;正是通过谦逊和耐心,科学家才接触到物质的本质;也正是通过谦逊和耐心,圣贤才使自己和事物的精神本质发生联系,其结果主要是与人发生联系。科学家的道德性只体现在和物质的接触中,而圣贤的美德则包含了一切,他的牺牲和快乐是无穷无尽的。科学家是他所观察领域的预言家,而圣贤则是精神上的预言家,他能比其他人更清楚地洞察物质世界以及它们的规律,并赋予它们精神价值。

现代科学家都知道,每一个生物都是非常奇妙的,而最简单、最原始的生物,也就最容易揭示自然法则,可以帮助我们解释最为复杂的生物。圣弗朗西斯切实明白这一点,"走近点,我的姐妹,"他对靠近他囚窗外的无花果树上正在鸣叫的蚱蜢说,“越是微小的生物,越能完美地表现上帝的力量和仁慈。”

每一微小的东西都值得引起科学家细心的关注。他计算组成一只虫爪的关节,知道它翅膀上最细小的脉络;他能发现一般人的眼睛难以觉察到的那一片刻有趣的细节。圣弗朗西斯也观察到了这些细节,但它们唤起了他精神上的欢娱,因此而引发出一首赞美诗:

谁?
给我这双美丽而小巧的脚以健康灵活的骨骼,
使我能从这一树杈迅速跳到另一树杈,
从这一细枝蹦到另一细枝?
又是谁,
给予我一双水晶般的眼睛,
让我前看后看,左看右看,
能发现我所有的敌人,
有害的鸢、黑色的乌鸦、灰色的鹅?
是他给我的翅膀染上精美的颜色,
金色、绿色、蓝色,
反射出天空和树木的美丽。

教师的想象力应该像科学家那样精确,其精神应像圣贤那样崇高。科学的准备和神圣情感的准备将形成一个新的灵魂,因为教师的态度应该同时是积极的、科学的和神圣的。

为什么应该是积极的、科学的呢?因为教师要执行的是一个非常“精确”的任务,教师要通过细致的观察使自己与真理发生直接的联系,她要摒弃所有幻想、所有虚幻无用的创造,她应该准确地区分真理与谬误。事实上,教师应该效法科学家,因为科学家能注意到每一种物质的微粒、每一种生命最初的萌芽形式,而且能消除所有感官上的错觉,以及所有可能在研究真理时引起混淆的杂质与无关的物质。要获得这种态度,长期的实践和在生物科学的指导下对生活进行广泛的观察必不可少。

为什么教师的态度应该是神圣的呢?因为只有人才能应用其观察力,又因为她所观察的对象是人,而人的特性本身就是神圣的。

因此,我将依靠科学提供的所有帮助,要求教师们观察生物最简单的形式;

我将使他们成为显微镜学家；我将给予他们栽培植物的知识，训练他们观察自己的生理；我将指导他们观察昆虫，使他们能够研究生物学的一般法则；我将不仅使他们关心理论本身，而且还鼓励他们走进实验室、外出到大自然中独立地工作。

考虑儿童做观察这种复杂的工作时，决不能不考虑儿童的生理因素。因此，从孩子出生到他们的心理生活开始形成并有秩序地发展，直接、迅速地为更高一级工作做准备时都应该考虑儿童的生理需要。我不仅是在指教师需要学习解剖学、卫生学和生理学的理论课程，而且还要在幼儿中进行相关理论的实践，其目的是要密切观察其发展状况，并预见他们所有的生理需要。换言之，教师应该按照生物科学的方法进行自我准备，应该像学习自然科学和学习医学的学生那样，在更深入、更深奥地进行有关他们特别研究的问题以前，即当他们在实验室做初步实验的时候，就以直率和客观的态度步入自然科学和医学研究领域。同样，我们学校里的年轻人，他们在被指定研究某个庞大而复杂的科学课题时，首先必须平心静气地准备浸泡液体或进行花柄切片的工作，然后他们用显微镜进行观察，这样的实验使他感到惊奇，这种惊奇可唤醒意识，并吸引他对生命之谜抱有强烈的热情。这样能使我们那些迄今为止仍然习惯于在学校里阅读那些冗长、枯燥无味的书籍的人体会到：自然之书正在我们的精神面前敞开，它充满创造奇迹的可能，并对我们潜在的、不可名状的渴望做出回应。

这也应该是新型教师的教材，它虽然只能算是初级读本，但是有助于教师完成指导婴儿生活的使命。这样的准备会在她的意识中产生一种能够使她发生变化的人生观，能够唤起她的一种特殊的“行为活动”和一种能够充分胜任其工作的“才能”。教师应该因此成为一种受到神的旨意的“力量”，一种母性的“力量”。

所有这些都只是准备工作的一部分，教师不能一开始就像那些注定要观察植物和动物的科学家那样，因为科学家们只满足于如前所说的生态学和生理学所能提供的东西。教师的使命也不像医治婴儿疾病的医学专家，只满足于病理学那种“调节生理功能”。教师必须认识到，那些科学方法是有限的。当教师唱着圣歌将放在生命圣殿上的脚上升到精神的神龛的凳子上时，她应该是抬头仰望，并感到自己是一位伫立于宏伟科学圣殿之中的崇拜者的“牧师”。

教师的领域会更广袤、更前景辉煌。她将观察人类的内心生活，局限于有机界之奇异物质的枯燥无味的领域将不能使她满足，她将必须从一切人类宗教和历史的精神成果中吸取营养。艺术、爱情、精神的表现形式是生活特有的表现形式，这种生活不仅需要她对其进行观察并为其服务，而且也是她自己的生活。对她来说,这并不是一个陌生的、显得冷漠、枯燥无味的东西,而是她和所有人共享的相互依存的社会生活,是唯一真实的生活。

科学实验室这个自然领域应该是在学校。在那里,自由的孩子们在经过精心设计的促进其发展的教具帮助下获得发展。当教师感到自己是受兴趣的强烈驱使而“看到”儿童的精神发展变化,并体验到一种宁静、快乐、不可遏止的观察欲望时,她就会明白她正在“步入正堂”。

那么,从此她便将开始成为一名真正的“教师”了。

第 5 章　儿童成长的环境

提供儿童自由活动的场所，有助于儿童自我训练，
使他们通过这种自我锻炼而逐渐成人。

不仅教师需要转变，学校的环境也需要改变。仅仅把“用于儿童发展的教具材料”引进普通学校，这并不能构成全面的改革。学校应该成为孩子们自由生活的地方，这种自由不是单纯的儿童内部发育中彻底的精神方面的自由。儿童的整个机体，从生理、生长部分到肌体活动，在学校都应该找到“成长发育的最好环境”。这包括所有已经提出的、作为辅助儿童生活的生理卫生学。没有什么地方比学校更适宜进行并普及学生着装的改革，这种改革后的学生服装能够符合既整洁、俭朴，又宜于他们自由活动的要求，同时能够使他们学会自己穿衣服。也没有什么地方更适合实践并普及与营养有关的幼儿卫生学。这是一项社会性的革新，它可以使人们相信，由于采取了节约的原则，确实花费少而又优雅得体——是的，他们的要求就是花费少，还优雅得体，这样就可以免除那些昂贵的、根本不需要的奢侈品。

以上这些更适合于有父母陪伴的家庭学校中，如最初的“儿童之家”。

在自由学校的房间里需要有一些特殊的要求：心理卫生学必须像生理卫生学那样得到充分重视。现代教室面积上的扩大就是心理卫生学所要求的，自由流通的空气以及所需的空间根据有关生理呼吸的“求容积法”计算出来。同样的原因，卫生间的面积也必须增加，还要设置洗澡间；生理卫生学进一步要求修建混凝土的地板和可清洗的墙壁，安装中央空调，有饭食供应。同时，花园和宽阔的阳台必不可少，窗户要宽敞明亮，可以让光线充分地照射到教室里；体育馆要宽敞，

要有各种各样、功能纷繁多样的健身设备；最为复杂的是课桌，有的时候，课桌需要是名副其实带搁脚板的木制或铁制的课桌。以前，为了防止学生过多的进行相同运动或是固定不动而产生畸形，桌椅都要能自由转动，这从经济角度上讲是“学校卫生学”这个错误原则导致的灾难。在现代学校，洁白的校服和能够清洗的每件东西都意味着一个时代的胜利，在这个新时代，防御细菌似乎是人类生活唯一的关键。

心理卫生学正在以崭新的姿态出现在校园里。要实现这个新原则所用的花费绝不会比生理卫生学第一次成功地进入校园里所耗费的钱更多。

尽管扩大教室的面积，不是因为呼吸原则的问题——因为如果装备了中央空调，就能做到开窗通风，就可以不用过多考虑房间的内部空间问题——而是因为空间的大小决定了学生的自由活动范围。尽管学生的行走一般不在户内进行，但是增大教室面积就能使他们自由地在家具之间穿梭往来。而且，如果要达到完美的理想目标，我们可以说，根据“心理卫生学”建成的教室要比根据“生理学”建成的教室大一倍。大家都清楚，我们所感觉的舒适应该是房间的一半地方要空着，不能摆放任何东西，这样才会使我们愉快，活动才会自由。这种愉快的感觉比在一个塞满家具的中等大小的房间中呼吸要舒服的多。

当然，卫生学里还存在一个家具的要求问题。在现代学校中，对于家具要求既要符合生理卫生学，也要符合心理卫生学。在我们的学校里，我建议使用轻便的家具，这种家具既简单实用又经济实惠，如果是易清洗的那种家具就更好了，对孩子们来说，他们将“学会清洗”家具，这样还多了一项愉快而有意义的实践练习。但以上所说都应该是有“艺术美”的。在这种情况下，美不是产生于臃肿或奢华，而是家具浅绿色的高雅、和谐与简单、轻便、洁净融为一体。就像孩子们的新式服装，比以前的服装更精致、更简单、更经济了。位于帕里戴罗乡的“儿童之家”是为纪念古尔瑞尔·贡冉嘎侯爵而建立的。在那里我们开始了“艺术性”的室内装潢研究。众所周知，意大利的每个小城镇都有一个艺术陈列室，这是实用观念和艺术本能相结合的缘故。在过去的年代里，意大利没有一个省份不是容纳优雅适宜的东西的地方。今天，在所谓的“卫生”要求下，几乎所有的珍宝已不知去向，有关这些好东西的记忆也在逐渐消失。马瑞尔·马瑞尼所从事的是一项令人愉快的事业，他对乡村过去的艺术珍品进行了仔细调查，并通过再造赋予其新的生命。在那个“儿童之家”里，家具、桌子、椅子、碗柜、陶器的颜色和样式、织品的图案、各种装饰等，都与古老的乡村艺术风格——简单、淳朴、优雅、自然、美观、大方一致。这种乡村艺术的复兴能使我们再次使用旧时代使用过的一些东西，虽然那些东西不如现在的东西豪华，但这可能是一种节约措施的新举措，也许会成为一种新的时尚。如果能制造出如此简单、典雅、得体的家具来代替目前学校的桌椅板凳，而且不必用那些复杂而又昂贵的材料来制造家具，家具会更加漂亮。因为美不仅要依靠好的材质，还需要制作人的灵感。因此，我们不仅要看到材质的华美，还要富有创新的精神。

如果有那么一天，意大利各地的乡村艺术都得到了同样的研究和开发，我们将会看到每一个省区都有其独特的具有艺术传统的“各式各样的家具”纷纷出现，它将极大提高我们的欣赏力，改变我们的一些不良习惯，并将导致一场全球性的“教育模式”的改革。因为人们由来已久的受到古代文明深远影响的艺术感能够与现代的审美艺术相结合，也许会给在生理卫生学困扰下受到窒息而对疾病又无能为力的现代人注入新的生命。

艺术的人性化将使那些习惯于只想到死的人在丑恶与黑暗中得到升华。的确，今天的“卫生所”墙是白色的，家具是白色的，任何人一看就知道是医院；而学校似乎成了名副其实的坟墓，教室里桌椅摆放整齐，像是一排排黑色的灵柩——之所以选择黑色，仅仅是为了遮掩那些像墨迹之类的学习时不可避免的污渍，就像是邪恶和罪行，至今人们仍然认为是必然存在于世的一样，没有人想到过这是否可以避免。教室里只有黑色的课桌、光秃秃的比太平间还缺乏装饰的灰色的墙，这样安排的目的是让学生饥渴的“心灵”只去接受教师传授给他们的难以消化的知识食粮。换句话说，凡是可能分散学生注意力的东西都必须排除在教室之外，以便教师运用其演讲艺术，并在其煞费苦心的帮助下，成功地使学生难以集中的注意力集中在他身上。而教会学校除了对经济有限制以外，对环境美却没有限制。其实，如果一个儿童正全神贯注地学习，教室里也就不会有任何装饰品会飞散他的注意力。相反，美既有助于集中思想，又可以使疲劳的精力得以恢复。实际上，教堂——人类灵魂安息和反思的场所，是最美的地方。在修建教堂时，会专门找有灵感的天才去到处寻找所有的美景。

看到这些话你也许会感到奇怪，但是如果我们愿意与科学原则保持一致，我们就可以说，最适合生活的地方应该是一个美丽的环境。因此，如果我们希望学校成为“观察人类生活的实验室”，我们就必须把美的东西都聚集在里面，就像细菌学家的实验室，为培养细菌就必须准备炉子和土壤。

对于孩子们来说，他们的家具，桌子和椅子都应该是轻便的，不仅要便于他们用柔弱的小胳膊搬动，而且还要有教育意义。同样，我们给他们使用瓷碗、瓷盘、还有玻璃水杯，等。因为这些物体很容易打破，它们本身就意味着对粗鲁和漫不经心行为的警告。这样，儿童会因此而纠正自己的行为，训练自己的行为更加小心、准确、不碰撞、不打翻、不摔坏东西，使自己的行为变得越来越文明和有节奏，并逐渐成为各种器皿、用具沉着的管理者和爱护者。同样，孩子们将习惯于尽力做到不弄脏、弄坏他周围那些洁净的、漂亮的、经常用到的东西。于是，在自我完善方面他取得了进步，他们的各种动作统一、协调，活动更加灵活、自由。用同样的方法，经常让孩子们享受恬静和音乐，他们经过这种熏陶和训练后，会厌恶噪音和吵闹的声音，也会避免自己随意发出这些不和谐的声音或同别人吵闹。

另一方面，在普通学校里，那些沉重、坚固，甚至连搬运工人都很难搬动的桌椅板凳，即使碰撞上一百次、洒上千百个墨迹、用金属盘砸在上面一百次，它们也不会损坏，不会看出污迹。但是，这却使孩子们长期沉浸在自身缺点的海洋中毫无察觉。由于他们的环境有利于隐藏自己的错误，有利于鼓励他们施展魔鬼靡菲斯特①的伪装伎俩。

孩子们的自由活动

儿童需要多活动，这已经成为人们普遍接受的卫生原则。因此，当我们谈到“自由的儿童”时，我们一般指的是他们能够自由活动，即能够自由地跑和跳。今天，没有哪位母亲不同意儿科医生的建议，那就是：她的孩子应该到公园里去，到草坪上去，应该在户外自由地活动。

当我们谈到学校中学生的自由时，我们的脑海里立刻浮现出的是学生生理方面的自由，我们往往把学生的自由活动想象为孩子跳上课桌做各种危险动作，或者疯狂地碰撞墙壁；他们的“自由活动”似乎需要有“宽阔的场地”。由此，我们假设，如果将学生们禁闭在一个狭小的房间里，将不可避免地在暴力和障碍之间产生冲突，紊乱是不能与有秩序的工作共存的。

但是根据心理卫生法则，“自由活动”并非仅仅是指“身体自由”的那种非常原始的概念。实际上，当我们在谈到一只小狗和一只小猫的活动时，似乎可以同我们所讨论的如何对待儿童的自由活动做比较：它们应该自由地跑和跳，并且有能力这样做，就像它们经常与孩子们一起或像孩子们在公园和田野里又跑又跳

① 靡菲斯特：欧洲中世纪浮士德传说中的魔鬼。

那样。如果我们愿意用这样的概念对待我们的鸟儿,那么我们将做出有助于鸟儿的很多种安排。我们可以在鸟笼里的适当位置绑上一根或两根带叉的树枝,为它提供自由上下跳跃活动的条件。当然,这些东西的设计不适合那些爬行动物的脚,只适合鸟儿的爪子。我们知道,不管多么周密地安排,对于一个在广阔无际的平原上"被允许自由活动"的鸟儿终归是不幸的。

因此,我们为什么从来没有考虑过:如果为了保证一只鸟儿或一只爬行动物的活动自由,我们有必要给它们提供不同的环境,那么为我们的孩子提供与小猫小狗类似的自由形式就不会是一种错误吧!实际上,在一般情况下,让儿童自己去做练习时,他们会表现出不耐烦,容易吵闹、啼哭。大一点的孩子则企图做些新发明,这样他们就可以逃避那些枯燥烦人的、他们感觉难以忍受的活动,为步行而步行,为跑步而跑步对他们来说就是一种羞辱。他们会试图找到一些能发挥他们特长的事情做,小一点的孩子会搞恶作剧。因此让他们绝对自由地活动很少有良好效果,也无助于儿童的发展。它只有一个好处,那就是对孩子们的消化和生长发育有所帮助。而更多的是使他们的行为变得粗野,发明一些不适当的跳跃或蹒跚的步态以及各种的危险动作。很显然,他们与自由活动的小猫小狗不同,小猫小狗在活动时姿态优雅、迷人,通过自然、轻松的跑跳来完善自己的动作。然而,儿童的机体动作却表现不出优雅迷人,也表现不出任何对于完善其动作的倾向。所以,我们可以肯定地说,能满足小猫小狗的活动是不能满足儿童的,如果儿童的本性与猫不同,那么他们自由活动的方式也一定不同。

如果儿童的活动没有任何目的,也就是说他的内心没有明确的方向,那他就很容易感到厌烦。许多人都感觉,如果让他们去做"没有目的的动作"时,他们会感到可怕的心虚。旧时,为了惩罚奴隶,奴隶主发明了一种残酷的刑法:强迫受罚的奴隶在地上挖非常深的坑,然后再强迫他们把坑填平。也就是说,命令他们非常盲目地劳动。

针对疲劳的实验表明,与有目的的劳动相比,等量盲目的劳动更容易让人感到疲劳。因此,现在的精神病医生建议,治疗神经衰弱可以通过"户外工作"来治愈,注意是"户外工作",而不是"户外锻炼"。

"改造"工作——不是指简单地产生并形成思想,而是指形成心理机体的协调。这些活动不是以生产物品为目的的活动,而是一种维护性的活动,例如,清洗桌椅、扫地、摆放或收拾桌上物品、刷鞋、铺开地毯等。这些由勤杂工为保护属于他主人的物品进行的工作,与技术工人的工作大不相同,技术工人是通过动脑筋去生产这些物品,这两种工作是截然不同的。前一种是简单劳动,它不需要动脑筋,因为它的目的只是做那些简单的动作;后一种是生产性的工作,它需要一些初步的、智力方面的准备,需要利用感觉协调处理一系列非常复杂的肌肉运动。

最主要的是,这种简单的工作适合儿童,为了学会协调动作,他们必须多活动进行“自我练习”。

这种工作是由与“自由活动”的心里原则相呼应的所谓“实际生活训练”构成的。为此,它必须准备“一个适宜的环境”,就像我们应该在鸟笼里放置树枝一样,应该让儿童自由地发挥自己模仿和活动的本能。儿童生活环境设施及用具应与儿童的身体和力量成正比:儿童可以搬动的轻便家具、低矮的他们能够得到的柜橱、容易开关的锁、带小脚轮的箱子、容易开关的轻便门、挂在墙上高低合适的衣服夹、小手能握住的刷子、大小适度的肥皂块、大小合适的脸盆(适于儿童自己盛水、倒水)、轻便的扫帚、自己容易穿脱的衣服等。这些都是激发儿童活动的环境因素,通过这些活动,孩子们将会逐渐完善自己的动作协调性,而且不容易疲倦,并学会人类活动的优雅与灵巧。就像小猫一样,完全是在本能的引导下学会优雅和灵巧的动作。

因此,提供儿童自由活动的场所,有助于儿童自我训练,使他们通过这种自我锻炼而逐渐成人。这些练习并不是他自己有意识的为了成长而进行的活动,却是形成儿童和谐复杂的个性的重要因素。儿童在与其他自由活泼的孩子形成亲密关系的社会意识、在协助他们生长发育为目的的各类活动中,在学会满足自己、保护和控制自己的环境中获得的自尊感——这些都是伴随“自由活动”的人类协同因素。儿童从这种个性意识的发展中获得了坚持履行工作的冲动,并在认真完成它的进程中表现出理性快乐的冲动。在这样的环境中,他们不仅会毫无疑问地自觉工作,而且还会通过工作使自己的精神更加健全,正如他的身体沐浴在新鲜空气中,他的四肢在草地上自由活动一般,他所有的器官都会在工作中成长发育并日益强壮。

第6章 儿童的注意力培养

为了得到教育目标要取得的结果，我们有必要向儿童提供与其精神形成趋势一致的物体，我们的教育目标就是，以最小的努力尽可能充分地挖掘儿童的潜能。

当我们把儿童放在有利于他们精神生长发育的环境中时，我们希望从他们身上看到他们会突然把注意力集中在某一个目标上，并集中注意力有目的地去做这件事，而且会反复不停地去重复。有人可能会重复20次，有人会重复40次，还有人甚至会重复200次。这就是我们希望看到的第一个现象，它是与精神生长发育密切相关的那些行为的先导。

促使儿童表现出这种活动的现象，显然是一种内心的原始冲动，几乎就像一种模糊不清的精神饥渴。要使这种饥渴感有所满足，就要将儿童的意识引向明确的目标，引导它逐渐成为最基本的，但在比较、判断、决定一个行动和纠正某个错误当中又是一种复杂的、重复的智力活动。如果一个孩子长时间的玩一种积木，他连续几十次把积木放在该放的位置，然后再移开；自己给自己出个难题，然后再自己解决。如果他对此越来越感兴趣，试图反复去重复该动作，那么他便延长了促进内部发育的复杂心理活动的练习。

可能正是由于这种内在意识的发展，儿童在摆弄这些东西时显得非常愉悦，摆弄的时间也会延长。比如解渴，只看着水或小口喝水是不够的，口渴的人必须喝个饱，也就是说喝到满足他自身需要的水量。因此，要满足这种生理饥渴，只是好奇地观看是不够的，更不用说只听别人描述如何做了。要想满足生理饥渴，就有必要拿到手里，尽情地使用，直到心满意足。

我们可以把这个事例看做是心理建构的基础,也是教育的唯一秘诀。外部目标是内部精神锻炼培育的场所,这样的“内部”锻炼就其本身来说是行为的终极目的。因此,孩子在玩积木的过程中,立体插板不仅是用来把大小的知识传授给孩子,平面插板也不仅仅是用来告诉孩子有关形状的问题。这些东西的目的,像其他所有物体一样,是为了让孩子锻炼他们的能动性。他们通过这种方法确实获得了明确的知识,并使重温这种知识的清晰度与他注意力的专注程度成正比。的确,正是由于像这样获得的有关范围、形状和颜色等感官知识是精确的,所以才使得这样的内部活动在各个领域不断变得更为广泛,并有可能取得更大成就。

直至现在,所有心理学家都认为,注意力的不稳定性是三四岁孩子的特性;他们被自己看到的每件东西、每件事情所吸引,他们的注意力从一个目标转移到另一个目标,很难专注于某一个固定目标。一般来说,儿童的注意力很难固定正是儿童教育的绊脚石。威廉·詹姆斯说:“我们都熟悉儿童注意力的极端变动性,这种变动性使得他们的第一节课变得非常混乱……注意力的反射性和被动性……使得儿童似乎更多地属于偶然引起他们注意的大多数东西,而很少是属于他自己,这是教师必须克服的第一个困难……一次又一次地自动把注意力从恍惚状态恢复回来的能力是判断、性格和意愿的根源……因此能够提高这种能力的教育是最卓越的教育。”

因此,一个人如果仅仅随其天性,将永远不能成功地抓住并集中他那从一个目标到另一个目标游离不定的注意力。

事实上,在我们的实验中,幼小儿童的注意力不是由教师人为培养的,而是目标使孩子的注意力集中起来,仿佛是符合了某种内心的冲动,这是一种明显的、仅仅由他们成长发育的“需要”所引导的东西。同样,新生儿在吸吮活动中完成的那些复杂的协调运动,也受到最重要的、无意识的营养需要的制约,它们并非是目的明确、有意识的习得。

确实,新生儿的口腔运动不可能是有目的、明确的、有意识的习得,儿童的第一次内心活动也是如此。因此,最先呈现给新生儿的外部刺激应该是实实在在的妈妈的乳房,是真正的妈妈的乳汁,这是非常重要的。只有这时,我们才会看到孩子的小脸所表现出来的令人惊奇的现象——注意力的高度集中。

我们会看到一个三岁的孩子可以连续不断地重复50次相同的动作,尽管很多人在他身边,有人在弹钢琴,孩子们正在合唱歌曲,但是没有谁能分散他高度集中的注意力。正在吸吮妈妈乳头吃奶的孩子也不例外,他不会因为外部发生的事情停止吸吮,除非他吃饱了。

只有大自然能创造出这样的奇迹。如果心理表现本身就是植根于大自然的话,那么为了理解和帮助大自然,就有必要研究自然的初始阶段,因为那些是最简单,也是唯一能够揭示真理的,这些真理可以作为解释以后更复杂现象的指南。现在已经有许多心理学家这样进行研究了,但是在他们应用实验心理学分析法时,并没有从源于他们生命知识的生物科学入手,即他们希望观察活的生物的自由。如果费贝尔没有利用昆虫,而是任由昆虫自由地实现它们的自然表现形式,并不因为他的出现而干扰昆虫的任何功能表现。如果他仅仅把昆虫抓住,并关起来用于研究,只用它们做实验,他就不可能揭示出昆虫生命的奇迹。

如果细菌学家没有作为一种研究方法,创造出在营养物质和温度条件等方面与细菌生长相似的自然环境,从而使细菌"能够自由地生存"以展现其特征;如果他们只是将自己限制在利用显微镜固定一种疾病的细菌,那么今天,挽救无数人的生命和保护整个民族不感染传染病的科学就不会存在。

因此,生存的自由是利用各种方法观察生物的真正基础。

自由是研究儿童注意力现象的实验条件

我们只需记住:引起婴儿注意力集中的刺激物,主要是感官方面的,要有强有力的伴随在感官方面的生理"适应",这就够了。从生理角度上讲,由于婴幼儿的生理发育还不完全,这就要求遵循自然来发展这种适应。不适于成为发育过程中对适应力有用的刺激物的物体,不会吸引婴幼儿的注意力,而且还会使他们感到疲劳并伤害他们的感觉器官,如眼睛和耳朵。但如果儿童选择了物体,并精神专注地摆弄这些物体,脸上浮现出的表情显示他们非常愉悦,而愉悦正是健康的功能活动的一种表现,它总是伴随着有益于身体各个器官的活动。

注意力同样需要有与所需要的外部目标相关的观念性的准备工作,换言之,就是一种内部心理的"适应"。当外部刺激起作用时,大脑内的中枢神经通过一种内部程序依次兴奋。例如,一个正在等人的人看到那个人正在走过来,这不仅是因为那个人出现在他的视觉中,还因为他正在盼着对方的到来。他隐约的身影受到注意是由于大脑的中枢神经已经兴奋起来了。同样,猎人能意识到树林中动物发出的最轻微的声音。简言之,两种力量作用于脑细胞上,就像是作用在一扇关闭的门上:外部感官力量敲门,内部力量说——开门。如果内部力量不能把门打开,那么外部力量敲了门也是徒劳无功。然而最强有力的刺激也有可能会不起作用。例如,心不在焉的人有可能正在峡谷之中游历,专心于某一项工作的人有可能对街道上正在演奏的乐队都充耳不闻。

构成注意力的中心行为是最伟大的心理和哲学的价值观因素, 它在教学法方面也总是体现出最大的实用价值。教师的整个艺术本质就是要在教学过程中抓住孩子们的注意力,确保当他们“敲门”时儿童的内部力量同时也去“开门”。但当孩子对目标完全不了解或不明白时,他们对目标就不会产生兴趣,这时教学艺术的基本原则就是把他们从已知带到未知, 从简单带到复杂。而让孩子产生期望、通往“未知”的“开门”就是事先存在的“已知”,现在引导他们产生期望,并把注意力集中到期望的事情上来,这样做已经变得比较容易了。

因此,按照教学法的概念,“为自己选择适当的位置”,即做好集中注意力的心理准备是有可能的。在已知、未知以及相似的事情之间,一切都依靠有技巧的操纵。聪明的教师会像一位伟大的军事战略家,他只需要在办公桌上策划一场战斗。所以说,人是可以指挥人的,他可以把别人带到任何其想去的地方。

这一直是长期掌握心理学的唯物主义原则。根据赫伯特·斯宾塞的理论,在某种程度上可以说,心理最初就是一块平平常常的黏土,其外部因素是“雨”,雨水在这块黏土上或深或浅地留下了痕迹。根据他和英国经验主意者的理论,“经验”的构成因素,甚至在最高级活动中也是如此。是经验造就了人。因此,在教育过程中,通过一种合适的经验体系,就可能造就一个人。人类经过分析化学发展到一系列的合成化学,再到有机化学的伟大进步,其唯物主义理论越来越占主导地位。有人相信,蛋白是可以人工合成的,因为蛋白是细胞的有机基础,还因为人类的卵子就是细胞,所以在未来的某一天,人类自己就可以在化学家的工作台上制造自己。但是,在这个物质世界,人是人类自己的创造者这种概念很快就遭到怀疑,而在教学法的实用概念中,心理不健全的概念仍然在继续使用。

没有任何不含物质的活动、任何潜在的维持生命所必需的力量、任何能使人体细胞生长发育的神秘因素能被放到细胞中去。因为很显然,细胞不过是一小块带核的原生质。

儿童的注意力难以集中这一现象似乎告诉我们,具有判断力、有思想的人受到类似自然法则的制约。

现代派心理学家威廉·詹姆士的最新理论中,他认识到一个事实,那就是,在注意力集中的过程中与其密切相关的是事物的天然属性,是一种“精神力量”,是“生命的神秘因素”之一。

"……所以人类不知道他的最高智慧从何而来,也不知道他对于最高的物质欲望从何而生,只像一只蜜蜂,凭它的本能酿蜜……"①

人对外部事物的特殊态度构成其天性的一部分,并决定其性格特性。其内部活动作为起着原因的作用,它们不像外部因素的作用那样发生反应并存在着。我们的注意力不被无关紧要的东西所吸引, 而是被那些适合我们兴趣的东西所吸引。对我们内心生活有用的东西,就是能引起我们兴趣的东西。我们的内心世界是建造在对外部世界的选择上的,与我们内心活动的要求协调一致。画家在世界上看到的颜色是最多的,音乐家则被各种声音所吸引。我们注意力的质量能揭示我们自己,我们通过我们的态度从外部表现我们自己,而并非我们的注意力创造了我们自己。个人的性格、内心的形式、人与人之间的差异在某些相同环境的人中也很明显,但他们从这个环境中只获取各自需要的东西。用以构成个体的与自我有关的外部世界的"经验"是不会造成混乱的,能造成混乱的是其熟悉的个体的能力。

儿童通过内心的精神力量打开注意力的大门

如果对于指导儿童心理形成的自然力量有什么疑问, 我们对待孩子的实际经验可以解答一切。没有哪位教师能够用任何技能实现如此有关注意力的现象。很明显,这是有内部因素的作用。3~4 岁的儿童所显示出的集中注意的能力,在史册所记载的天才中找不到任何相似的人。这些孩子似乎再现了人类婴儿期所拥有的超常注意能力,具有这种非凡注意力的人,如阿基米得,当他正在伏案研究循环问题的时候,他被人杀害了。据传,锡拉库扎(意大利西西里岛东部一港口城市)被攻占时他都没有因此而分心。牛顿也是如此,他潜心研究,以至于废寝忘食。还有维托瑞乌·阿尔费尔瑞①,在他写诗时非常专心,甚至听不到路过他窗前的结婚队伍的喧闹声。

然而, 这些天才人物所具有的注意力的特征是不可能被那些用兴趣来使孩子的注意力集中的教师唤醒,不管他的教学艺术有多么巧妙,而且任何被动经验

---

① 但丁:《神曲·地狱篇》,第十八章。

② 维托瑞乌·阿尔费尔瑞 :意大利诗人。

的积累也不能使其成为这样心理能力的积聚者。

如果儿童通过作用于其内心的精神力量打开了他注意力的大门，那么必然产生出的问题就是有关自由的问题，而不是影响儿童心智构建的教学艺术问题。通过外部材料提供适合于心理发育所需要的营养、用尽可能完美的方式尊重发展的自由，从逻辑的观点看，这两者应当是新的教学法的建构基础。

像 19 世纪时的化学家那样试图制造出侏儒已经不是问题，问题是如何接过戴奥甄尼斯①的灯笼去寻找那个好人。科学应该通过实验建立儿童的基本生理需求所需要的东西，那么我们就会见证到很多复杂的、至关重要的生命现象的发展。其中，智力、意愿和性格共同发展，就像正常发育的儿童的大脑、胃和肌肉一样共同成长。

与首次心理练习一样，首次的协调认知会深深地印记在孩子的脑海里，已知也就会开始存在于他的脑海里，也会第一次使孩子在智力方面有了兴趣意识，补充了他本能的兴趣。这时，认知便开始建立自己的一些类似注意的心理机制，今天的教育学家把这种机制作为教学艺术的基础。从某种角度来说，从已知到未知，从简单到复杂，从易到难的演变又一次产生了，只不过这是带有独特特性的演变。

从已知到未知的过程，并非像有的教师想的那样从一个物体转移到另一个物体上，这种教师的观念不是从内心思考发展的观点，而仅仅是毫无目的地将它们连接成一个链条，虽然与自身联系在一起，但是允许思想无目的地漫游。另一方面，已知作为一种复杂的观念体系建立于儿童的内心之中，这个体系是儿童在一系列心理发展过程中自己主动、积极地构建起来的，代表了一种内部形成和心理成长。

要产生上述进步，我们必须提供给儿童一些系统、复杂、与其本能一致的材料。例如，通过我们的感觉器官，我们提供给孩子们一系列能够引起他们对颜色、形状、声音、触觉和气力的质的本能注意，孩子们则依靠特有的、持续的与各种物体的活动，开始组织他的心理个性，同时获得关于事物的清晰而有序的知识。

从此以后，所有外部物体，由于它们都有形状、尺寸、颜色、光滑度、重量、硬度，等。因此孩子们再也不会对它们感到陌生了。他们的意识中开始存在某种东西，这使他们时刻盼望着这些东西，并很有兴趣去接受它们。

---

① 戴奥甄尼斯，希腊哲学家，以愤世嫉俗而著名。他主张自然的生活，不依靠社会文明。传说戴奥甄尼斯曾住在一个大浴盆里，他曾经为了寻找一个好人白天打着灯笼前往雅典。

当儿童在原始冲动的基础上增加了他对外部事物认知的注意力时，他便获得了与这个世界的其他关系和其他形式的兴趣。它们不再仅仅局限于与原始本能有关的原始兴趣,而是建立在获得知识的基础之上,并且已经成为了有洞察力的兴趣。

确实,所有这些新的习得都是最基础的,是以个体的心理需要为基础。但是现在智力因素增加了,已经把冲动转化为一种有意识的、主动的探索。

陈旧的教学法概念认为,要把孩子的注意力引到未知的东西上,就需要将已知的东西和它联系起来。因为只有这样,为了让他们获取、学到哪怕是我们已经通过实验得到验证的复杂现象的一点点细枝末节的新知识，他们的兴趣才会转移过来。

如果已知的东西能成为通向未知事物的新源泉,那根据自然的趋势,就很有必要获得这个已知本身。先前已经具备的知识就会使儿童对未知事物的逐渐复杂产生兴趣,且变得更加重要。

另外,这种文化本身就在儿童的头脑中创造了秩序。当教师在课堂上简单明了地说:这是长,这是短,这是红色,这是黄色,等。她用简单的词汇清晰地表明了感觉方面的顺序、分类和整理。每一个印象都明显地区别于另外一个,并且在头脑中都有其明确的位置,只用一个字就能回忆起来。因此,新的知识将不会被虚掷在一旁或与旧知识相混淆,而是会适当地储存在合适的地方,与原先同类的知识归在一起,就像图书馆中排列有致的图书一样。

这样儿童内心里不仅拥有了要求增加知识的推动力,还建立起了秩序,这种秩序通过新材料的不断积累和丰富而得到持续稳定的保持。当它成长起来,并获得力量时,它便保持了“平衡”。物体之间持续不断的比较、判断和选择等练习进一步有逻辑地把物体联系在一起,最后结果就是儿童会变得眼快手快并且精确,或是推理能力和理解能力迅速提高,任何地方只要做得井井有条、生动活泼,“付出最少的努力,获得最大的收获”的法则就会真正实现。

内部协调就像心理适应一样，是将其本身作为一种自发活动的结果来建立的。个性的自由发展,其成长与自身组织是由一种内部条件所决定的,就像是人的胚胎,在胚胎发育过程中,其心脏在两个肺叶之间为自己开辟了一个空间,这是因为在两个肺叶之间的纵隔肌中,由于肺部扩张,隔膜呈现出弓形。

教师指导着这些现象,但在这样做的过程中,教师都会尽力避免使孩子的注意力引向教师本人,因为整个未来都需要依靠孩子们全神贯注。因此,教师的教学艺术就在于理解并避免干预自然现象。

以最小的努力充分挖掘儿童潜能

我们已经阐明过关于新生婴儿的营养问题和第一次精神方面的协调活动问题,这些将会在他们生命的每一个阶段重复出现,并伴随着这些活动的不断复杂而产生必不可少的变化。

再说到儿童的身体营养问题,我们来分析一下那些刚刚长出新牙、分泌了胃液正在生长的婴儿,他们逐渐需要进食一些比较复杂的膳食,直到长大成人,借助现代所有复杂的烹调来满足自己身体需要的各种营养。为了让自己的身体保持健康,他应该只吃与他自身机体的最直接需要相符的食物。如果饮食过于丰富或不同寻常、不适当,或者进食有毒的食物,那么结果必将是导致营养不良、自我毒害、甚至死亡。营养卫生学正是研究儿童在哺乳期和婴儿期营养的学问,它不仅为儿童, 也为成年人指出了大家都会面临的鲜为人知的婴儿卫生学中明示的危险。

心理生活中还有一点:成年人的心理生活远比儿童的要复杂,同样,在成年人的本性需要和满足精神需求这两点之间总是相互呼应的。内心生活的原则总是要有助于他的健康。

下面我们再来说注意力的问题,当与大点的孩子打交道时,作为生命基础的本性和生活基础的刺激之间所对应的基本事实应该是主要的。无论有什么样的变化,它始终是教育的基础。

我早已准备好"专家们"的反对声。因为专家们认为儿童必须习惯能对所有事物集中注意力,即使是他们感觉索然无味的东西,因为现实生活要求如此。

这种不同的见解是基于类似这样的一种偏见,有一次一位好父亲这样说过:"孩子应该习惯于吃所有的东西。"同样,道德教育被置于合理范围之外——这是一种致命的混淆。值得庆幸的是,这种命令式的观念已经过时,如果哪位家长还有这种观念,那么如果孩子在午餐时拒绝吃一道他不喜欢的菜时,家长会命令孩子除了这道菜,一整天都不能吃别的菜。即使这菜已经凉了,变得非常难吃,而最后饥饿也削弱了孩子的意志,消灭了他任何的幻想,终于把这道菜吞咽了下去。这时家长就会说,他在任何情况下都能很好地安排孩子的生活,他的孩子将会吃任何食物,无论他爱吃不爱吃。他的孩子会既不贪吃,也不任性。从前,儿童不能吃糖(而他们的机体非常需要糖分,因为肌肉在生长过程中需要消耗大量的糖),为了教他们如何克服贪吃,纠正淘气孩子简单易行的方法就是,不让他们吃晚饭就直接让他们上床睡觉。

为了让孩子们适应现实生活需要，那些仍然坚持儿童应该对他们不喜欢的东西同样要注意的人现在采用一种类似的方法。然而,即使在心理营养饥渴的情况下,吃“凉的、令人作呕的食物”也不能让人忍受,消化不良、暴饮暴食只会使他们的身体更弱,甚至会毒害他们。

这样做,我们不能拥有强健的精神以应付生活中所有的艰辛。吞咽了冷汤之后就很快上床的孩子往往会发育不良,身体虚弱,碰到传染病时会很容易失去抵抗力而立刻病倒。从道德的角度上讲,孩子的欲望远远没有得到满足,他会把满足这些欲望看做是最快乐的自由,等他长大成人时,他就会暴饮暴食,没有节制。那他会与现在的孩子有多么大的不同啊！现在的孩子喂养合理,身体健康,生活有节制,他的吃是为了健康地生活,不酗酒、不暴饮暴食。现在的人能以多种方式防御传染病,而且主动地时刻准备与疾病作斗争,勇敢地从事各种艰苦的体育运动,努力争取开创伟大事业,如发现南北极、勇攀高峰。

而且人类还能够勇于面对冷酷的道德冲突,勇于承担精神炼狱,这样的人的意志极其坚毅,他非常善于寻求精神平衡,能及时、果断地做出决定。

人的内心生活越是能正常发展,使自己对预知的自然法则有所准备,并形成个性,他就越具有坚强的意志和非常健全的心智。要准备战斗,不必从诞生那天就开始,但是他必须强壮。只有强壮的人才能有所准备,没有哪个英雄在他做出英雄业绩之前就是英雄。未来的艰苦生活是不可预见、无法预料的,没有人能为我们直接做好准备去迎接那些艰难困苦,只有身强力壮、富有朝气的人才能对付一切。

当一种生物正处于进化过程中时,为了确保其正常发育,我们有必要为其此时此刻的特殊情况提供特殊保障。如胎儿必须有血液的滋养、新生儿必须有奶来喂养。如果胎儿在子宫里发育时,血液中缺乏蛋白质和氧气,或者有毒物质进入了胎儿的组织,那这个生命将不能正常发育,产后的照料也不能使一个先天不足的人强壮起来。如果婴儿缺乏足够的奶源,生命最初阶段的营养不良将宣告他永远处于劣等地位。婴儿躺着吃奶、长时间地睡眠是“为行走做准备”,正是由于吸吮,婴儿才开始长牙。因此,鸟巢中的幼鸟不是用飞翔来为飞翔做准备,而是在那温暖、有食物供应的小窝里保持不动。这叫为生活做间接准备。

鸟儿飞翔的壮丽、野兽的凶猛、夜莺的歌唱、蝴蝶翅膀上斑驳的美丽等这些大自然现象的序曲，都是在秘密的鸟巢里、兽窝里，或是一动不动孤独的茧里做好准备的。万能的大自然在生物形成的过程中只要求宁静，所有其他的一切都由大自然给予。

儿童的精神也应该找到一个温暖的巢穴，在这个巢穴里有足够的营养保证，然后我们就只需静观其发展结果了。

因此，为了得到教育目标要取得的结果，我们有必要向儿童提供与其精神形成趋势一致的物体，我们的教育目标就是，以最小的努力尽可能充分地挖掘儿童的潜能。

第7章 儿童的意志力培养

当我们的孩子通过自我教育的过程，将复杂的比较、判断的内心活动付诸行动，并用这种方式获得有条理、清晰的思维时，他们就是在培养意志力。

当孩子从众多物体中选出他的最爱时，当他从柜子里把那个物体拿出来，然后又放了回去，或是把这个物体让给伙伴时。当他喜爱的东西正在伙伴的手中，他一直等到那个伙伴把这个东西放到一边不再玩时。当他长时间神情专注地摆弄一个物体，一边摆弄一边把物体中出错的地方纠正过来时。当他安安静静地摆弄着物体，尽量屏气凝息，哪怕是老师叫到他的名字时，他才会慢慢地站起来，小心翼翼，放轻脚步，唯恐碰到桌椅发出噪音，在这个时候，他一直在用他的“意志力”控制着自己。可以说，在内心里，他一直在做意志力方面的练习。不仅如此，真正支配他所有行为和态度的因素是他的意志力，这是建立在内心中持续的注意力基础之上的。

意志力支配所有行为和态度

意志力的所有外部表现都体现于行为动作之中：无论一个人做什么动作，行走、工作、说话、书写、睁眼看东西、闭上眼睛不看东西，所有这些都是由“动机”所控制。意志力同样也可以抑制行为动作，抑制因气愤发出的不理智行为，抑制自己想从别人手里夺回自己喜欢的东西的欲望等。因此意志力不是行为动作的简单冲动,而是对行为的理智控制。

没有完整的行为动作,就不会有意志力的表现。那些想有好的行为表现却不去做,那些想将功补过却不付诸行动,那些想外出,或是想打电话、想写信,却哪样都不去做的人,就是没有执行自己意志力的行为。只去想或只是去希望是不够的,关键在于行动。这正是所谓的"好心办坏事"。

意志的生命即行动的生命。我们所有的行为都代表了冲动和抑制的结果,经过行为的不断反复,这种合力几乎可以成为习惯性的或无意识的。这就是事实,这些习惯行为总结起来就是"一个有教养的人的行为举止"。例如,我们今天想去拜访一位朋友,但我们知道如果去拜访他就会打扰他,因为今天他不能接待来访,那么我们就不应该去。又例如,我们正舒适地坐在画室的一个角落里,这时进来了一位德高望重的人,于是我们立刻站起来。再举一个例子,也许一位女士并不能对我们有多大的吸引力,但我们还是向她鞠躬、对她行吻手礼。或者我们邻居自制的蜜饯正是我们非常喜欢吃的那种,但是我们还是尽量不显露出这一点。我们身体所发出的所有这些行为动作并不仅仅是由于冲动和厌恶,而是因为我们认为这样比较端庄得体。一方面,没有冲动,就不可能有社交活动;另一方面,没有抑制,我们也就不能克制、引导、利用我们的冲动。

这两种截然相反的作用力之间既互利互惠又相互制约,是长期训练的结果,也是我们社会生活中"古老习俗"的结果。我们做这些不需要有多费力,也不需要用推理和知识去做这些。所有这些行为几乎都是一种自然的条件反射。但我们讨论的行为绝不是自然反射式的行为,而是自然、习惯的行为。我们非常了解,一个人在成长过程中,如果他没有受过遵守纪律方面的教育,而只是潦草地接受了一些纪律方面的知识,那他会经常犯大错,甚至是过失犯罪,因为他是在被迫"执行"一些自发行为所需的协调动作,并在警觉和意识的控制之下指导这些动作,这种长期不断的努力与具有高雅风度的人的"习惯"相比大相径庭。意志力在意识之外,或在意识的边缘储存持续的努力,并让意识无阻挡地进行新的发现,并做出更多的努力。因此,我们不再把那些我们能从中看到意识存在的习惯认为是意志力的确凿证据,在某种程度上说,那只是旁观、留意每一个动作,可能只是符合了社会风俗中的风度举止。那么,一个受过教育的人如果这样做的话,就其本身来说只说明他仅仅是一个人,一个"心智健康"的人。

事实上,只有疾病才能使建立在适应基础上的人格崩溃,才会使人不再有礼貌的行为。众所周知,刚刚开始显露出偏执症状的神经衰弱病人,也许最初只是表现为行为修养变得越来越糟糕。

另外，那种举止恰当的人充其量只是正常人，我们不会称他为“有坚强意志力的人”。这种人的意识一直都在受到考验，因此储存于意识边缘的机制不再具有“意志力价值”。

而孩子在第一次“考验”他手臂的时候，他的个性与刚才所描述的截然不同。与成年人相比，他还是一个平衡力没有得到完善的小生灵，因此他几乎总是成为自己冲动的牺牲品，有时还会向最顽固的抑制力所屈服。意志力的两个完全对立的行为还没有很好地融合在一起，形成新的人格。在人的心理萌芽阶段，这两个因素仍然是分开的。最重要的是，这种“融合”和“适应”应该产生，并在潜意识里起到支持作用。因此，只要有可能，就有必要积极地去练习，因为这种发展是必要的。我们正在讨论的教学法的目的不是要将孩子培养成一个早熟的小“绅士”，而是要锻炼他的意志力，尽早地使他的抑制和冲动之间形成联系，因此需要做的是形成联系，而不是通过这种构建联系所达到的外部结果。

事实上，这只是达到目的的一种手段，这个目的就是儿童可以和其他儿童融洽相处，在日常生活习惯中培养意志力。专心于某项工作的孩子会为了完成这项工作，而不做任何其他与此不相关的事情。他在力所能及的肌肉协调活动中做出选择，然后坚持下去，最终使这种协调动作成为习惯。这与那些做出冲动的、不理智行为的孩子是完全不同的两码事。当他开始尊重别人的工作时、当他耐心地等待拿到他想要的东西，而不是从别人的手里抢过来时、当他能够到处走而不撞到同伴，不踩到他们的脚，不把桌子碰翻时——这就说明他正在锻炼自己的意志力，使冲动和抑制趋于平衡。这样的态度是在为他融入社会生活做准备。如果让孩子们一个挨一个、一动不动地坐在座位上，则不可能达到这种目的，“孩子们之间的联系”也不可能建立，幼儿的社交生活也就不能得到发展。

正是由于这种特殊交往，通过迫使孩子们相互适应，社交“习惯”才有可能建立起来。仅做应该如何做的说教绝不会达到培养意志力的目的。要想让孩子有优雅的举止，仅仅向孩子灌输“礼貌观念”和“权利与义务”是不够的。如果这就足够的话，那么只需要向一位专心致志的学生讲述弹钢琴所必需的指法，就足以使他弹奏贝多芬的奏鸣曲了。所有这些，最重要的因素就是“构成”，意志力则是通过训练形成的。

在早期培养儿童个性的教育中，调动所有机制是非常有用的。就如同运动一样，孩子们的体操是必不可少的，因为众所周知，没有得到锻炼的肌肉不可能完成肌肉系统能够完成的各种运动，为了保持心理生活的能动性，类似的体操系统很有必要。

没有受到锻炼的机体很容易随后导致缺陷，一个肌肉力量不足的人不愿意活动，当他需要立即采取措施脱离危险时，他就只有死路一条了。因此，意志薄弱、“意志力低下”或者“丧失意志力”的孩子，会很快适应一所让所有的孩子都呆呆地坐着并假装在听的学校。但是，许多这样孩子的结局是到医院里治疗神经错乱，他们的学校通知单上往往有如下评语：“表现优秀，学习进步”。对这样的学生，一些老师会说：“他们真乖。”这样，这些孩子便可以不受任何干扰，长期处于薄弱中，就像流沙一样埋没他们。而那些生性好动的孩子，却被当作是制造麻烦的人，被斥为“捣蛋鬼”。我们如果探究一下他们调皮的性格，便会得出几乎一致的答案“他们总是安静不下来”，他们的好动被进一步斥为“冒犯同学”，而他们的冒犯几乎总是属于这样的类型。他们千方百计地想使同学从静止状态中激动起来，和他们联合在一起。也有抑制力占主导地位的孩子，他们害羞到了极点，他们有时似乎甚至连回答问题的决心都没有，受到外部刺激后，虽然他回答了问题，声音却很小，接着就哭起来了。

针对这三种情况，自由活动就是需要的锻炼方法。其他孩子的活泼好动是意志薄弱孩子的最好刺激，当孩子不再受到监视，自由地按照自己的意愿行动时，有序的训练便培养了过于好动和过于不好动孩子的意志力。换句话说，当孩子从训练意志力的外部诱因中解脱出来时，便能在这两种完全相反的意志力之间找到平衡，这确实是拯救全人类的方法——弱者获得力量之所即是强者获得完美之处。

缺乏冲动和抑制之间的平衡不仅仅是病理学中一个熟悉而有趣的事实，也更多地见于正常人中，尽管程度没那么深，但是其常见性则如我们在社交领域中所遇到的教育的种种不足和缺陷一样。

冲动使罪犯做出危害他人的行为，但是又有多少正常人经常因为其轻率和冲动的行为给别人带来伤害而后悔呢！多数情况下，容易冲动的正常人只会伤害到自己、使自己的事业蒙受损失、使自己的才能得不到施展。他的内心会受到自己的谴责，就像遭受了本来可以避免的不幸一样。

从病理学上讲，一个过于受到意志力控制的人是更不行的，他会长时间不活动、沉默不语，但是内心里，他确实渴望活动。有一千个冲动的理由能让他去满足他渴望从事艺术和工作的内心，但他却一个都找不到。他有雄辩的口才向心理医生寻求帮助，去求得高尚灵魂的抚慰，但他却闭口不言。他感受到一种被活埋的可怕压抑。有多少正常人遭受同样的痛苦啊！他们一生中有许多恰当的时机让他们表现出自己的价值,而他们却没有表现出来,多少次他们想表达出自己的真实感受,扭转艰难的局势,但是他们关闭心扉,闭上双唇保持沉默。他们多么想向那些能理解他们、启发他们、安慰他们的高尚的人倾诉衷肠啊!但是,当他们和那些高尚的人面对面时,他们却一句话都说不出来。那些高尚的人鼓励他们、询问他们、启发他们表达出自己的感受,但他们回应的只是内心的无比痛苦,说出来!说出来!他们潜意识里萌发着这样的冲动,但他们的意志力却像不可抵抗的自然力量一样残酷无情。

假如在意志力形成的那个年龄可以治愈这种情况的话，那么这样的问题只有通过自由活动,在冲动和抑制相互平衡的意志力教育培养中得到解决。

意志品质:坚定性与持久性

在潜意识中建立起来的一种平衡，这种平衡使得一个人在这个社会上行为“正确”,但这决不是“有意志力的人”的平衡。上面已经提到,意识独立于其他自愿习得之外。最有修养、出身最为高贵的女士也许是一个“没有意志力”、“没有性格”的人,尽管她可能已经获得了能指导她处理外部事物的最为灵活、最有创造力的能力。

人都有一种天生存在的自发基本品质,不仅人与人之间的表面关系基于此,而且高楼大厦的建立也是基于此品质,这个品质就是我们所说的“连续性”。社会结构是建立在人类能够不断地工作，能在一定范围内进行生产这样的事实基础之上,民族经济平衡也建立在这个基础上。作为人类繁衍基础的社会关系是建立在持续不断的婚姻关系的纽带上。家庭和生产,这是社会的两大支柱。它们立足于最伟大的意志品质:坚定性和持久性。

这种品质是人类内在个性和谐的典范。没有它,生命就会成为一系列断断续续的章节,一片混乱。仿佛是一个各个细胞相互分离的身体,而不是内部存在着不同功能器官的有机整体。这个基本品质,当我们谈论这个人的情感,谈论他的思想脉络,也就是他的全部个性时,它就是我们所称的性格。一个有性格的人就是一个坚定不移的人,一个忠实于自己诺言、信念和情感的人。

持久性的这些不同表现的总和产生了巨大的社会价值，即在工作中坚持不懈。

堕落者在他萌发犯罪动机、在他背叛了他一贯的感情、在他食言、在他破坏了使他能够成为高尚的人的信仰之前，他都表现出一种迷失、堕落的特征，这就是懒惰、不能持之以恒的工作。诚实、举止得体的人就会开始大脑不正常，在表现出暴力冲动、行为失常，或产生昏迷之前，他会有预兆——不能再从事其他的工作。人们都认为勤劳的女孩能成为贤妻良母，好工人是忠厚老实的，能给妻子带来好的生活。这个“好”并非是一种能力，而是坚持不懈、不屈不挠。例如，一个冒牌艺术家如果只在制造小工艺品方面技艺高超，但缺乏工作的意志，那么人们不会认为他有多么了不起。大家都知道他不仅不能兴家立业，而且还会怀疑他是个可疑的危险分子。他可能会成为不称职的丈夫、父亲、危害社会的公民。相反，一个最谦卑而虔诚工作的手工业者的内心，却拥有创造生活的幸福和宁静的所有要素。毫无疑问，这就是罗马颂词中“她闭门不出纺羊毛”的意义所在。也就是说，她是个有个性的妇女，一位值得与世界征服者相配的妇女。

作为第一次建设性精神生活的练习，儿童在他的工作中显示出持久性，通过这种练习，他建立起内部秩序、平衡，使个性得以生长，和成年人一样，工作认真、持之以恒，显示出在社会中的价值。他很显然正在使自己成为一个坚定不移的人，一个有个性的人，一个具有人类所有优秀品质的人。他正在追求那个独特的基本品质——坚持不懈。只要他能坚持不懈，那么他选择什么工作都一样。因为有价值的不是工作本身，工作只是作为培养和丰富人的内心世界的一种手段。

为了让孩子做已经事先决定下来的事情而中断孩子工作的人，认为地理对指导孩子的修养非常重要就不让孩子学算术而去学地理的人，他们混淆了目的和手段，为了虚荣而毁掉了孩子。因此我们说，需要引导的不是一个人的文化，而是这个人本身。

让孩子作出决定而培养其意志

如果坚持不懈是意志真正的基础，那么我们就要知道决定行动是最重要的。要完成一件有意识的行为活动，我们就必须做出决定。而决定始终是选择的结果。例如，我们有许多顶帽子，出门时就需要决定戴哪顶，选择黑色或灰色无关紧要，重要的是我们必须选择出一顶。做选择时，我们会有动机，无论这种动机是偏爱黑色还是偏爱灰色，最后，某个动机占了上风，我们也就做出了选择。很显然，戴帽子、出门等都需要我们做出选择,我们几乎意识不到哪种动机会在我们的头脑里起作用,但这是个不足以道的问题,我们所拥有的关于上午该戴哪顶帽子、下午该戴哪顶、上剧院戴哪顶、去运动时该戴哪顶等方面的知识不会让我们费太多的脑力解决这个问题。

但是,如果我们要花钱买礼物,那情况就大不一样了。货架上琳琅满目的物品,我们买哪一个才合适呢?如果我们对货架上的物品了解不多,那么我们就会焦虑,我们想选择艺术品,但是我们对艺术不是很了解,我们会担心上当受骗,或者会出丑。我们不知道是选择一条丝带好,还是选择银碗更合适,这时我们就会想到需要有人给我们指点迷津,于是我们就去找人求教。但是,我们不一定必须听取别人的建议。说实话,建议只是让我们思路更加清晰。我们需要的是知识的帮助,而不是让别人来做出选择。每个人的意志都是自己的,与做出决定所需要的知识不是一码事。我们在听了别人的建议后做出的选择都带着我们自己的印记,都是我们自己的决定。

一位家庭主妇为客人准备晚餐所做的选择也是同样的道理, 她对这种事情经验丰富,品味极高,因此会很愉快地做好决定,不需要额外的帮助。

但是, 谁都知道在任何情况下做任何决定都是一种脑力劳动, 是真正的付出。因此身体虚弱的人会尽力避免做决定,对他们来说这种事情非常讨厌。如果可能,女主人就会把这个决定留给厨师来做。而对于服装师来说,选择哪种服装要考虑去哪种场合。因此,服装师需要三思而后行。他会对女士说:选择这件比较适合您。这位女士便点头同意,与其说是服装使她满意,倒不如说是不用她做出决定更让她满意。我们的一生就是在不断地做出选择。当我们走出房门后锁上大门,我们清楚地记得是把门锁上了,确信自己的家已经安然无恙了,才会放心地走。

在这样的练习中,我们越是强壮,就越能摆脱对他人的依赖。清晰的思维、善于做出决定的能力给我们以自由感。把我们像奴隶一样锁住的沉重锁链,莫过于没有能力自己做出决定,只能依赖别人。害怕“犯错误”、害怕在黑暗中摸索、害怕承担我们不一定认识得到的错误后果, 所有这些使我们像拴着链子的狗一样跟在别人的后面,最后完全陷入依赖别人的泥潭。如果没有人出主意,我们会连一封信都不能发,一块手帕都不能买了。

如果真的存在思想矛盾,需要立即做出决定时,薄弱的意志注定要屈从于较坚强的意志,懦弱者就会犹豫不定。于是我们便会看到他不知不觉地被梦魇般的屈服所缠绕,他已经向给他带来灭顶之灾的深渊迈出了第一步。因此,年轻人越是屈服于服从地位,不做任何培养意志力的锻炼,就越容易成为这危机四伏世界的牺牲品。

鼓起勇气与之抗争并不是幻想,而是对意志力的锻炼。这种锻炼在生活中到处都是,一位家务缠身、事无巨细、习惯于事事自己做出决定且有了孩子的家庭主妇,就比尚无孩子、无所事事、懒散地打发光阴、习惯于听从丈夫意志的女人更有可能做决定时不犹豫。但是她们两人都可能有同样的幻想。例如,如果前者成了寡妇,也许就会使她自己精通业务,继承她丈夫的事业;后者如果也成了寡妇,可能就会另外寻求保护,那她可能就会有灾难降临。为了确保精神上的安慰,最重要的就是能独立,不依赖于任何人,因为在紧急关头,我们总是孤立无援,而且也不会立即获得帮助。那些知道要奋斗的人就要依靠力量和技巧进行拳击和决斗的训练。他们不会只是双手抱胸,静静地坐在那里,因为他们知道那样的话他们会被打倒,要么起来进行防卫,在一生中像一个人的影子一样被别人亦步亦趋地保护在现实中根本是不可能的。

但丁《神曲·地狱篇》中的弗朗西斯卡说:“征服我们只需要瞬间。”

诱惑,如果不是为了征服,就一定不会像一枚炸弹似的投向另一枚将要导致心理爆炸的炸弹,而是会投向那些坚不可摧的城墙。坚持不懈地工作、清晰的思路、有意识地对不同的想法进行筛选的习惯, 甚至是在最细微的日常生活行为里,每一次对最微不足道的事情做出的决定、对某人行为的逐步控制、在不断重复的行为里逐渐增强的自我指导的能力, 所有这些都是建构个性所依赖的坚实的基础。 这样道德便会像一个深居中世纪城堡里的公主一样定居下来,这个城堡戒备森严,能将这位“女士”长期留住。如果要“建造”让道德定居下来的“房屋”,能够控制身体是必须的,例如不酗酒,这是平白无故受到毒害、使人变得孱弱的最主要例证。再如到户外去活动,这种活动可以恢复体力,把我们从自制的使我们更加孱弱的毒品中解脱出来。从这里我们可以看出,最重要的是我们必须经常不断地锻炼我们的意志力,通过这种灵活的方式恢复我们的心理健康。

当我们的孩子通过自我教育的过程,将复杂的比较、判断的内心活动付诸行动,并用这种方式获得有条理、清晰的思维时,他们就是在培养意志力。这是一种能帮助孩子们自己做出决定、使他们不依靠别人意见的“知识”。从此他们就可以做出各种日常生活中的决定,他们可以决定拿还是不拿,他们也可以决定是否要伴随着音乐节奏动起来,当他们想沉默时就可以抑制住所有想运动的冲动。这种坚持不懈的构建他们个性的工作都是通过决定付诸行动的, 这代替了初期紊乱的状态,而在初期状态时,所有的行动都是冲动的结果。这时一个生命自然而然地出现并逐渐发育成长，同时逐渐地，怀疑和胆小同心理迷茫一起消失不见了。

如果不允许秩序性和清晰性在内心成长壮大，而是用混乱的思维是背诵课文去阻止其发展，阻止孩子们自己做出决定，那么这样的意志力的发展是根本不可能的。采用这种教育方式的教师为自己辩解道："孩子就不应该有自己的意志"。他们教育孩子从来就没有"我想要……"这种事情发生。他们实际上是在阻止孩子初期意志的发展。在这种情况下，孩子们意识到有一种控制他们行为的力量，于是他们开始变得胆小，在没有可以依赖的人的帮助和同意下就没有勇气承担任何事情。"这些樱桃是什么颜色？"一位女士曾经这样故意询问一个本来知道樱桃是红色的孩子，这个胆小且非常紧张的孩子非常犹豫，不知道是回答好还是不回答好，于是就嘟囔着说："我去问问老师。"

为决定做准备的意志机能是意志最重要的机能之一，它本身就极具价值，自身需要得到建立和加强。病理学为我们揭示了它不同于意志的其他因素，并将它作为支撑人格的支柱展示在我们的面前。所谓的"怀疑癖"是心理病态恶化中最常见的一种疾病，这种心理病态使得患者控制不住自己地去做一些不道德的事情或有害的行为。但也许确实有一种真的怀疑癖，患这种病的人确实没有能力做任何决定，而且还会引发一系列的苦恼，尽管它不会导致道德偏差，而且还可能就是因为良心不安才患病。在一所治疗神经错乱的医院里，我曾经遇到过一个由于道德问题而患病的典型病例，这个患者以捡垃圾为生，他总是担心垃圾里会有什么有用的东西偶然掉出来，而他会因为偷用这些有用的东西被抓起来。因此，这个不幸的人捡完垃圾之后，便会爬上每层楼，挨家挨户地敲门，询问垃圾桶里是否有什么值钱的东西。确定之后就会离开，然后他会再回来，再挨家挨户地敲门、询问，如此循环往复。绝望之余，他向医生求救，询问是否有能加强他意志力的方法。我们一遍一遍地告诉他，垃圾里没有值钱的东西，让他尽可以放心，继续去收垃圾。他听了之后眼里闪出希望的光芒，"我可以放心了"他反复地说着走了出去，但是不一会又回来了。"我真的可以放心了吗？"我们再次告诉他："是的，你真的可以放心了。"他的妻子把他带走了。我们看到他在大街上站住了，和他的妻子拉扯着，然后又焦躁不安地跑了回来，他又一次站在门口，问道："我真的可以放心了吗？"

正常人不也是经常在头脑里隐藏着这样的怀疑癖吗？例如，一个人要外出，他把门锁上，然后摇一摇锁，可是他刚走几步，就怀疑起来：门锁了吗？他知道自己锁了，还清楚地记得他摇了摇锁，但是一种不可遏止的冲动迫使他走回去看看门是否真的锁上了。还有一些孩子，上床睡觉前，总是要看看床底下是不是有猫之类的动物。他们什么也没看到,心里也明白什么都没有。但是过了一会,他们会再次起来“看看有什么东西没有”。这些癖好像淋巴腺里的结核杆菌似的到处蔓延,使整个身体非常虚弱,但是这种危害可以遮掩,就像苍白的脸色可以用胭脂暂时遮掩一样,不为人所知,也不会带来任何忧虑不安。

如果我们认为一个人的意志肯定会通过身体做出的动作显示出来,那么我们就应该明白为了培养锻炼意志,有必要通过身体的各个机能进行形成意志的练习。

在意志的形成、生理结构,以及块状肌肉的协调运动之间有着惊人的相似之处。很显然,练习对于培养我们行为的精确性非常必要。我们知道,不练习基本功,我们就不可能跳舞,不练习手指的动作,我们就不可能弹钢琴。但在所有这些练习之前,在婴儿期,就应该开始练习基本的协调动作,也就是步行练习和理解力。但是,我们还没有完全弄清楚相似的有步骤的准备性练习对意志的培养是否有必要。

在肌肉单纯的生理功能中,并非所有肌肉群都是以相同方式运动,而是用两种完全相反的方式。例如,有的肌肉用来伸展胳膊,有的则是将胳膊收回,有的用来蹲下,有的则用来站直。也就是说,他们的动作都是两两相对的。身体的每个动作都是具有对抗性的肌肉之间结合的结果。在这样的肌肉运动中,一会是这种肌肉,一会是另一种肌肉在一种合作中起着作用。通过这种合作,我们可以完成各种各样最了不起的动作,刚劲有力、优美大方、雅致舒展。正因为如此,我们才能不仅使身体具有高雅的姿态,而且还能够建立与音乐旋律相配合的动作。

为了使相反的动作之间密切配合,就必须要有动作练习。是的,我们能够训练动作,但是这种训练只有在自然的动作协调后才能开始。然后,我们可以进行体育运动、舞蹈等方面的特殊动作,如果练习体育运动的人或练习舞蹈的人想使自己的动作协调,无论这个动作是优雅大方、敏捷灵活,还是充满力量,他都必须不断地重复练习这些动作。意志当然会在这时起作用,执行者希望自己致力于运动、舞蹈、防身术或参加比赛等。但是,为了能达到这些意愿,他就应该不断地进行练习,这样才能使意志所依赖的各个器官做好准备,这些器官也才能接受意志所发出的指令。运动,无论是在肌肉已经协调之后的第一个动作,还是经过设计要建立新的协调运动的一系列动作(技巧),都是随意志支配的。简单地说,意志就像指挥一支组织严密、纪律过硬、技术精良的部队指挥员一样,是主动的行为。而其“力量”随着相互依赖的肌肉的逐步完善,取得支持其力量的必要条件也随之增强。

为了培养孩子的自发能动性，任何人都不会让他们完全静止不动，用胶黏住他们的四肢（我没有说要把他们的四肢弄骨折）直到他们肌肉萎缩，甚至濒于瘫痪。然后，再向他们讲些有关小丑、杂技演员、拳击冠军和摔跤运动员的故事来刺激他们，在他们心中激起模仿他们的强烈愿望。但很显然，这样的做法是一种不可思议的荒诞行为。

然而，为了培养孩子们的意志，我们确实是在做着这样的事。首先我们企图消除它，或者叫“扼杀”它，以此来阻碍意志各个因素的发展。我们总是用我们自己的意志让他们什么都不能做，或让他们按我们的意志行事，我们为他们做出选择和决定。然后我们再用这样的话心满意足地教育他们：“意志就是行动。”我们又用寓言的形式在这种不切实际的幻想上加上英雄人物和意志坚强的巨人的故事，自己还以为只要让孩子们牢牢记住自己的行为，他们就会有激烈的竞争意识，就会创造奇迹。

我上小学一年级时，有一位非常喜欢我们的老师，当然，她叫我们都一动不动地坐在座位上，尽管她脸色苍白，看起来非常疲惫，但她还是独自一人滔滔不绝地讲着课。她有一个顽固的观念，那就是为了激励我们去模仿，她让我们把所有名人都牢牢记在心中，尤其是那些“女英雄”。为了让我们知道如何出人头地，让我们坚信当女英雄并非难事，因为女英雄太多了。所以她让我们阅读大量传记。其实这些传记讲的都是同一个道理：“你也应该努力出人头地，难道你不想出名吗？”“哦，不！”有一天，我干巴巴地回答道：“我永远不想出名。我关心孩子的将来胜于一切，我不会再看其他传记了！”

不再削弱孩子的意志

来自世界各地参加上届教育心理国际会议的教育家们都在悲叹，现在的年轻人缺乏个性，已经对人类这个种族构成了极大的威胁。但是实际上，并非人类缺少个性，而是学习摧残了他们的身体，削弱了他们的意志。因此，我们现在需要做的是让他们行动自由，这样人类的潜在力量才能得到发展。

如何利用我们的坚强意志是一个更高层次的问题，这个问题依据于一个基础，那就是意志是存在的——即意志存在于人们的内心，并且能够茁壮成长。我们经常用一个例子教育我们的孩子，让他们崇尚坚强的意志，这就是维托里奥·

阿尔费里的故事。他晚年才开始自学，以极大的毅力克服了基础阶段的单调乏味。因此他成了那个时代的名人，之后他又开始学习拉丁语，直到成为一名文学家，而且他靠自己的热情和执著，成为一名最伟大的诗人。他有一句话说明了他是如何转变的，这句话成为意大利教师经常引用的一句名言："我坚持，不断地坚持，全力以赴去坚持！"

维托里奥·阿尔费里在做出这个重大"决定"之前，只不过是他所爱的一位任性的社交界贵妇的一个玩物。后来他感到，如果他继续做感情的奴隶就会毁了自己。于是一种内心冲动促使他想提高自己，他认为自己可以成为伟人的，浑身充满了无限的力量。只不过这些力量还没有被挖掘出来。他很想把这些力量挖掘出来并利用它们，将自己的一生交付给它们。但是，那位贵妇人香气四溢的信笺又把他拉回戏院的包厢里，和她厮混在一起。这位夫人的吸引力战胜了他本该高高兴兴抵抗这种诱惑的意志力。然而，当他在戏院包厢里看着无聊透顶的歌剧时，他忍受着极大的愤怒和苦恼，这使他非常痛苦，甚至使他开始憎恨这位迷人的妇人。

他决心立即开始行动起来，先是在她和他之间设立一个不可逾越的障碍，把代表他高贵出身的粗发辫剪掉，没了发辫他就会羞于出门见人。然后，用绳子把自己捆在椅子上看书，这样过了几天，但是却连一个字也没看下去。尽管他非常想去找他的心上人，但是因为不能移动，也不可能以这样的形象出门，所以他只能待在家中。

正是用这种方法，他才"坚持，不断地坚持，全力以赴地坚持"，才使他的内心得到自由地发展。正是用这种方法，他才将自己从无所作为和毁灭沉沦的深渊中拯救出来，成为一个名垂千古的人。

我们希望通过对孩子们意志的培养，带给孩子们同样的东西。我们希望他们学会从人类的虚荣心中拯救自己，我们希望他们能专心于工作，使他们内心获得充实，引导他们勇于承担，我们希望他们为了自己的永恒而奋斗。

我们对孩子充满爱的希望会让我们尽力去庇护他们，但是难道孩子们自己就没有能力拯救自己吗？孩子们全身心地爱着我们，紧紧跟随着我们，实际上他们自身却有一种能够控制自己内心生活的东西——自我发展的能力。正是这种能力引导孩子们为了熟悉一切物体而去触摸，而我们却说："别碰那东西"；他到处活动是为了锻炼平衡，我们却告诉他们："站着不要动"；他们不停地向我们提问题以获取更多的知识，而我们却回答："不要这么烦人"。我们把他们放在身边，看管着他们，叫他们听话，给他们一些无聊的玩具，就像阿尔费里在戏院的包厢里一样。他也许会想:“为什么我这么爱她,而她却想毁掉我?为什么她想用任性使我痛苦?而这种任性阻止了我心智的发展,使我做无聊的事情,仅仅是因为我爱她?”

因此,孩子们为了拯救自己,必须具有像维托里奥·阿尔费里一样坚强的内心,但是太多时候他们没有。

我们没有觉察到孩子成了我们的牺牲品,没有察觉到我们是在毁掉他们。我们用玩具汽车诱惑他们、用我们强大无比的力量命令他们去做他们没有兴趣的事。我们希望他们成人,却又不允许他们成长。

也许许多人在读了维托里奥·阿尔费里的故事后会想,他们可以在他们的子辈身上寄予更多的希望。他们会希望他们的孩子不必再设置外在的障碍,如剪掉头发、或把自己捆在椅子上等,就能抵制诱惑。希望他们的孩子仅用一种精神上的力量就抵制诱惑。就像我们一位伟大的诗人,一边赞美罗曼·卢克丽霞(女性贞洁的典范,宁死不受屈辱的女人),一边斥责她用自杀了解自己生命的行为。因为如果她有更多优秀品质,她就会死于对自己犯下的暴行所感到的痛苦。

心存美好愿望的父亲绝不会为了使自己的儿子心智更健全和进一步提高,而考虑他自己都做了些什么。他很可能是那种摧残儿子意志,使儿子完全顺从他意志的人。世上没有哪位父亲能想到这种高度,这种想法只能从埋藏在他心底里的神秘声音默默地发出它的呐喊,这种呐喊非常刺耳,因为这违反了自然法则,打破了和平、自由的宁静,如果没有这个声音,一切都是枉然。

据记载,一位牧师曾经向圣·特蕾莎修女①引荐一位愿意做加尔默罗会的白衣修女的年轻女孩。他说,这个女孩品质如天使一般美好。特蕾莎修女收留了女孩,说:“主啊,上帝给了她虔诚,却没有赐予她判断力,而她也将永远不会拥有了,她将永远是我们的负担。”

当代最伟大的一位神学家深入研究了圣女贞德②的性格,针对圣女贞德只是上帝意志工具的说法,他说:“不要再自欺欺人了。圣女贞德并不是神秘力量盲目而被动的工具,这位法兰西解放运动的领袖完全能控制自己的人格,从她能够独

① 特蕾莎修女,阿尔巴尼亚人,但她一生都在印度加尔各答为穷人服务,所以大家都称她印度修女。1979 年诺贝尔和平奖的获得者,她是继史怀泽博士 1952 年获得诺贝尔和平奖以来,最没有争议的一个得奖者。她除了被誉为“穷人的圣母”外,还被誉为“慈悲天使”、“贫民窟的守护者”、“贫民窟的圣人” 等。

② 圣女贞德(1412~1431 年),被称为奥尔良少女,是法国的民族英雄、军事家、天主教会圣女。

立地做出决定和付诸行动就证明了这一点。”

我坚信，教育工作者的任务主要是保护和指导儿童的能力，而且不干扰他们的发展。接触他们的内心世界，这在他们一生中都将起到重要的作用，这样才能使他们健康成长。

第8章　智力是揭示儿童成长秘密的关键

当我们给孩子自由时，就是在让他们发展自己的心智，并不是像大家普遍认为的"任其本能"。

什么是实现儿童自由的关键？答案就是：我们的教育必须让儿童的机体处于运动之中。

能"自由地四处走动"的儿童，能在"自由地四处走动"中发展自己、完善自己的儿童都是在活动过程中有"智力目标"的儿童；能自由地发展自己内心人格的儿童、能在进行某种工作时坚持一段时间并在工作过程中使自己更有条理的儿童，都是源于智力目标的坚持和引导。没有智力目标，儿童就不可能对工作持之以恒、就不可能形成心智并发展心智。当我们克制自己让孩子亦步亦趋地听从自己的指挥时，当我们尽量让孩子多些自由，避免他们受到我们太多影响时，我们就给他们创造了一个适合他们的环境，并且给他们提供了茁壮成长的方法，我们让他们对"自己的智力"信心十足。这时他们就会自发地去做一些具体的事情：自己洗手洗脸、打扫房间、擦拭家具、换自己的衣服、铺地毯、摆桌子、栽种花草、喂养动物。他们会从感官角度来选择吸引他们的材料，这样的材料会使他们把物体区分开，会使他们进行选择、推理、纠正自己，选择做对他们的发展有利的事情，然后坚持所选定的工作。这样的要求不仅是"内心成长"的结果，而且是他们能进一步提高的巨大推动力。因此，从选择简单的物体工作一步一步地做到越来越复杂的物体，他们变得越来越有修养。而且，他通过内心逐步发育的内心秩序、通过他们获得的机能培养了他们各自的性格。

所以，当我们给孩子自由时，就是在让他们发展自己的心智，并不是像大家普遍认为的“任其本能”。“本能”一词在这里指的是动物的本能。我们已经习惯把儿童当作小猫小狗一样对待，因此当我们说到“一个自由的孩子”时，就会让我们想到一条又蹦又跳、汪汪直叫、偷东西吃的小狗。我们也习惯了把那些被视作野兽的孩子的反抗、抗议、挣扎，以及他们为了使自己从屈辱的环境中解放出来，而发明的保护方法看做是邪恶本能的表现。而最初，我们把他们比作是植物和花朵，然后设法让他们像植物一样安静，尽量使他们的感官像植物的感官一样，迫使他们成为我们的奴隶，任凭我们处置、摆布。但是，他们绝不会成为我们所希望的“带着天使般花香的植物”，而是会像所有人(注意是有血有肉的人)一样，会衰老、会死亡。

但是，如果我们让孩子们像成年人一样自由地运用他们的心智，那他们的情况就完全不同了。为了培养具有高度自觉自主智力活动的人，我们必须赋予“自由”以新的概念。

我坚信，智力应当是解决人类社会自由问题的关键。近年来，我们听说过许多非常表面化的关于“思想解放”的讨论。这个问题被混同于目前流行的类似于对儿童自由问题的曲解，因而显得有些模糊不清。人们一直认为人类要“自由”就是人类退缩到自己的“思想”中去。但是，他有能力“思考”吗？这样的“自由”时代不是大脑神经衰退的时代吗？不就是在那个时代人们都在讨论赋予文盲有同等社会权利放入法律条文中的问题吗？

我们来举个例子，如果我们让一位病人在疾病和健康之间做出选择，这能让他自由选择吗？如果我们让一位没有受过教育的农民从一张真币和一张假币中做出选择，他会选择哪一张？如果他选择假币，他并没有自由选择，因为他受骗了。如果他选择了那张真币，他也不是自由选择的，因为那是他幸运。只有我们把一真一假两张纸币摆在他面前，并告诉他如何区分真假，然后让他自由选择，这才是真正的自由选择。正是这种“内部知识的形成”使人自由，并不是简单地凭借“社会约束力”。如果人类的自由是这样一个简单的问题，那为了让这些“可怜的人”恢复健康状态，我们只需要制定一条法令，就可以让瞎子又能看到东西，让聋子再次听到声音。

我们恳切地期望在将来的某一天，人们会认识到，人的最基本权利，就是自我“形成”的权利，这个权利会摆脱障碍、不受奴役、能从所需的环境中自由地发展。总之，只有通过教育，我们才能找到与个性有关的社会问题的最基本解决办法。

孩子给我们的启发,具有深刻的指导意义。“智力”就是揭示他们成长秘密的关键,是他们内心世界成长的方法。

因此,智力卫生学就显得非常重要了。当智力被看做是培养孩子的方法、生活本身的支柱时,它就不会再被盲目地耗费,或未经识别就被压抑、被禁锢。

在不远的将来,相对于我们现在重视孩子的身体以及附属于身体的部分,如牙齿、指甲、头发等的程度,我们会更加重视孩子的智力问题,会更加谨慎地对待这个问题,会为此付出更多的努力和劳动。当我们认识到,一个非常了解什么对孩子的头发非常有害、有什么方法可以治愈,而这个母亲竟然会不知不觉地压抑和损害孩子的智力时,如果我们对生活奢侈品和必需品还存在不同态度的话,我们立刻就会不得不承认通往文明的道理非常漫长。

感官训练

何谓智力呢?我们先不上升到哲学家所做的定义的高度,而来思考一下促使心智形成的映像以及联想或再创造行为的总和,并将之与环境相联系。按照贝恩①的理论,感知差异是每一智力练习的开始。心智发展的第一步是对“差异”的区分。对外部世界的知觉基础是“感觉”,收集材料并将这些材料加以区别是形成智力的最初过程,让我们尽量精确、清晰地分析智力吧!

我们所表现出来的作为智力发展标记的第一个特征跟时间有关。大多数人都对这个基本特征非常敏感,因此人们普遍用“快”这个字作为“聪明”的同义词,快速地对刺激物做出反应、联想敏捷、判断迅速——这些都是明显聪明的外部表现形式。这种“快”肯定是与接受外部环境影响的能力、精确描绘画面的能力、表达内心思想的能力有关。所有这些活动都可以通过一套类似于心理“体操”系统的训练加以发展,大量收集感官材料,在这些材料之间建立不断的联系——一个接一个地进行演绎、判断,养成自由展示这些能力的习惯。正如心理学家们说的那样,所有这些都应该使行为和联想更具渗透性,使“反应期”更短暂。因为在智力活动过程中,重复动作不仅使动作更加完善,而且还变得更加熟练,动作完成也更加迅速。聪明的孩子不仅指那些能理解的孩子,而且也指那些能快速理解的

① 亚历山大·贝恩(Alexander Bain, 1818~1903),苏格兰心理学家。

孩子。另外，如果一个人学同样的事情，但要花较长的时间才能学会，例如人家学会用一年，而他却用两年，那就是说他比较迟钝。人们谈论“反应快”的孩子时，会说“什么都逃不过他们的眼睛”，因为他们的注意力总是高度集中，时刻准备接受各种各样的刺激。像灵敏度极高的天平会对非常轻微的重量变化做出反应那样，敏感的大脑对极小的变化也会做出反应。他们的联想也非常迅速，“一眨眼的工夫他就明白了”，这句话精确地描述了这样的人，因此已经成了常用语。

只有自发的练习才能使智力全部投入到运动之中。不可能有人替我们练习，而让我们获得技能。

感官练习激发并加强了孩子们的主要活动。当把感官和刺激恰当地隔离，孩子的意识中有清楚的知觉时；当他感到热、冷、粗糙、光滑、重、轻、声音、噪音时；当万籁俱静，他闭上双眼，等待一个细微的声音或低语时，外部世界好像叩响了他的心扉之门，唤醒了他的心灵活动。而且当众多的感觉与丰富多彩的环境相融合时，这两种反应就会相互和谐地发生作用，并使已被唤醒的活动得到加强。我们用下面这个例证加以说明，一个专心致志给图案填颜色的孩子，在音乐的伴随下会选用最美丽的色彩；而另外一个孩子，在看到赏心悦目、幽雅宜人的校园和盛开的鲜花时，便会唱起歌来。

儿童的自我教育过程开始后，表现出的第一个特征就是他们的反应变得更有准备、更迅速。昔日从眼下溜过而没有被注意或只是引起一点点兴趣的感官刺激物，今天却被强烈地感知到了。孩子们很容易就能发现事物之间的关系，因此他们在应用这些事物时能及时发现错误、迅速地做出判断，然后及时纠正。通过这套感官体操，儿童完成了这种原始而基本的智力训练，这种智力训练唤醒了中枢神经机能，并使这种机能处于运动之中。

当我们看到反应敏捷、生气勃勃的孩子们的这些表现时——对最轻微的召唤反应机敏、随时准备向我们这里跑过来，同时无需放松对正在做的事情的注意力。与那些普通学校里反应迟钝的孩子相比——行动迟缓、对刺激反应冷漠、没有自发的联想能力——我们就会自然地想起与旧时文明相比的现如今的文明。今天的社会环境与昔日相比更加舒适，我们已经学会了如何节省时间，过去马车是交通工具，而现在是汽车、飞机；过去远途说话的媒介是靠大声喊，而现在我们使用电话；过去人与人之间一对一地互相残杀，而现在却可以进行大批的杀戮。所有这些都使我们意识到，我们的文明不是建立在“尊重生命”或“尊重灵魂”的基础上，而是建立在“尊重时间”的基础上。我们只能从外部感觉的角度上说，文明在发展，而且这种文明的发展更迅速、更“机械化”了。

然而,人类的发展却没有跟上社会文明发展的步伐。人类个体还没有做到有章法地促进自己的发展,在这令人无所适从的环境中的儿童还不是新人类,还没有生气勃勃,思维也没有更加敏捷、也并不更聪明。被改变了的人格还不能随时应付所面临的各种可能的事件，还不能随时利用人类对外部环境的熟悉和掌握来为自己服务。在这个文明国度里,反应迟钝的人省时间、省钱,但是他的灵魂却被欺骗、被压迫。如果他不改造自己,不使自己适应自己所创造的新世界,那有朝一日他会被这个新世界推翻并压得粉身碎骨。

建立儿童的秩序感

儿童做出的迅速反应不仅仅是聪明的外部表现形式,他们不仅与练习有关,而且也和在儿童内心建立起来的秩序有关。对于人们所熟悉的工作进行有组织、有条理、层次分明的重新组织,更精确地说明了智力的形成过程。

简而言之,秩序是迅速做出反应的真正关键。头脑混乱时,对某一种感觉认识的困难程度不少于详尽地说明一篇推理性论文。一切事物中,无论是社会方面还是别的方面,正是组织和秩序使得思维过程迅速敏捷成为可能。

“能够区分差别”是智力的个性特征标志,区分差别就是去安排,在生活中,也是为“创造”做准备。

创造在秩序中得到发展。在《创世纪》中我们可以找到这个词的定义。上帝在没有做好准备的情况下没有开始创造，而这个准备工作就是在混沌的世界中建立秩序。上帝把黑暗与光明分开,然后说:“让水聚集在一个地方,让干涸的陆地出现吧。”意识可能拥有各种各样丰富的内容。但是,当思维混乱时,智力就不会显现。智力的显现非常像是点亮一盏能清楚地辨认事物的明灯。于是上帝说:“让光明出现吧！”

因此,我们可以说,帮助智力的发展就是帮助把意识的图像有条不紊地分门别类。我们应该想到三岁儿童的心理状态,这个年龄的孩子已经开始观察这个世界了。他看到这么多纷繁复杂的东西而感到精疲力竭,因此昏昏入睡。任何人不会想到,对他来说,走路实际上就是在工作;也不会有人想到,这时他的各个器官还没有发育完善,因此他不得不总是纠正感官所犯的错误,用手核实眼睛还不能正确估计的事物,这时看和听是最费力的工作。因此,这个受到太多刺激的小孩,如果在一个地方受到的刺激太多,他就会哭闹或睡觉。

三岁大儿童的头脑里是一片混乱。他就像一个收藏了大量书籍的人,把所有的书都胡乱地堆在一起,没有条理,这时便会自问:“我该怎么办呢?”他什么时候才能把这些书码放整齐,能够说出“我拥有一座图书馆”这样的话呢?

通过我们所谓的“感官练习”,我们能使孩子学会区分和分类。实际上,我们的感官材料分析和描述了事物的属性:体积、形状、颜色、事物表面的光滑度或粗糙度、重量、温度、气味、噪音、声音。重要的是物质的性质,而不是物质本身。虽然这些相互分离的性质由物质本身体现,因为长、短、厚、薄、大、小、红色、黄色、绿色、热、冷、重、轻、粗糙、光滑、香、吵闹、洪亮等这些性质,我们都能找到一系列同样数目的对应“物”来描述。这种分划等级对于秩序的建立非常重要。事实上,物质的性质不仅有质的区分,还有量的区分。它们也许高一点或低一点,也许厚一点或薄一点,声音有高低不同的音调,颜色有暗、亮不同的色调,形状也许有不同程度的相似,但光滑度和粗糙度却不是绝对的。

用于感官教育的材料能做到区分事物的目的。首先,它能使孩子通过大量比较和分析练习确定两种刺激物的特征。接着,当这些课程将儿童的注意力引向一系列外部事物时,如光明、黑暗、长和短,孩子就明白了事物之间的差异。

最后,他开始区分不同特征的程度等级、给不同的事物进行等级排序。例如,所有音节不同强度的图表、发出八个音调的铃声、能以小数表现长度或以公分表现厚度的图表等。

这些练习非常受孩子们的欢迎,正如我们看到的那样,他们一遍又一遍不厌其烦地重复练习。教师在每个孩子给她的东西上贴一个字,这个分类就完成了,最后就产生了图表——一个能根据每个字想起其特征和图像的图表。

现在我们除了凭借物质的特性区分物质外,没有其他切实可行的办法。因此,对这些物质的分类就需要涉及每件事的基本安排顺序。自此以后,世界对孩子来说就不再混乱了。孩子们的思维也有点像图书馆或收藏丰富的博物馆里井井有条的架子,所有的东西都各有归类,各就其位。他们学到的知识不再仅仅被“储藏”起来,而是被恰当地“归类”。这种基本的顺序永远不会混乱,只会用新鲜的材料加以丰富。

就这样,孩子们在获得了区分事物的能力之后,便奠定了智力的基础。因为他们不需要一次又一次地把已获得的排序能力用于寻找知识所产生的内心冲动,所以他们从此便“认识”了周围的事物。当他们惊喜地发现天空是蓝色的、手是光滑的、窗子是长方形的时,实际上他们发现的并非是天空、手、窗子,而是发现了这些东西在他们的大脑中已经被排列好的位置。这就在他们的个性中决定了稳定的平衡感，这种平衡感给了他们平和的心态、在他们的内心里产生了力量，也给他们带来了进行新的尝试的可能性，就像具有协调各项功能的肌肉一样,使他们的身体能够保持平衡、获得做各种运动时需要的稳定和安全。这种秩序可以节省时间和精力,就像一个安排得井然有序的博物馆,能够节省查找人的时间和精力。因此孩子们可以完成更大量的工作而不感到疲倦,能在更短的时间里对刺激做出反应。

现行教学法给儿童造成了混乱

如果想在头脑中按照已经建立好的秩序对物体进行区分、分类和归档,这就是智力和知识,这也确实是广为接受的说法。一个受过教育的人如果能凭作者的文风辨别出作者，或能辨别出某一时期的文学作品的特征，我们就可以断定他“精通文学”。同样,如果某人凭画家用颜料的方式就能判断出是哪位画家,或从浮雕的碎片就能断定出雕刻家的时代,那么我们便说他“精通艺术”。科学家也是如此。他们能观察事物,能最详尽、最恰当地评价这些事物的价值。这样,事物特征之间的差异就得到了清晰的感知和归类。科学家根据他们清晰的思维来区分事物,秧苗、微生物、动物或动物的残骸对他们都不是什么迷,虽然这些东西本身对他们可能是陌生的。化学家、物理学家、地质学家、考古学家亦都如此。

造就文人、科学家和鉴赏家的并非是事物直接知识的积累,而是建立在头脑中的知识体系。相反,没有接受过教育的人只是了解事物本身,也许这样的人是一位秉烛夜读的女士,也许是一位终生都在花园里对花木进行实际区分的园丁。他们的知识不仅毫无秩序,而且只限于直接接触的事物。而科学家的知识则是广泛的,因为他们具有将事物的特征进行分门别类的能力,能够识别所有东西,随时确定类别、相互之间的关系以及各自的出处,所以他们就能发现远比实物更深远的事实。

今天,我们的孩子们,像艺术鉴赏家和科学家那样凭借特征对外界事物加以辨别和归纳,他们对一切事物都很敏感,所有的一切对他们来说都有价值。相反,没有受过教育的孩子就如同无知的孩子一样，从艺术品边擦肩而过时却置若罔闻,或者当听到精美的古典乐时却充耳不闻。

现在应用的教学法与我们的教学法恰恰背道而驰，这种教学法首先没有自发的活动，教师将事物及其特征一并直接呈现给儿童，让他们对事物的每个特征予以高度关注，希望他们能用他们混乱的思维对事物的特征进行抽象，不给他们任何指导和排序。这样他们在这些被动接受的孩子们的头脑中人为地制造了混乱，而这些混乱的知识比大自然能给予他们的更有限。

现在通用的"直观"教学法的做法是，说明一个物体的全部特征——也就是说，只按照习惯的记忆法描述物体的感官印象。并不是描述一个不存在的物体，而是描述摆在眼前的东西，不是用想象进行再创造，而是能够实际看到。这样做的目的是能够更容易地记住此物与他物的不同特征。孩子们被动地接收眼前的影像，这对所呈现的事物来说是很有限的，头脑对其特性的"储存"也是杂乱无章的。实际上，每一事物都可能有很多特性。如果像许多实物课上经常发生的事情那样，整个课堂从头到尾说明的都是事物的特性，那么孩子们的大脑中想到的事情就无边无际了。例如，我曾在一所幼儿园听过一节有关咖啡的实物课，在课堂上，教师对咖啡进行描述，将孩子们的注意力集中在咖啡豆的大小、颜色、形状、香味和温度上。如果教师再继续描述咖啡树以及漂洋越海地把咖啡豆运到欧洲，然后点燃酒精灯、煮开水、研磨咖啡豆、制作咖啡饮料等，学生们的大脑就会如汪洋中的一叶孤舟，不知何去何从了。但是话题还可以继续，因为我们还可以再继续描述咖啡的兴奋作用、从咖啡籽中提取咖啡因，以及许多其他的相关话题。这样的分析就像是溢出来的油，四处蔓延，却起不到什么作用。确实，如果我们询问被这样教育出来的孩子："咖啡是什么？"他也许会回答："这个话题可太长，我记不住。"这样模糊的概念(我当然不能说这个概念很完全)充斥了大脑，使大脑非常疲倦，根本无法让它进行积极的联想。孩子们所做的努力顶多是回忆咖啡的历史。如果孩子们的头脑能形成联想，那这些联想也只能是相近事物不能切中要害的联想。他们的大脑会在老师讲横渡大洋时去联想到广阔的海洋；会去想象每天家里的餐桌上摆着的咖啡杯，杯子里是香气四溢的咖啡。换句话说，他的思想"允许自己"进行不连续的胡思乱想。

这种孩子往往沉湎于幻想之中，他们表现不出内心活动的任何迹象，更不用说显示出个体差异了。适应直观教学法的孩子，他们的头脑总是容易接受各种各样的新观念，如果我们愿意的话，或者成为不断装进新东西的仓库。

如果让孩子像观众一样以静观的方式形成对某一事物的认识，然后再试图让他去认识事物的本质，而不让他参与对这一事物的任何活动。那么，在这个孩子的头脑中将不会把这一事物与其他事物进行联系并思考，它们之间有什么共同点或是相似之处？用途是不是相同？

我们在凭借相似性联想不同事物的形象时，应当从总体中抽取这些事物的共性。例如，如果我们说两个长方形的匾额是相似的，那么我们已经先从匾额的众多特性中抽取出了一些相似的性质，如它们都是木制的，都经过推、刨等加工，都是光滑的，都上了色，都有相同温度，形状也相似等。这可能会使人联想出一连串的东西：桌面、窗子等。但是，在得出这样的结论前，大脑应该非常活跃。分析事物、从事物中提取某种特性，并在特性指导下用同样的连接媒体综合众多事物，如果不能从众多相关的事物特征中选出其固有的特征，那么通过比较，综合产生联想和更高的智力活动都是不可能的。联想实际上是智力活动，因为智力的根本特征并不是"拍摄"事物，然后像相薄一样将它们"一页一页"地保存起来，或像铺路石一样，一个挨一个地铺好。这样的储藏劳动是对智力的糟蹋。智力及其独特的逻辑思维能力和辨别能力足以区分、抽象事物的重要特征。智力正是在这些特征的基础上得以提高，建立起自己的内部结构。

现在，孩子们的思维在他们所接受的教学法的帮助下，已经在事物的特性分类方面非常有条理了。们从教学法中学到，不仅要根据他们所分析的特性来观察事物，而且还要区分相同、不同和相似性。这项工作需要对其中相对于一个我们认为是不相关的、简单的、和本能的感官群的某种特性进行抽象概括。也就是说，对于儿童来说认识或注意到某一事物的不同特性将是件很容易的事。例如，某些物体形状相似或颜色相近，因为儿童的头脑里已经有了对形状和颜色的概念和分类，所以他们可以根据类似的特征想出一连串的物体。这就像一种天然的磁石，它对某些特性有吸引力，有这种特性的东西会被吸引并连接在一起，这是靠相似性产生的联想，几乎是一种机械式的联想。我们的孩子也许会说书是菱形的。如果他的脑海里没有菱形的概念，那他怎么会得出这样的结论呢？因此，白纸刻上黑字，装订成册，所以孩子们会说，书就是印上黑字的白纸。

正是由于这种活跃的思维，每个个体的不同都显现出来。那么吸引相似物体的特征群又会是什么呢？为了能进行联想，凭借事物之间的相似性选择出来的主要特征又将是什么呢？一个孩子可能会注意到窗帘是绿色的，而另外一个孩子可能会注意到这个窗帘很轻；一个孩子可能会因为手很白而感到惊奇，而另一个则会因为手的皮肤非常光滑而惊讶；对一个孩子来说，窗子就是长方形的东西，而对另一个来说，他会认为窗子就是一个能透过它看到蓝天的东西。孩子们对主要特征的选择与他们内在的性格相一致，因此是一种"本能的选择"。

以同样的方法，科学家会选择对他们的联想最有利的特征，一位人类学家也许会选用头部的形状来区分人种,另一位则可能选择肤色,目的都是相同的。每一位人类学家都会对人类的外部特征有最精确的认识,但是重要的在于要找到一个能够作为分类的基础特征,也就是说,找到一个在其基础上能够根据类似特征对众多人进行分类的特征。纯粹实用的人会从功利的角度,而不是科学的角度来审视人类;制帽人只会注意到头的尺寸大小,而不会注意人类的其他特征;演说家则只会从不同的人对口头语的感受角度来考虑人。无论如何,选择是我们认清事物、从含糊不清到实际、从理想到付诸行动所必需的。

万事万物都有其局限性,我们自己的心里感官机制是建立在选择之上的。感官的作用是什么?难道只是对固定的一连串颤动做出反应,而别的就什么都没有吗?这样的话,眼睛只限于对光有反应,耳朵也只限于对声音有反应。因此,在形成思维内容的过程中,第一步应该是经过必要且实际的限制性选择。然而,思想还可能对感官的选择进一步加以限制,在内心选择活动的基础上,形成某种具体的选择。这样,注意力就被集中在特定的事物上,而不是集中在所有的事物上。从而,个人选择某个感官时的主要功能是什么也就完成了。

高级的智力活动也是以同样方式完成的。智力通过对注意到的事物的分析行为,通过自己内心的意志,对事物的主要特征进行抽象,进行意象的联想,并将这些意象置于意识的前缘。它会抛弃大量使其前后关系含混不清的因素。每一个健全的大脑都能去粗取精,丢弃多余的东西,使之获得独特、清晰、敏感和重要的能动性。智力能抽象出对创造性有用的东西,并在浩瀚的宇宙中找到拯救的方法。如果没有这种特有的活动,智力也就不能成为智力,就会像漂浮不定的注意力,从一个东西转移到另一个东西上,永远不能固定,就像一个永远不能确定某一行动的意志一样。

威廉·詹姆斯说:“我们可以假设上帝不损害他行为的同时可以关照万物。但是,如果我们的注意力能这样分散,那么我们就只能是肤浅地思考,也就不能采取任何具体有效的行动。”

生活的一个奇妙现象就是如果没有限制,就无法认识事物。这种神秘的法则规定每种生物都有其“形状”和“形象”,这和矿物质不同,矿物质没有固定的形状和形象,这种现象不断地在我们的心理生活中重复发展,它的自动创造不是别的,而正是限定更为明确、更为先进的“专心”。正因为这样,我们内心最初的混乱才能逐渐变为有条理、思路清晰。

对一个事物形成概念、做出判断和推理的能力总是以此为基础。我们注意到圆柱体的总体特征之后,抽取出一条作为普遍的通性,即圆柱体是支撑物。这个综合的概念建立在选择特性的基础上。因此,我们的判断是,圆柱体都是圆筒形。这个判断是我们从圆柱体的许多其他特征,如圆柱体是冷的、坚硬的、钙化物组合而成的等中提取出来的一个特性。有了这种选择能力才能进行推理。例如,在讲述毕达哥拉斯定理时,孩子们摆弄各种图形,他们应该从下面这一点着手:长方形等于菱形,正方形也等于菱形。看出这一点,就可以进行下一步的推理——正方形和长方形相等。如果看不出这一点,大脑就不会得出任何结论。大脑成功地表现了两个不相似的物体之间相同的属性。也正是这个发现,才能得出一连串的结论,通过这种方式,才能透彻理解毕达哥拉斯定理。

智力进步会给每个孩子带来快乐

一个人如果有了某种意愿,要想实现这个意愿就需要做出决定。而在做决定前,内心会有一番斗争:实现愿望或不去实现。经过长期这样的思想斗争,最后养成了做决定的习惯。人的智力也是如此。一个个体必须进行自我练习,这是一些有关联想和选择的活动练习,由各种外界手段引导或帮助,直到他通过限定某些观点及其他选择,培养了具有自我特点和类型的"智力习惯"。因为通过强调所有的内心活动,大脑能够像注意现象向我们显示的那样,建立个人倾向,即"天性"。

毫无疑问,理解和研究别人的推理与自己进行"推理"有着本质的区别,根据一个艺术家向来对颜色、和谐和形式的兴趣,以此来研究他对外部世界的看法,与从某一点看外部世界并进行艺术创造也有着本质的区别。一个人头脑里的想法是"学习别人的东西",那么他能学到的只是欧几里得的难题如何解决、拉斐尔的艺术作品、历史和地理知识与体裁的法则等。像街头小贩肩上塞得满满的旧衣服的麻袋一样,所有的知识混杂在一起,不分主次。而且一个想把所有东西都用来为自己服务的人,就像是一个小贩,想用口袋中零零碎碎的杂物使自己满足、享受和舒适。相反,同样的许多东西如果不是被放在一个口袋里,而是井井有条地摆放在一个明亮宽敞的房间,就不会出现杂乱无章的混杂问题。有条不紊的头脑比把知识像堆垃圾一样堆在头脑中的大脑获得的东西会更多。在这样的大脑中,就如同在房间里一样,实物分门别类,协调安排,用途分明。

别人强迫我们去"解释明白"一件事和我们自己去"弄明白"这件事,这两者之间差别甚大。犹如一个是留在松软蜡烛上的印记必将被其他印记所覆盖,而另一个是被艺术家刻在大理石上的艺术创作。自己主动去弄明白事情的人有一种令人惊讶的想法,他感到自己的思想被释放出来了,感到在自己的身上有一种熠熠闪光的东西。“弄明白”是非常重要的,它是事物的开端,有时它是我们内心新生活的重新开始。也许没什么情感会像智力情感那样丰富,一个有所发现的人一定能享受人类最大的乐趣,但即使他仅仅是个能“理解”的人也可以得到享受,能够战胜世间许多痛苦和悲伤。确实,如果一个不幸的人能够将自己的事与他人的事分清楚,或者清醒地知道自己饱受折磨的原因,他就能得到解脱,获得一种“拯救感”。在一片混沌的黑暗中,他看到了一丝能获得安慰的智慧之光。而难题在于找寻冲破黑暗的办法。一条狗在主人的坟前悲伤而死,而一位母亲在爱子的坟前却能活下去,这说明是“理智”造成了两者之间的鲜明区别。狗没有理智,它之所以死去是因为智慧之光没能照射到它的那个黑暗王国去消除它的悲伤。

但是希望全人类平等的思想以及人类活跃的记忆拯救人类,并逐渐地,不是只能拯救动物的遗忘,而是智力建立与世界的联系使一颗受到创伤的心平静下来。这样的舒适永远不会从教授枯燥无味的课堂上得到,也永远不会从背诵某位对我们的苦难漠不关心的专家的理论中得到。这种时候我们都会说:“理智一些”或“从道义中获得力量”,我们的意思是,让我们用我们的头脑解决这一切问题吧。

在我们的头脑时刻“理解”的过程中,如果我们的聪明才智确实在我们面临死亡的危急时刻拯救了我们,那么,这会给我们人类带来多大的快乐啊!当我们说“大脑开窍”时,我们是在说一种富有创造力的现象,即伴随着丰富情感的主动理解。因此,这属于精神范畴。

我曾经认识一位没有母亲的女孩,她对她所在学校的枯燥教学极为反感,以至于到了几乎不能学习的程度,甚至不能理解老师教给她的知识。她非常厌恶的这种孤独生活加重了她大脑的疲劳,因此她的父亲决定带她到乡下去,让她像野人似的生活上一两年。两年后父亲把她带回来,请了几位“教授”给她单独授课,但她仍然处于被动的学习状态,并且总是显得很疲倦。父亲经常问她:“你的脑子开窍了吗?”孩子总是回答:“我不知道。这是什么意思啊?”由于一个偶然的巧合,这个女孩由我独自照看,那时我还是个医学院的学生,就是这样开始了我的第一个教学法实验。虽然这个实验现在不能继续了,但是确实很有趣。有一天,我们在一起,她正在学习有机化学,突然她看着我,忽闪着双眼说:“我开窍了!我理解了!”接着,她起身跑了出去,边跑边喊:“爸爸,爸爸!我开窍了!”当时我并不知道这个孩子的过去,感到很吃惊,也很担心。她这时拉着她父亲的手说:“我现在可以告诉你,我原来不知道这是什么意思,现在我脑子开窍了。”父女俩的欢愉和他们紧紧相拥的情景使我想到：由于我们压抑了的智力，我们毁掉了多少生活的快乐和美好啊！

确实，智力上的每个进步都会给孩子们带来欢乐，他们最容易受到这种欢乐的感染，这种欢乐使他们不屑于做那些不会让人快乐的事。只有品尝到这种欢乐后，孩子们才会不再喜欢糖果、玩具和虚荣。正是这样，才使他们在旁人的眼里变得形象高大了。

他们的欢乐是高尚的欢乐，一种将人与动物区分开来的欢乐，一种能把我们从悲伤和黑暗的孤独中拯救出来的欢乐。

有人责备我们的教学法，说这种提高孩子快乐层次的教学法是不道德的，那么我们说这种说法不是使教学法，而是使孩子们受到了侮辱，因为这种说法的本质就是对孩子的诽谤和中伤。他们认为孩子和牲畜一样，他们的欢乐只满足于贪嘴、玩耍和更糟糕的事情。但是所有这些都不能让孩子们"欢乐"多久，只有当孩子自己明白了自己所坚持的"人的欢乐"时，他才会像那位跑向父亲，并向父亲声明她终于结束了多年来毫无活力黑暗生活的女孩子那样快乐地生活。

天才以其智慧之光发现一个真理、揭示一个自然的生理现象时，难道不会是"危险时刻"吗？天才的表现形式难道不就是一种"充满活力人生"的表现形式吗？这种人生只有那些极其特殊的个体才会尝试，因此才能够展现出人类的真实本性。随后，这种人会越来越多，或多或少地会成为一类人。孩子们积极塑造个性的道路与天才们所走的道路相同，这时孩子的注意力会被深深吸引，完全不受环境的干扰，其努力程度和全身心投入的时间与内心活动的发展状况相呼应。因为对于天才来说，这种全身心的投入不是毫无结果，而是其聪明才智发现真理、揭示自然现象的源泉。是内心迅速发展的源泉，综上所述，是用工作这种"外在活动"来表达内心活动的源泉。

因此我们可以说：天才就是砸碎了锁链的人，是获得了自由的人，是在众人面前坚持他所征服了的"人性标准"的人。

几乎所有那些表现自己挣脱了他们那个时代外部束缚的人的表现形式，在孩子们身上都可以找到。例如，到今天还不为大多数人所知的高尚的"精神屈从"，僧人例外，他们仅仅在理论上认识到这一点，并且在圣人给他们做出典范时才对此做出深思。第二个例子就是那些为建立丰富内心生活所必需的方式，这种丰富内心生活是为进行"冥想"（即闭关沉思）的隐居生活做准备必不可少的一部分。除僧人之外，没有人这样做。我们很难从理论上区分沉思和"学习"的区别。例如，我们知道经常大量地看书会消耗我们的精力以及削弱我们思考的能力，背诵一首诗意味着要不断重复，直到牢牢地记在脑海里。而所有这些都不是“沉思”。

背诵但丁诗歌的人和沉思赞美诗的人，所进行的完全是不同的两种工作。但丁的诗能“充实”人的头脑，在脑子里留下一段时间的印象，但不能持久。而沉思赞美诗却有改造人和启发人的作用。沉思的人如果头脑里浮现出其他想法或图像时会立刻清除掉，他会努力做到不存一丝杂念，或者做到像僧人们所说的“心神合一”。

沉思的目的是为了获得“内心的力量”，沉思后内心更加活跃，心灵的力量更加强大，心、神更加融合。这样就能对思想的萌芽产生影响，而修成正果。

孩子们在自然的成长发育过程中选择的方法就是“沉思”，因为别的方法不可能使他们长时间地在他们正在从事的事情上专心致志，并使内心逐步成熟起来。对自己的工作有目标的孩子肯定不是“学”，他们这么做完全是因为内心生活的需要，而这种内心生活必须以其自己的形式发展。孩子们就这样进行模仿，并“成长”起来。这是一种能逐渐使他们的智力得到协调和发展的习惯。当他们沉思时，他们就走上了没有尽头的进步之路。

在经过沉思锻炼后孩子们就能享受这种“无声的练习”了。然后，他们试图在行动时不发出声响、尽量做到动作不笨拙，因为他们正在享受精神“专注”的硕果。

他们的个性正是这样得到巩固和加强的，用于达到这个目标的练习也是通过精心设计而逐步完善的。孩子们习惯于用这种正确的方法认识外部世界，并在一种持续的自发性活动中进行观察、推理、判断，并修正意识中的错误。正是他们自发地活动、主动地选择、持续地工作，也正是他们在探索从周围环境中获得专注于该环境的可能性。他们都随着内在动力而动，不受老师的干扰，不受已超越了他们的那个人的干扰，那个人威胁到了这些因高尚的智慧丰富起来而刚刚步入生活的可怜的孩子们，那个人使他们厌烦而非令他们振作，那个人使他们更迷茫而不是更清醒。但是，他们仍能与之和平相处，那个人虽然俨然一个女牧师的形象，实际上只是个仆人而已。这让我们想起，在一些理想的修道院里，谦恭、俭朴、勤恳的工作组成了那里的生活环境。在那里，那些沉思的人有一天会感觉到他的内心中产生清晰的感觉、直觉和识别力，这些为他们时刻准备接受真理做好了准备。

他们这些人的目标虽然和我们的目标不一样，但使用了相同的方法。他们在修道院的安静、俭朴、谦恭中修炼，他们的精神从一开始就做好了接受信仰的准备。

许多年前，我初次感到孩子们揭示了生活的普遍法则，这种法则我只有幸在那些知识分子和精神界的杰出人物那里才能找到。同时，我还感到他们也揭示了一种无意识的压迫形式，这种压迫形式使人类负担沉重，并使内心生活受到了极大伤害。我把这种想法告诉了一位有见识、聪慧的女士，她对我的"理论"很感兴趣，并希望我将这些理论写成一篇具有哲理的论文发表。但是，她却不认同我认为的需要进行实验去论证的想法。当我谈到孩子时，她就会显得很不耐烦："哦，是的，我很了解孩子。在智力方面，他们是天才，在美德方面，他们是天使。"几经说服之后，她终于亲自来我校参观。在参观过后她极其激动地抓住我的双手，真诚地看着我说："你想过没有，你随时都可能死去？……不管怎么说，赶快把这些都写下来，马上写，就像写遗嘱一样，把所有这些都记录下来，不然你会把这一切都带进坟墓的。"

谢天谢地，我的身体好极了。

天才般的脑力劳动并非遥不可及

那些天才们的脑力劳动给我们打开了新思路，给了我们新型的人类和社会的进步，如果我们对他们的这种劳动做一下研究，我们就不得不承认他们的脑力劳动不能被描述为让一般人望而止步的非凡劳动。英国心理学家贝恩说："天才们以相似性进行的联想能力非常强，这就是天才的最基本特点。"甚至人类发现的最关键点，也只是凭借精确的观察和简单的推理——大多数人都认为自己能做到这两点——就能有新的发现。只不过除了那些发现者们，其他人都没有注意到那些摆在眼前的"事实证据"。

我们可以说，天才能把事实与主观意识相分离，并且能把事实与所有其他因素区分开，就如同在一个黑暗的房间里，有一束光亮照射在一颗宝石之上。这一个思想的火花可以产生思想的革命，能够为全人类提供无比伟大、无比珍贵的财富。

而天才之所以能够有所发现，主要依据的是普通事物而非不普通事物的显著特征；是同类事物的独立性，而非事物的固有价值决定了这些奇妙的现象。也许是这些奇妙的现象混杂于无数混乱无序的观念中，而从未引起过注意。同时，新的事物又不断涌入，思维惯性又使新事物在思维膨胀和无能为力的想法之间徘徊。当别人揭示了这个真理后，许多人感到他们自己也都知道这个真理的存在，只不过他们不认为这个发现有价值。而那些天才们能够感受到其价值，并且将其付诸行动，研究出来并公之于众。

但通常，那些已存在于混乱意识中的真理却并不是这种情况。尽管很简单，一般人也很难心有灵犀地发现它。

人们会认为这种想法很奇怪、很荒谬，要想使“新颖”进入头脑，这需要一定的时间，需要智力的协调配合。也许有一天会突然如水晶般清澈透明。使人不能看到“新颖”的不是人的“天性”，而是人的“错误”，这些错误不仅能使人失去创造力，而且还能损害人的感受。因此救世的开拓者们常被一种无意识的忘恩负义所困扰，这就是精神黑暗的结果。

克里斯托弗·哥伦布的论据是什么呢？他认为：“如果地球是圆的，那么人如果从某一点出发，一直往前走，必将回到出发的地方”这就是智力劳动的成果，他给人类展现出了一个新世界。

这个新世界就在哥伦布航线上，哥伦布遇到了这块陆地而不是死亡，这是命运的安排。命运有时给这种“小小的推理”报以大大的奖赏。

当然，新大陆的发现并非人类聪明才智的劳动所得，而是哥伦布的想法战胜了所有其他意识而付诸行动的所得。他的困难在于他历经千辛万苦，才说服别人为他提供船只和船员，帮助他完成了这一伟大的历史使命。这是他的坚定信念而不是他的想法获得了胜利。

他简单而又符合逻辑的推理在其心里点亮了一种比智力还要珍贵的东西。这种推理使一个没有受过教育、出身低下的单身汉将一个新世界呈现给他的国家。

据说，亚历山大·伏特①的妻子发高烧，伏特按当时的治疗方法为她配制退烧剂——带皮的青蛙汤。这是个下雨天，他把死青蛙挂在窗户的铁丝上时发现青蛙的腮在收缩。“如果死肌肉还收缩，那说明有某种外力在作用于这个腮”这就是这个“天才”，这个“伟大的发明家”的简单论据。为了寻找这个外来力量，伏特通过大量的实验，从地场中得到了看不见摸不到，却真实存在的电。“天才”的一个简单论点，带来了伟大的发现。对一件小小的事实给予重视，例如那只死后肌肉收缩的青蛙，严肃地思考而又不带任何幻想，然后把精力集中在“它为什么要收缩”这个问题上。这就是这位伟大的天才取得伟大成就的漫长过程。

伽利略的发现与此相似。他站在比萨教堂中，看见吊钟左右摆动，他发现钟摆摆动的间隔时间都相同，而钟摆的这种等时性就是人类用于计量时间的开始，也是天文学家计量宇宙的开始。

牛顿的故事也是如此简单，一天当他躺在苹果树下时一棵苹果掉了下来，他

① 亚历山大·伏特(1745~1827)，意大利著名物理学家。

就开始思考:"苹果为什么会往下掉?"这就是物体重力理论的起源,也是万有引力的起源。

当我们研究瓦特的生平时,我们惊叹他的知识渊博并敢与同时代知识最渊博的人挑战。他既是物理学家,又是心理学家、数学家。英国和德国的大学都授予他荣誉称号。然而,他之所以对人类做出了伟大贡献,并为自己树立了丰碑,只是因为他看见被蒸汽推起来的壶盖。"水蒸气的力量能够推动壶盖,那也就能推动活塞,它就能够成为机器的伟大动力。"著名的壶盖是人类历史的魔杖,它使人类从此能够毫无疲倦地工作、旅行。这些从小事开始的伟大发现是多么了不起啊,这些发明给世界带来了奇迹。

所有这些故事从一开始就与那些产生于两个互不相知的微小精子和卵子的故事相似,这两个细胞的结合不可避免地导致复杂生命的产生。仔细地观察,将观察所得合理地连在一起则是天赋极高的人的工作。然而,这项工作却需要特别的注意力。它能使头脑集中于某事物,这是天才的特点,像有发育能力的细胞是思想的硕果一样。这些硕果是积极丰富的内心活动所致,这种心理活动似乎与一般的心理活动不仅在形式上不同,而且在"力量"上也不同。正是生气勃勃的生命使两个微弱的智力火花升起,使它们奇妙无比。如果不是来自强壮、独立并且能够进行坚持不懈努力和自我牺牲的人,这些小小的智力火花就只能是内在的、微不足道的了。

因此,就智力本身而言,它要做的工作不是非常重要,但这项工作被清楚地做了界定,被剥夺了复杂。简单是发现的向,简单如同真理,这一点毋庸置疑。虽然一定要细小,但是把细小结合起来就会非常强大,其他的都是不具价值的。

而如果不具价值的东西越多,即大脑活动的阻力越多,那么就会有越多的智慧之光被浪费,力量会被分散。大脑不仅不能进行推理活动,甚至连事实都看不清。

谦逊、简单而独立

我们来对那些人们都容易犯的错误做个快速了解,会感觉很有意思。由于这些错误,人类某些新发现的发展速度受到了妨碍,而这样的发展本来可以减轻人类的痛苦。人们易犯的这些错误使得人们对明显存在的事实视而不见,仅仅是因为人们大多不知道这些。

我们来看看疟疾的病因是如何被发现的吧！英国人罗斯[1]通过对鸟类的研究，意大利人格拉西经过对人类的研究，他们发现产生疟疾的疟原虫是由一种特殊的蚊子传染给人体和各种动物的。我们再来看看这个发现之前的科学是怎样的。1880 年拉弗兰[2]发现了一种微生物，这种微生物以蚕噬血液中的红血球为生存手段，导致人或动物产生周期性高烧。后来经过研究，证实了这点并解释了疾病根源，人们从此接受了这一事实。大家都知道，动物微生物与植物微生物不同，它在经过裂变产生新的生命循环之后——即在一个个体分裂为两个完全独立的个体生物之后——就让位于性别形式：雄性和雌性。这是两个单独的个体，不再进行裂变，而是通过合二为一，之后这个微生物再次通过裂变的方式，直至再一次形成两种性别的生物体形式。

拉弗兰还发现，一些患过疟疾的自发病愈者的血液中存有大量细胞体，这种细胞体不再是疟原虫形的圆形，而是呈新月形和放射形。他认为这些细胞体是疟原虫的转换形式，“形式已经有所改变”并且“不能产生疾病”，他把它们称为“变了异”的微生物，就像是它们变残废，或说是厌烦了“过度工作”。这些微生物后来被冠名为“拉弗兰变异形式”。1900 年发现了疟疾能传染之后，人们认识到拉弗兰的“拉弗兰变异形式”是再生循环带有性别的个体微生物，这种个体不能在血液中融合，只能在蚊子的体内产生新的个体。也许我们会奇怪，拉弗兰为什么没有认识到这些是有性别的个体呢？为什么他没有在动物微生物中，即在疟原虫中寻找融合期呢？如果他已经弄明白了原生物生命的完全循环过程，那么他就应该能意识到这一点。但是很明显莫雷尔的人类退化理论对他的想象力产生了很大的影响，从这些不着边际的理论跳跃到有关疟原虫的解释，就是“天才”的所为了。可以这样说，这个“天才的伟业”、这个富有远见的代代相传蒙蔽了拉弗兰的双眼，使他看不到最终的事实。因此，很明显，我们在这个例子中看到了忘自尊大和轻率造成的恶果。

另外，我们被一些更为严肃的事情所震惊：怎么世界各地成千上万的学生会盲目地接受拉弗兰的错误呢？为什么没有一个人用自己的头脑思考一下原生物的循环问题呢？为什么没有一个人去单独研究一下这种现象呢？这种惯性的精神活动形式是什么？为什么人类自己体内能够创造人类自己？这些人无视摆在他们面前的疟原虫性别个体形成的问题。虽然这个疑问存在，却将之弃置一旁，而且

① 罗斯(1857~1932)，英国医生，曾获 1902 年诺贝尔医药奖。

② 拉弗兰(1845~1922)，法国生理学家及细菌学家，曾获得 1907 年诺贝尔医学奖。

肯定也没有从直觉上感到如果解决了这个问题，会提高自己的名声、会引起人类科学的巨大进步、更会造福人类，他们只是没有注意到这一点而已。

他们一代代地对此漠不关心，视而不见，同时又赞扬拉弗兰的“天才发现”，不断重复着他的话——它们都是退化的形式。这样无用的努力只能不知不觉地增加一群毫无个性的庸才。

生物学的另一个发现就是，肯定了血液循环系统是一个完全闭合的系统。密封的上皮细胞不能被诸如植物微生物这种没有尖锐外形的固态物所穿透，更不能被圆形原生物这种比微生物还要大、还要柔软的东西所穿透。这个众所周知的，以及已经清楚地阐明了的事实应该使学生们想到：疟疾的原生物是怎样进入到循环的血液中的呢？然而，从希波克拉底①、普林尼②、赛尔夏斯③和加林④的时代以来，人们就一直认为这种热病是由沼泽地的“有毒环境”，从早到晚的恶劣空气的影响而引起。在发现这种疟疾真正病因的前几年，人们坚信桉树的放射物会过滤并杀死空气中的细菌，因而栽种了很多桉树。但是为什么没人问问自己：疟原虫怎么能从空气中进到循环的血液中呢？是什么东西麻痹了那些专门从事研究的人的智力呢？这些人虽然很有头脑，却都没有个性。

直到罗斯发现了某些鸟被某种特殊的蚊子叮咬，患上了疟疾时，情况才发生了变化。

看吧，我们终于找到了发现真理的基础：“如果鸟的疟疾是由某种蚊子叮咬引起，那么人类的疟疾同样也是由于蚊子的叮咬引起的。”

简单的争论就像离弦之箭，迅速导致了最终的发现。似乎再没有比这个事实更不可思议的事情。在疟疾发病区，空气清新、土壤肥沃，人们如果不被蚊子叮咬，从早到晚呼吸那里的空气，身体都会很健康。而且不计其数的因患疟疾而贫血的农民，如果他们每天用蚊帐保护自己，他们就会保全生命，并恢复健康。但是在经过最初的迷茫后，人们承认这个事实的时候，所有的聪明人都惊呼到：以前我们怎么可能没发现呢？大家都知道原生物啊，大家不是也都知道循环系统是密封的，任何微生物都不能穿过的吗？那么想到只有吸血的昆虫才能引起疟疾不是自然而然的吗？

---

① 希波克拉底(公元前460？~公元前377)，古希腊医生，史称医学之父。

② 普林尼(23~79)，古罗马学者。

③ 赛尔夏斯(1701~1744)，瑞典天文学家。

④ 加林(130？~？)，古希腊医生及作家。

有多少学者感受到荣誉与他们擦身而过，他们为此震惊，为此伤感，就像伊莫斯的门徒，当耶稣在被他们认出之前就走了时，他们互相说道："在主向我们讲解《圣经》时，我们的心不是很激动吗？"

很多人都这样想过，我们勤奋地工作无非是拖累我们的思想，然而有一件事是需要做的——我们应该谦逊、简单而独立。相反，我们的内心充满了黑暗，能给我们照亮的光线照不进我们的内心深处。

让我们来举一些更明显的错误为例，追溯到古希腊文明时期，人们凭经验判定"石头可以从天而降"。中国最古老的编年史中有陨石降落的记录。在中世纪和近代，陨石降落的记录越来越多。实际上，历史记载了惊人相似的现象，1492 年降落的那颗陨石被德国的马克西米连一世当作基督教对土耳其人发动战争的借口。然而，直到 18 世纪科学界人士才真正承认这一现象。有记录的陨石之一是 1751 年掉在雅格拉姆附近的那颗，重约 40 公斤，现在仍存放在维也纳矿物学博物馆中。这就是德国大学者 1790 年谈到此事时所说的："那些对自然历史一无所知的人，也许会相信铁会从天而降。然而直到1751 年，德国受过教育的人还相信铁会从天而降呢！想想当时人们普遍对于自然历史和自然物理忽略到什么程度吧！今天，承认这种寓言的合理性将是不可饶恕的。"

同年，即 1790 年，一颗重 10 公斤的陨石落在塔斯肯尼地区(法国西南部)，许多人目睹了这一现象。一份由 300 个目击者签名的官方报告送到了巴黎科学院，而科学院的回答却是："收到这样一份如此不可思议事件的合法文件，非常有趣。"①

几年之后，科学领域的声学奠基人，魏丁堡的奇拉第利承认了这种现象，并承认陨石的存在，而他却被污蔑为"对自然法则一无所知，不顾及对道德世界造成的危害"。一位博学的人说："就算他亲眼看到一块陨石从天上掉到他的脚边，他也不会相信的。"

这种怀疑比圣·托马斯的怀疑更顽固，圣·托马斯说："除非我摸得到，否则我是不会相信的。"而摆在我们面前的是重达 10 公斤和 40 公斤的大铁块，完全能够摸得到，但是这位学者却说："即使我摸得到，我也还是不能相信。"

因此，为了让自己相信而能看到是不够的，我们还必须为了能够看到而相信。是信念导致看到，而不是看到产生信念。当福音书中的那个瞎子哭喊着说：

① 但是有一位伟大的物理学家不敢苟同，他写到："看到市政当局竟然相信文件中那些低俗的胡言乱语，看到竟然有那么人为显然是不可能的事情作证让人万分伤感。"

“让我能看见吧”，他要求的是“信念”，因为他知道，有眼睛却什么也看不到是常有的事情。

心理学很少讨论对事实视而不见的问题，教学法中更是如此。然而有许多相似的事实，尽管心理秩序比较差，但都已为人所知。例如，如果缺乏内在注意力的配合，刺激对于感官就不起作用了。无数次这样的实验总结在一起，就成为常识。因此，要让我们看到某一物质，它必须摆在我们的眼前，而这还不够，我们还必须能注意到该物质，而且还必须注意到考虑该物质的整个过程。

在更崇高、更纯洁的精神领域中，同样要有这种思维过程。如果一个人没有信念，那么想法就不可能成功地成为有意识的思想。如果没有这种信念的准备，不管这种想法如何猛烈、如何醒目，也是不能渗透到我们的意识中。意识领域不仅必须是自由的，而且还必须是“期待”的。思想混乱的人是不能接受在没有准备的领域突然来临的真理的。

这一点不仅与其他一些不重要的心理事实相似——例如与注意力有关的感知觉——而且还要与宗教界众所周知的精神事实也相似。在没有信念的地方，无论事实如何明显、解释或阐述只能是无用功。让心灵向真理敞开的不是事实而是信念。如果心灵不敞开大门，那么作为媒介的感知觉也会毫无用处。福音叙述耶稣最令人震惊的奇迹时总是这样结尾：“许多人目睹之后深信不疑”。邀请赴宴的寓言似乎说明了一个类似于此的事实——那些只顾自己的人不能对这个寓言做出反应——即复杂的、早已存在的“偏见”阻止了新生、明显的真理进入到头脑中。因此，我们需要先驱者来为耶稣铺平道路，正因如此，耶稣和新思想容易被“单纯的”人所接受，他们不带有“严重的偏见”，但又保持精神的自然特征——纯洁、永远值得期待。

1628年哈维[①]发现血液循环时，生理学还不为世人所知，医学正处于经验主义的鼎盛时期。众所周知，巴黎医学院虽然进行了实验，但不仅不相信血液循环，还迫害、污蔑哈维。迪亚弗雷斯说：“我儿子让我高兴的是，他总是追随着我，一直坚信我们祖师爷的观点，总是拒绝理解和听取当代虚假发现的争论和实验，尤其对血液循环的发现嗤之以鼻。”

① 哈维(1578~1657)，英国医生及解剖学家，血液循环的发现者。

让智慧之光记照儿童心灵

对脊椎动物胚胎发育的发现史构成了最为动人的人类纪实事件之一。1700年,预先形成的理论在众多生育学说中得到了强有力的支持,即人们认为细胞中包含着完全成形的有机体,有机体最终会发育,发育出很多非常微小且相互包含的微小有机体。这个理论适用于所有生物,包括动物、植物以及人类。该理论通过逻辑推理,产生了影响更为深远的"相溶现象",即既然所有的有机体都是预先形成的,那么这些有机体就一定都是在创世纪之初就存在的,它们之间相互保藏,而所有人也一定早在夏娃的卵巢中就存在了。1690年卢温欧克通过显微镜发现精子时,他就阐明了他的新观点:每一个雄性细胞都包含有一个完整的极微小的人。然后他宣布:不是夏娃自身制造了人类,而是亚当制造了人类。就这样,18世纪两种相互对立的理论使其双方的支持者产生了尖锐的矛盾。但这种争论似乎并不能解决任何问题。一些著名科学家和哲学家,如斯帕兰扎尼、莱布尼兹等也都投身到争论这个问题的行列中, 他们甚至将这个生殖原理应用到灵魂的问题中。布莱尼兹说:"这样我就会想到, 即将成为人之灵魂的魂魄也应存在于细胞中。这些魂魄从亚当祖先时代,即从万物之初以来就一直以有机体的形式存在。"

细胞学家哈勒,同时也是位权威的生理学家,在他著名著作《基础生理学》中阐述了他的理论观点:"没有任何东西是重新创造的, 身体中没有哪一部分是在其他部位之前创造出来的。所有部位都是同时创造出来的。"根据《圣经》中关于宇宙起源的学说, 他对装在夏娃卵巢中的人进行了计算, 得出数目为2000亿。1759年,K·F·渥尔夫在专著《生殖原理》中公布了几项研究成果。在这本书中,通过实验和在显微镜下对禽类胚胎的观察,他认为新的有机体并不是预先形成的,而完全是从无到有——也就是说, 从一个极其微小的与普通细胞一样的细胞形成的。他描述了实现整个个体演化的简单过程:单细胞分裂为两个细胞,然后两个分裂为四个,四个分裂为八个,以此类推。这样产生的细胞分裂为两片或三片微小的"初生叶状突褶"。所有的器官(先从消化道开始)都是从这些初生叶状突褶演化而来。渥尔夫说:"这些并非是异想天开的理论,而是通过最为真实的观察描述了事实。"

当时所有科学家都知道并且都利用了显微镜, 也许所有的科学家也都用了各种蛋，即将禽类的胚胎当作显微镜下的观察目标。他们并非无视生物个体起源的问题，而是把问题复杂化，更多地去进行想象，而且科学家之间的不同流派也导致他们更为重视派别斗争。除了萨姆森和菲利斯丁，还有谁肯冒着同归于尽的危险去做实验、去通过观察发现真相呢？科学家们也许反复地看到或描述了一些真理性的事实，而如果能证实这些事实确实正确，那么这些事实也确实能引领他们走上通往未来发现的光辉道路。但是他们没有，乌云遮住了他们的思想，真理的光芒不能穿透这层乌云照射到他们的心灵中。因此，胚胎学的进步就这样停滞下来了。

50年过去了，当潘德尔和欧内斯特·冯·贝尔重提"胎盘生叶"的理论时，被驱逐异乡、受尽迫害、穷困潦倒的渥尔夫已在彼得格勒(前苏联西北部港口城市列宁格勒)与世长辞。从这时起，科学界才认识到了这个真理，接受了这个事实，并开始研究给19世纪带来了灿烂光辉的胚胎学。

为什么必须经过50年人们才能认识到这个明显的事实呢？这50年中又发生了一些什么事呢？已经故去并且被人遗忘了的渥尔夫的心血并没有引起人们的任何注意，但是人类终于看到了他们曾经无法看到的事实，人们的内心终于成熟了，这种内心的成熟使他们睁开了慧眼，看到了事实。慧眼没有睁开时，事实摆在面前却视而不见。因此，在50年前就应该被摧毁的障碍现在不攻自破，随着时间的流逝，人们普遍轻松地接受了真相，不仅没有任何斗争，甚至没有引起一丝丝激动的情绪。

有关大众心理成熟的这个问题，可能还有些争议，但有关个体的问题已经不再是问题了。当大家都看不到显而易见的真理时，我们就要隐退，先让个体成熟起来，这个斗争的过程会是艰苦而卓绝的。但是，一旦人们成熟起来，我们就会看到情绪激昂的预言家，看到他们带来如迦南地葡萄藤上的葡萄一样的累累果实。

1859年，查尔斯·达尔文在其著作《物种起源》中阐述他的进化论观点时，意识到了这本书会给当时人们的思想带来巨大的影响，因为他在日记中写道："我的理论将会产生一种新的哲学"。他的物竞天择的观念为现在的思想家广泛接受，并普及了拉马克关于生物在"适应环境"时某一种类会偶然形成的原理。达尔文的观点使这些原理得以发展，并且几乎将这个原理融合在自己的著作中，这些原理不包括创造观点和最后的结论，含蓄地否认了灵魂不朽的观点。这样的革命性影响可想而知。许多世纪以来，灵魂一直是生存的目的，当生存的根本信念被动摇时，意识是否存在生命也就受到了根本性的动摇。可以想象，当时肯定有人迫不及待地寻找这个具有摧毁性理论的矛盾之处。

我们还是来讨论一下给几代大学者留下深刻印象的两条革命性原则吧！一条是："如果没有器官，就不会有功能存在"。另一条则是在好学的青年中激起无限热情的原则："功能创造了器官"。天啊！没有器官就没有功能，没有器官也就不可能存在功能。而从另一方面讲，没有器官的功能能够创造一种生机勃勃的存在吗？没有任何理论有这样明显的自相矛盾。

我们不能说，达尔文和拉马克的原则被草率地研究并运用到了一系列不同的哲学原理中，因为达尔文主义自我标榜为是一种像光明驱散了黑夜一样排斥其他一切观点的胜利观点。学者们急于建立一种崭新的道德，一种崭新的意识，就只好对其进行详细的研究。因此，这两条原则也就不再被冷漠而懈怠地研究。况且它们一起渗透到人们的意识中，为了自己的利益激起了人们的热情。在这样一个矛盾的情况下，最好是砸烂这个世界，然后重新建立起一个崭新的世界。

因此，思想的最终结论就是："我们只是动物而已，动物与我们没有本质上的区别，我们的祖先是猿人，而我们更遥远的祖先是蚯蚓。"那些教授大人们带着多大的热情坐在椅子上分析人类的心理啊！为了证明这点，我们发现我们身上没有什么不像动物，教授的弟子们又带着多大的热情欢呼雀跃啊！精神病专家用活体解剖的方法取出鸽子和猴子的大脑，将它们治疗后在国际心理学大会上展出。他们集中精力研究鸽子和猴子的精神反应，观察它们身体的姿态、视觉活动等。大家都真诚地相信，研究没有大脑的动物会有助于我们弄清我们人类的心理。

当我们想到这是一个实证主义的时代，即人们对于那些没有亲手摸到的东西就不相信的时代时，我们被这种反映深深地打上了烙印。智力如同精神一样危机四伏，智力也许会黯然失色，也许包含着某种矛盾、某种"错误"，而且也许没有被感觉到。由于某一个没有注意的错误，智力也许会陷入昏迷状态，或是一种致命的心理失常。智力像精神一样自有拯救的办法——智力需要支持，否则就会衰竭。它所需要的支持不是感官的，它需要不断地净化，像托比亚的鱼，被不断得到净化的水治愈了眼睛。现代卫生学建议身体要进行"自我保护"，这使我们花大量时间进行清洗身体、修理指甲。这种"自我保护"还应深入到内心自我的保护，这样才可以保持身体完全的健康。

这应该是"智力教育"的目标，"智力教育"的目的就是要将智力从疾病和死亡的危险中拯救出来——"清除错误之处"。如果强迫进行智力的培养，会疲劳过度，那么我们说这不是在培养智力。在我们这个神经混乱和疯人成群的时代，在这个即使被认为是健康的人群中，陈习陋俗也会威胁到全人类的健康发展，以致可能遭到灭顶之灾。

因此，我们对孩子的关注应该是有节制的。我们不应该随意“强迫孩子学习”，应该让智慧之光永远照亮他的心灵。为此，即使我们像古代信奉女神的处女那样做出奉献也是值得的。

第9章　想象力的培养

如果独立思考的大脑脱离现实就是做无用功，因为大脑的创造力是一种作用于现实的手段，一旦将目的和手段混为一谈，人就会迷失方向。

科学而富有创造力的想象基于现实

如果一个世纪以前，有人告诉乘坐马车、用油灯照亮的人说：未来有一天纽约会每夜灯火辉煌。人们可以在万里汪洋中向陆地上的人求救，陆地上的人能接收到他们的信号，并能明白信号的含义；还有人类可以乘坐飞机在空中飞行，其速度甚至比鹰飞得更快——我们的祖先肯定会报以怀疑地一笑。他们的想象力无法接受这些。在他们看来，现代人几乎就是另一种群。

这是因为现代人的想象是建立在实证科学的研究之上，而以前的人们却只凭不切实际的幻想。这个简单的事实改变了整个世界的面貌。

当人们耽于沉思时，他周围的一切都是静止不变的，但是当想象力开始与现实接触时，思想便开始通过改变外部环境来进行有效的工作。人类的思想仿佛得到了一种无与伦比的伟大力量——创造的力量。

我们因此来推测上帝的意图，天地万物被创造出来都是上帝的意志，而且都能自我实现。上帝想：看看吧！按照创造的顺序，光出现了，然后生物也出现了。

凭借着实证科学的方法，现代人似乎找到了思维的秘密通道，将人类引向圣途,给人类展示出真实的自然,就如《圣经》中所说:“用我们人类应有的样子造人吧”!

人类只能说:“让世间充满光吧”——转瞬间,世间出现了神奇的光辉;“让人类在天空中飞翔吧!让他比宇宙中所有的飞禽都飞得更高吧!”——这个愿望也实现了;“让遇难水手的呼救声神奇、悄无声息地传到遥远的地方吧!”——愿望又实现了。“让事物复杂,让植物种类繁多,这样人类的生活方式就能更加丰富多彩!”——这个愿望也实现了。

当造物主开始创造,人类的想象也已经开始了时,即人类的想象第一次应用于实际生活当中。只有在那个时候,想象才能创造出奇迹。

就像藏匿在将要高飞的鹰翼下的小鸟一样,一旦被带到高空就与大鹰分道扬镳,凭着自身的努力,飞得更高。人类也是如此,起初紧紧依靠着造物主,依附于造物主进行最严肃的思考,同造物主一起在高空飞翔、探索真理。后来人类的想象力脱离开造物主、高于造物主、远于造物主。人类似乎反映出了神性,人类磅礴的气势显露出的神奇力量,是过去的人们所无法想象的。

故事“原罪”是一则永恒的寓言,讲的是一个人希望只为自己而活,希望自己能取代上帝、脱离上帝去进行创造。因此他陷入了无能为力、备受奴役的悲惨的泥潭。

如果独立思考的大脑脱离现实就是做无用功,因为大脑的创造力是一种作用于现实的手段,一旦将目的和手段混为一谈,人就会迷失方向。

这种智慧之罪与原罪和将手段与目的混为一谈之罪极其相似,并以渗透在精神生活中的“习惯势力”的各种形式出现。因此,在许多活动中,人类把更简单、更容易、更易理解的手段与目的相混淆。例如,当把营养作为贪食的借口,把食欲作为自身的最终目的时,不仅不会使自己的身体更健康,而且还会损害身体。再比如,在物种繁殖方面,当性冲动成为最终目的,而不是作为延续生命的手段时,就会出现退化和不生育现象。如果他仅仅是为了自己而运用创造活动,而不是将其创造活动建筑在造福人类的现实基础上,人类对智慧就犯下了同样的罪行。这样做,人类会创造出一个充满阴差阳错虚无的世界,就不会像上帝那样创造出永恒的珍品,而是会毁坏现实中的创造力。

因此,实证科学给我们描述了思想的“救赎”,对原罪的洗礼以及心力自然法则的回归。科学家就像《圣经》故事中的人物,在犹太人迁出埃及后被允许探查希望之乡。他们带着一大串要两个人才能搬动的葡萄来了,人们看到葡萄时,惊讶不已。

同样，今天的科学家也深入到了真理的希望之乡，在那里隐藏着人类能够研究的大自然的奥秘。他们从那里归来，带着奇妙的果实让所有的人看。奥秘很简单：这是一种非常精确的方法，这个方法的基础是观察、谨慎和耐心。人人都可以探索奥秘，因为这些很“神秘”的奥秘与他们的精神生活有最密切的需求关系。

也许有人会问：为什么只有探索者才能深入研究？为什么一般人只能待在外面消极地享受别人的劳动果实？是因为使人类走上了认识真理、搜集事实道路的实证科学的方法——由此也就使人类走上了建筑自己想象的道路——仅属于命中注定的少数人的专利和特权吗？

这种标志着智慧改善的方法应该是一种所有新人类以此而形成的方法，即新一代形成法。

在《圣经》故事中，那些探索者们就是信使，也是那些希望之乡存在的见证者，他们见证所有人都可以进入希望之乡。因此，所有人都同样应该受到科学方法的影响。每个孩子都应该能做第一手的试验，能观察，能把自己与现实紧密相连。这样，想象的翅膀就会从更高的基点起飞，孩子们的聪明才智也会自然地被引导到创造的道路上来。

现实也是艺术想象的基础

智力活动不仅仅限于精确的观察和简单的逻辑推理，根据逻辑推理，很可能就会有伟大的科学新发现。但是人的大脑还可以进行更高级的活动。因此，没人敢面对着某个科学发现说：“这件事，我本来也能做。”

但丁、弥尔顿、歌德、拉斐尔、瓦格纳都是非凡的神奇人物，旷世奇才，不能用简单的观察和推理过程来划分他们的神奇智慧。然而，每个人都有他自己的艺术想象力，都有用自己的头脑创造美的本能。随着这种本能的充分发展，世上便有了巨大的艺术宝藏，像金子的碎片一样散落在每个有人烟的角落，散落在和平年代中人的智慧有时间成熟的地方。在每个保留有古人遗迹的地方，我们都能找到具有当地风格的艺术品、器具、诗歌以及民间音乐。这些种类繁多的人类内心世界的创造，就像彩虹色的贝壳里含着软软的肉一样包裹了人类，保护了人类的精神需求。

除了对物质的现实进行观察之外，还有一种创造性的工作使人类远离凡俗的尘世，进入更高的境界，每个人都可以在本身有限的范围内进入这个境界。

但是，没有人能说人类可以凭空创造艺术品。所谓的创造实际上就是一种合成，一种建立在大脑中对原始材料的提炼，这些原始材料是通过感官从周围的环境收集而来。人们从古老的格言中总结了一个普遍性的真理：出众的才智无一不是源于感官。我们不可能“想象”出那些没有呈现在我们感官面前的事物，甚至如果我们要解释那些超出经验范围的事物，语言都会显得贫乏，因为我们的意识受到了经验的限制。米开朗琪罗的想象力也只不过是把上帝画成一位可敬的白胡子老人。当我们想象地狱中无休无止的痛苦时，我们就会想到火，而说到天堂我们就会想到金碧辉煌。那些生来又聋又瞎的人对他们从来不能感知的事是不会形成固定概念的。众所周知，天生的盲人是把颜色比作声音才能猜想出是什么颜色。例如，他们把红色想象为喇叭的声音，蓝色是美妙的小提琴的旋律。天生的聋人在读到有关对美妙音乐的描述时，就想象出一幅典雅美的画。诗人和艺术家的气质都极为感性。并非所有感官都等量地为想象提供服务，而是某些器官常占据优势地位。音乐家听觉敏锐，倾向于用听到的声音来描绘世界。一片静谧的树林中夜莺的歌唱、幽静乡间滴答答雨滴声，这些对伟大的作曲家都可能是灵感的源泉。有的作曲家描述一片乡间景色时，主要描述它的静谧与喧嚣。有些人视觉非常敏锐，事物的形状、色调都给他们留下了深刻的印象。那些触觉敏感的人描述的内容也许是运动、起伏及事物的猛烈推动，以及对平滑和粗糙等的触觉印象。

有的人没有触觉印象，他们的精神生活非常紧张，他们虽然内心有感觉，但是不能看做是想象的成果，却又不得不把它作为感知的事实予以承认。“上帝赐予的启示，”圣·特蕾莎修女说，“与用于丰富我们灵魂的伟大恩赐不同，他们与光明、彻悟和智慧相伴随。”但是，如果这些人想描述那些不是通过感官产生的印象，他们就不得不借助于感觉印象的语言。意大利加伯雅的雷蒙德说：“我听到一个声音，这个声音字字震动我内心，而不是我的耳鼓。然而，与来自外部的声音相比，我却清楚地明白其意义。如果我能把它称之为一个我从来没听到过的声音，那么这个声音不可能再复制出来。这种声音形成语音，并将其送入我的灵魂深处。”《圣·特蕾莎传》中类似的描写比比皆是。在这些描写中，圣·特蕾莎用不太恰当的感官语言，竭诚表达她不是用眼睛，而是用灵魂见到的事物。

这些凡人会产生、圣人也同样会产生的内心印象之间的区别(这些内心印象当然不构成圣洁)，以及精神病患者的幻觉之间的区别是显而易见的。精神病患者的大脑皮层受到刺激,就会把储存在感觉记忆中昔日的意象再次显现出来。这些往日的意象就会带着外部感官的色彩进入获取该意象的外部世界。因此,患者坚信他亲眼目睹了自身的幻影,听见了困扰他的声音。他被沦为病态的受害者,其整个人格暴露了他机体的衰竭和心理的崩溃。

如果抛开那些很少出现的直接的内心印象不说，甚至也不将其看作为单纯具有辅助作用，那么那些印象也许能成为目的论者或英国心理研究会会员的研究课题,但是不会被列入教育概念。因此,留给我们考虑的就只有一种为智力活动所准备的材料,即感官材料。

因此,想象只能以感官为基础。精确地观察事物性质的所有不同细节的感官教育,就成为观察进入我们感官的事物及其现象的基础。这种感官教育有助于我们从外部世界收集物质材料用于我们的想象。

想象的创造没有纯粹模糊的感官支持,就是说,它并不是在光、声、色以及印象的意象中没有任何羁绊地遨游。相反,富于想象的创造是和现实紧密相连的有机构成,它与外部世界形式联系越紧密,其固有的创造价值也就越高。即使在推测虚构的超人世界时，想象也必定限制在与现实相连的范围内。人类不断地创造,都是以内心萌生的模型为原型。

我们羡慕例如《神曲》这样一流的文学作品中,伟大诗人脑海中不断出现的实实在在的素材,这些素材通过比较,阐明了想象的事物。

好像鸽子为欲望所召唤,
振起稳健的双翅穿过天空回到爱巢,
为它们的意志所催促;
就这样,它们离开了黛朵[①]的队伍,
穿过恶气快速飞去。

(但丁《地狱篇》)

好像一个人从海里逃到岸上,
喘息未定,回过头来
向那险恶的波涛频频观望;

① 黛朵(罗马神话),传说中迦太基的建国者和女王。

我的心灵仍旧在向前飞奔
就像那样地回过头来观望
那座没有人能从那生还的关口。

(但丁《地狱篇》)

好像羊群一头、两头、三头
走出围栏,余下的怯懦地站立,
低垂着眼睛,鼻子也向着地,
头羊怎么做,它们也怎么学,
它若停下不动,它们就围拢过去,
显得又蠢又安静,却不明了目的。
我看到那头羊,移步向它,
它就是羊群的首领,
它神态那么谦和,行动那么庄严。

(但丁《炼狱篇》)

就像透明晶莹、光滑无比的玻璃,
或是清澈明净,水波不兴,
并非深不见底的湖水,
能映出我们面孔的轮廓和光泽;
但那么朦胧,就是洁白额头上的珍珠
也是缓缓地映入了我们的眼帘;
我就是那样看到许多渴望说话的脸。

(但丁《天堂篇》)

但丁的比喻异常丰富,奇妙无比。而每一位伟大的作家、演说家都是把想象的硕果与观察的事实紧密相连。我们赞誉他们为天才:想象力丰富、博才多学、思路清晰、切中要害。

"像一群没有捕到兔子的猎狗,夹着尾巴,垂首默默地回到主人身边一样,外国雇佣军在那混乱的夜晚逃回了唐·罗德里戈的城堡。"[1]

---

① 这是曼佐尼·A的作品《约婚夫妇》中的一个段落描写——译者注。

比喻仅限于实实在在的人和事。正是这种标准,也正是这种形式给了人们大脑以创作的力量。富于想象的作家应享有丰富的感觉观察材料,这些观察所得到的材料越精确、完善,作家所创造的形象也就越丰富多彩。中国有句成语叫做痴人说梦,但我们不能因此就说那些痴人想象力极其丰富。痴人混乱的思想与富于想象的隐喻修辞手法之间有着天壤之别。前者根本没有正确感知客观事物,也没有能力将客观事物与头脑有机地结合在一起。至于后者,则能正确地感知客观事物,而且与头脑紧密地结合,相互制约,和平共处。

富于想象力的语言的价值由下列条件决定:所用的意象应源于客观事实、作者应将事实与创作出来的意象紧密联系在一起、作者应运用技巧使他对合理的以及和谐的意象容易产生联想。若作者重复仿效他人的想象,则会一事无成。因此,每一位艺术家都应该成为观察家。说到智力的普遍性,我们可以这样说,为了进一步培养想象力,人人都必须首先使自己与现实联系在一起。

这个原则同样适用于艺术。艺术家"想象"一位人物时,并不是简单地复制,而是进行"创作"。这种创作实际上是建立在大脑观察现实的基础上得到的成果。画家、雕刻家的视觉对周围环境的形状、色调都非常敏感,他们能感知周围环境的和谐及差异。艺术家通过观察分析、去粗取精,最终使自己更加完善,成功地创做出伟大的篇章。不朽的希腊艺术就是建立在观察基础之上的创造,当时流行衣着单薄,这使艺术家们得以自由地观察人体结构。敏锐的观察力使艺术家们将美丽的体型与缺乏和谐的肉体区别开来。他们在天才灵感的驱动之下,深思熟虑,从大脑感知储存的细节中筛选出个体美,然后加以综合,创造出完美的人物。与镶嵌工艺不同,艺术家的创作不是将部分拼凑在一起而构成整体,在灵感迸发时,他看到的是他的天赋创造出来的完整的新形象。他们积累出来的素材像血液养育了胚胎中的新生命一样,孕育了一个新作品的诞生。

拉斐尔为了找到圣母像的模特,经常光顾罗马美女云集的特拉斯特维尔寓所。他在这里熟悉了FORNARINA[①]和它的模特们。但是,当他画圣母像时,却再造了"心中的肖像"。据说,米开朗琪罗通宵达旦、遥望星空,有人问他在望什么,他回答道:"我看到了一个圆顶"。正是得以效仿他所想象出来的奇妙图案,闻名遐迩的罗马圣彼得圆顶教堂才得以风靡一时。倘若米开朗琪罗研究建筑时没有积累素材,圣彼得大教堂无论如何也不会名垂千古。

---

① FORNARINA,意大利时装名牌。

没有哪个天才能创造出绝对全新的东西，这一点我们只需想想艺术中一些如同人类幻想无法超脱尘世一样忧郁、离奇的常用形式就知道了。令人惊奇的是长着翅膀的天使形象竟然依然存在至今，没有一位艺术家对之加以改动。为了表现出比人更加缥缈、没有物质重量的生命，我们让健壮的人背上长出羽毛厚实的大翅膀。在一个生物的身上融合了诸如头发和羽毛这类东西，让人类像昆虫一样长着六肢——双手、双脚和一对翅膀，这确实非常奇怪。这种“荒诞的构想”不断付诸实际，这当然不是艺术思想的原因，而是由于语言匮乏的结果。事实上，我们说天使“飞翔”，是因为我们的语言是人类的、世俗的，也因为无法想象天使到底该是怎样的。没有几位艺术家能在天使报喜图中将天使描绘成闪闪发光、精美、纤细的形象。

艺术越接近真实就越完善。譬如，在客厅里，有人恭维我们，如果他的恭维确实是我们自身的某一优良品质，我们会感到由衷地满足。因为他的赞扬很中肯，我们会得出这样的结论：此人观察过我们，对我们怀有真诚的敬意。我们因此断定，此人观察敏锐，才智聪颖。我们便想报答他的友好情意。反之，如果他的恭维并非是我们所具有的品质，或歪曲、夸大了我们的真正才能，我们便会反感地想到：多么粗俗的家伙！甚至会比以前更冷落他。

但丁优美的十四行诗一定深深打动了比阿特丽斯的心。

我心爱的姑娘多么温柔、多么纯净，
当她伫立在路旁向我问安，
我的舌头打战却说不出话来，
眼睛想看却不敢看。
在众人的赞叹声中，
她腼腆地走着，一身素衣打扮。
如仙女自天上下凡，
到了人间。
在男人眼里，她是多么可爱，
看见她的身影，内心就泛起
一阵无法表达的甜蜜；
她的朱唇之间仿佛充满
爱的抚慰，

永远在对我的灵魂说:“哎!”

(但丁《新生》)

另一首十四行诗肯定给那些有自尊的、非常敏感的女性一种完全不同的印象:文体臃肿、夸夸其谈。因为这首诗中充斥了许多不恰当、夸张的隐喻。

你的致意和目光多么迷人,
给那在路上遇见你的人送来死亡;
爱我的情敌,而无视我的求爱,
不管她的所为使我多么伤心。

径直走到他的箭所射向的地方,
箭刺穿了我的心,把它撕成了两半;
我犹如一个站在死神面前的人,
说不出话——我忍受的痛苦无法比拟。

犹如一块石头击碎窗户,
惊动了屋内的一切,
也刺穿了我的双眼;
在那一刻我失去了生命和灵魂,
站在那里,面对着一个古铜色皮肤的人,
假装仁义地嘲笑着。

假如想象的真正基础是现实,而且其直觉与观察的精确度相关联,那么为了使儿童获得想象所需要的材料,就有必要让儿童准确地感知周围的事物。而且,在严格界定的范围内进行推理、进行事物之间区分的智力训练,为富于想象的思想作品奠定了坚实的基础。因为这些思想作品越富丽堂皇,就越与某种形式紧密相连,相关的个人想象也就越符合逻辑。夸张以及粗俗的幻想都不能使儿童正确思考。

真正的智力准备挖掘出了欢笑壮丽的河床,智慧的创造如泉水般涌出,在河床中流淌,不会泛滥,也不会毁灭内在秩序的美。

说到智慧的创造,我们没有能力控制。“绝不要阻止某种活动的自然产生,即使它像几乎看不到源头的涓涓细流那样渺小。”我们需要做的就是“等待”,这就是我们的任务。我们为什么要欺骗自己,竟然认为自己能“创造智慧”?我们除了“观察和等待”萌芽的草叶和自身裂变的微生物外,别的什么也做不了。

我们还必须考虑到:如果富于创造力的想象不是不切实际的想象、不是幻觉和错误,那么它就必须像把金碧辉煌的宫殿牢牢建立在岩石砌成的基础之上一样,把智力扎根于坚实事实的基础之上。

儿童的想象

人们普遍认为,幼儿的想象力活跃、丰富。因此,我们应采取一种特殊的教育来开掘这种特殊的禀赋。儿童的心理状态也与我们的不同。他们超越了我们界定的范围,喜爱在虚无、迷人的世界里遨游,原始人也存在这种倾向。

但是,这种幼稚的特征概括了现在受到怀疑的唯物论观点。个体发育学概括为种族发育,即个体的生活再造了同类的生活,就如同人类的生活再造了文明的生活,我们在幼儿的身上看到了原始人的心理特征。因此,孩子像原始人一样,被迷人的、超自然的和虚无缥缈的东西所吸引。

如果不沉迷于这种科学幻想中,把像儿童这样“还未成熟”的机体与像原始人那样远不如我们成熟的心理状态相比,很容易就能说明它们之间相距甚远。但是,即使我们不干涉那些将孩子们的心理状态解释为“原始状态”的人的信仰,我们也应该指出,既然在任何情况下这种原始状态都是暂时的,那么就必须取而代之。因此,教育就应该有助于儿童冲出这种状态,而不是应该发展这种原始状态,或是让儿童停留在这种状态。

我们在儿童身上发现的所有不完全发展的形式与原始人的相应特征有相似之处。例如,在语言方面、表达贫乏、只有表达具体意思的词汇、用词笼统、一个单词表达几个目的,或表示几件东西。但是,没有人会由于这个原因,坚持人为地将孩子限制在原始语言上,让他们顺利地通过史前时期。

如果有人永远停留在虚幻的东西占主导地位的想象状态中,那么我们的孩子却恰恰相反,属于另一种人。他们的兴趣在伟大的艺术作品中,在科学的文明建设中,在需要有极其丰富想象力的作品中,这种想象代表了我们孩子才智形成的环境。在儿童智力发展的朦胧阶段,他们被奇妙的幻想所吸引是自然的事情。然而,我们千万不要忘记,他们是我们的未来。因此,他们应该是青出于蓝而胜于蓝。为了达到这个目的,我们应该至少在一定限度内给他们最大限度的自由。

一种被认为是适合儿童时期,且几乎被普遍认为是有创造力的想象形式,就是婴儿大脑自发的创造性活动。通过这些活动,儿童赋予那些不属于他们的东西以自己希望能拥有的特征。

谁都见过孩子像真正骑着高头大马一样骑在父亲的手杖上,鞭打着拐杖,这是孩子"想象"的有力证明。孩子在建造既有椅子,又有扶手的四轮豪华马车时,感受到多大的乐趣啊!一些孩子在马车里仰靠着,愉快地欣赏着车外虚构的风景,向欢呼的人群鞠躬致意。另一些孩子则坐在被当作辕杆的椅子背上,抽打着烈马似的用手在空中挥舞。这是"想象"的又一例证。

但是,我们观察那些拥有小马驹、习惯于在马车或轿车里进进出出的富家子弟,我们发现他们会用轻蔑的眼光看着那群兴高采烈地抽打手杖东奔西跑的孩子。看着那些将自己想象为被不动的扶手椅拉着跑的快乐的孩子,他们非常吃惊。他们这样评论那些孩子:"他们太穷了。他们之所以这样做是因为他们没有马,没有马车。"成人们听天由命,孩子们却喜爱幻想。但这并不是想象的例证,这只是愿望没有得到满足。这不是与天赋相关联的活动,而是意识和感觉贫乏的一种表现。我们确信,为了教育富家子弟,没人会说我们该把他们的马驹牵走,给他们手杖玩。我们也没有必要阻止穷人的孩子满足于对手杖的幻想。一个穷人,一个叫花子,除了干面包充饥以外一无所有,如果他来到富人家地下厨房的格子窗前,闻到那扑鼻的香味,想象自己此刻正就着他的面包吃着那些丰盛的菜肴,谁又能叫他别这么想呢?但是,为了培养这些丰衣足食的幸运儿的想象力,没人会说:我们应该将他们的菜肴拿走,只让他们啃面包、闻菜肴的香味。

一位深爱自己孩子的母亲因为穷困潦倒,她把仅有的一片面包用以下方式给孩子。她将面包分成两块,分两次给他,并说道:"这块是面包,这块是肉!"于是孩子心满意足地吃了起来。但是没有哪个母亲为了培养孩子的想象力而让孩子饿肚子。

有人曾一本正经地问我:"如果将一台钢琴给一个像在练琴似的不断用手指在桌上练习的小孩,是不是件坏事?""为什么是件坏事呢?"我反问道。"因为如果我们给了他真的钢琴,孩子无疑会学到音乐,但他的想象力便得不到锻炼了,因此我不知道该怎么办。”

福禄培尔(德国教育家、幼儿园创办人)设计的一些游戏便是建立在相似的信条基础之上。将一块积木给孩子,说道:“这是一匹马”,然后又将积木按一定的顺序摆好,对孩子说:“这是马厩。现在让我们把马放进去。”再把积木重新排列,说道:“这是一座塔,这是一座乡村教堂,等。”在这样的练习里,实物(即积木)不像被当作马匹的手杖容易引起幻想。孩子在向前移动时至少可以骑手杖,抽打手杖。用马搭建的塔和教堂使孩子们的头脑混乱到了极点。更有甚者,在这种情况下,并不是孩子在“自发地想象”并用大脑工作,因为这时他必须按照教师的提示去做。他是否真的认为马厩变成了教堂,他是否在开小差,谁也无法知道。当然,孩子好动,却不能动,因为他不得不潜心思考教师提示的一连串电影式的意象,尽管这些意象只存在于同样大小的积木中。

那么在这些尚未成熟的小头脑里培养起来的到底是什么呢?我们在成人世界里发现与此相似的又是什么呢?它使我们明白,通过这种教育方式,我们在用什么样特定的形式训练我们的思维。的确,有人把树当作王位去发号施令,有些人相信他们自己就是上帝。因为“错误的知觉”,或说的更严重一些,“幻觉”是错误推理的开始,是神经错乱的并发症。精神病人什么都干不了,同样,那些孩子,他们受着旨在将他们未得到满足的欲望的幼稚表现发展为狂躁、僵硬的教育,他们既不能为别人,也不能为自己做任何事。

我们假定用一种使孩子把虚幻当作现实来接受的方法来发展其想象力。例如,在说拉丁语的国家,圣诞节被说成是一个名叫比法娜的丑女人越过围墙,从烟囱里钻下去,把玩具送给那些听话的孩子,却把煤块留给那些调皮鬼。而在盎格鲁撒克逊后代的国家,圣诞节则是一位浑身雪白的老人挎着一大篮子送给孩子们的玩具,在夜里进到他们的房间。然而,我们的想象成果怎么能培养孩子们的想象力呢?我们的想象不是孩子们的,他们只是相信,没有想象。轻信确实是尚未成熟的头脑的特征。这些是头脑缺乏经验及现实知识,缺乏辨别真理与谬误、美丽与丑恶、可能与不可能的人。

那么难道仅仅因为孩子在无知、不成熟的年龄表现出轻信,我们就希望在他们身上培养轻信吗?当然,成年人也轻信,但是成年人的轻信是与其智慧相对而言的,它既不是智慧的基础,也不是智慧的产物。只有在愚昧的时代,轻信才会萌芽和增长,我们为已经度过了这样的时期而感到骄傲,因此我们把愚昧看做是轻信的标志。

下面是一则17世纪颇具讽刺意味的故事。

巴黎的新桥是行人通行的要道,也是闲散者聚集的地方。许多江湖骗子和庸医也混杂其中。其中有一个大发横财名叫马里奥罗的江湖医生,出售一种他自称是产自中国的药膏,这种药膏能使眼睛变大、嘴巴变小、短小的鼻子可以变长、长鼻子可以缩短。德·萨丁警长传讯了这个江湖医生,把他关进了监狱,对他说:

"马里奥罗,你是怎样招徕这么多人,赚了那么多钱的?"

"先生,"马里奥罗回答道,"你知道一天之内有多少人过这座桥吗?"

"10~12万吧。"警长答道。

"对了,先生。你想他们当中有多少是聪明人呢?"

"100人吧。"

"这是乐观的估计,"马里奥罗说,"不过就按这个数字计算吧,我就是要靠那其余的9900人过日子。"

那时的情况与现在的大不相同,现在的聪明人多了,轻信者少了。因此,教育不应该面向轻信,而应该面向智慧。谁将教育基于轻信之上,谁就是在沙漠上建筑高楼大厦。

我记得一个在我们的社会里也许重复出现过成千上万次的事情，两位出身贵族的公主,为了免于命运所安排的生活的诱惑和虚荣的折磨,到一所修道院里接受教育。修女让她们相信世界充满了虚伪:当人们赞扬我们时,如果我们躲起来,听听我们不在时她们说些什么,我们会听到咒骂我们的话。当这两位年轻的公主到了可以参加社交的年龄时,便在一次晚会上首次露面。所有来宾都大肆称赞这两位公主美丽迷人。客厅里有一处用一幅大帘子遮掩着的部分,两位姑娘很想听听人们在她们背后说些什么,因此便溜进去,藏在帘子后面。当她们一离开,她们在场时有分寸的赞誉声不仅没有消失,反而增加了几倍。两位姑娘告诉我,在那一瞬间,她们经历了一种不可言喻的感情突变。她们感到修女们让她们相信的一切都是假的,当即她们宣布不再信仰宗教,决定投入到尘世间的欢乐中。"后来,我们不得不改变自己的生活,再一次信奉宗教的真谛,自己才理解了在社会华丽外表下的空虚。"

轻信会随着经验的增加和头脑的成熟而逐渐消失，指导有利于达到这个目的。在一个国度里,就如在一个人身上,文明和灵魂的逐渐发展趋势必将减轻轻信的程度。正如常言道:知识赶走了无知的黑暗。在无知的地方,幻想最容易游荡,因为它缺乏能使之上升到更高层次文明的支柱。因此,当直布罗陀海峡成为海洋的门户时,赫拉克勒斯柱便不复存在了。现在,因为伟大的美国民主精神接受红印第安人进入其文明学校, 因此哥伦布也休想使那些红印第安人再相信——天空会对他们唯命是从,只要他们一声令下,太阳就会躲藏起来。因为日食不管是对他们,还是对白种人都已是熟知的自然现象了。

难道我们必须在孩子们身上"培养"建立在轻信基础之上的幻想吗?我们当然不希望看到轻信继续存在。事实上,当我们得知某个孩子"不再相信神话"时,我们便非常高兴。我们会说:"他已经不是个孩子了。"这是应该发生的,而且是我们所期待的。他不再相信神话的那一天一定会到来。孩子长大成人时,我们应该问问自己:"我们为孩子的成熟做了些什么?对这脆弱的灵魂我们给了什么帮助,使它变得正直坚强?"尽管我们想方设法使孩子天真、幼稚、充满幻想,但是他仍然战胜了困难,战胜了自己,也战胜了我们。他内在发展、成熟的动力指向哪里他就跟到哪里。但是,他也许会对我们说:"你们把我们害得好苦啊!我们自我完善的活动已经够艰巨的了,你们却还压制我们。"因为宝宝的特点就是没有牙齿,所以我们紧咬牙关不让牙齿长出来;又因为宝宝的特点就是不能站立,所以我们不让其身体直立起来,难道这样的事情还少吗?事实上,我们在有意延长孩子贫乏、不确切的语言时,便犯下了同样的错误。我们不是在用使孩子集中注意力聆听词汇清晰的发音、通过观察嘴形变化的方法来帮助他,而是学着孩子幼稚的语言,重复他们笨拙的发音,用人们第一次竭力将单词发清楚时所惯用的方式,大着舌头发辅音,或把辅音发错。我们就是这样延缓孩子艰难的形成期,将其扔回到令其疲惫的婴儿状态。

今天,我们在所谓想象力教育的问题上扮演了同样的角色。

我们对幼稚头脑的幻想、无知和错误颇感兴趣,就如同以前我们经常将婴儿抛上抛下,使婴儿发狂欢笑一样,这种做法现在已经被婴儿卫生学斥为非常错误和极其危险的。也如同我们对圣诞节和孩子的轻信感到高兴一样。我们如果承认这种事实,就必须承认,我们有点像那贵妇人,表面上对收容所里贫穷的孩子感兴趣,嘴里却不断地说:"如果不再有这些病孩,我会感到很不愉快的。"我们也会说:"孩子们如果不再轻信,我们生活中就会失去很多乐趣。"

我们现在所犯的一个疏忽的错误就是我们为了自己取乐, 人为地阻止了儿童的一个发展阶段。这就像野蛮的王国时代,人为地限制一些人的身体成长,使其成为供国王消遣的侏儒。这样说也许是耸人听闻,但事实确实如此。我们没有意识到,但这就是事实。我们用高傲的藐视小孩的口吻说“我们真的不是小孩子”时,却不断地提到这个事实。如果为了观察儿童静止的低下状态,我们克制自己,不再拖延儿童的幼稚期,让他自由地成长并赞叹他在更高追求的道路上所取得的奇迹般的进步,我们就会附和耶稣,这样评价儿童:“谁想要完美,谁就必须像一个小孩。”

如果所谓的婴儿想象力是他们心智“不成熟”的产物,而我们又没能丰富其心智,没能使他们从内心进行自我挖掘,那么我们要做的第一件事就是让他们在成为事物的主人的环境中生活,或用建立在事实基础上的知识、经验来丰富他的头脑。为孩子提供了这些条件之后,我们必须让他们自由的成熟。正是从自由发展中,我们才有可能期望儿童展示其想象力。

要使我们当中最贫穷的孩子富裕起来,因为他们一无所有,他们是一切的奴隶——这是我们对他要负的首要责任。难道我们必须给所有的孩子马匹、马车以及钢琴吗?不,我说的并不是这个意思。当牵涉到复杂的生命时,从来就不能采用直接的治疗方法。一无所有的孩子所梦寐以求的正是最不可能得到的。穷困潦倒的人梦想能腰缠万贯,受压迫者梦想能得到王位,拥有珍宝者却一心一意梦想珍宝尽可能地不断增多。

无业游民梦想有朝一日能成为王子,教师梦想能当上校长。因此,有自己“房子”的孩子,有自己的扫帚、橡皮、陶器、肥皂、梳妆台以及家具的孩子会很高兴地看顾这些东西,他的欲望会减弱,从中得到的平静为他内心的创造活动开创了一种广阔的生活。

正是生活在真正属于自己的财富中才使孩子平静,减少无益的幻想所消耗的宝贵精力。这样的结果不是通过想象他生活在自己所拥有的财富中来取得的。一些管理规范的孤儿院的教师曾对我说:“我们照你所说的方法,让孩子们练习实际生活,你来看看吧。”我去了,同去的还有一些权威人士,某个大学的教育学教授也去了。

孩子们坐在小桌子旁,玩着桌子上摆放的玩具,他们正在毫无表情地给一个玩具娃娃摆桌子准备吃饭。我吃惊地看着邀请我来的教师,他们似乎非常满意。很明显,他们一定认为游戏中摆桌子吃饭与实际生活相差无几,对他们来说,假想的生活与现实生活是一回事。这种在孩提时代慢慢灌输的微妙的错误形式,难道以后就不会发展为一种精神状态吗?也许正是这种错误使意大利一位著名的教育家问我:“自由是件新鲜事吗？请读读夸美纽斯的著作吧,你会发现,在他那个时代就讨论过这个问题了。”我回答道:“是的,很多人都这么说,但我所说的自由是一种真正意识到的自由。”这位教育家似乎没明白两者的区别,我应该这样说:“你难道不认为谈论百万财富与拥有百万财富这两者之间是有差别的吗？”

对假想心满意足的人,似乎把假想的东西当作是真实存在而生活着。追求幻想,不“承认”现实。这种现象太普遍了,几乎不为人所意识。当偶然意识到好像有一种病菌已经悄然无声地入侵了我们的智慧时，才会有一种警钟在我们的脑海里响起:“人啊！清醒地面对事实吧！”

想象力总是存在的,不论它是否建立在一个坚实的基础之上,是否有着构筑的材料。但是,当它不是建立在现实和真理基础之上时,不是建造伟大的建筑时,它只不过是建造了一种压抑智力和阻止真理之光射入的外壳而已。

由于这个错误,人类失去了或者正在失去多少光阴和精力啊！不被事实所支撑的想象,如同无目的的功能练习消耗体力,直到病倒;消耗智力,直到着魔。

寓言与宗教

我常听人说：建立在幻想基础上的想象力教育为孩子心灵的宗教教育奠定了基础；而建立在现实基础上的教育——即我们现在采用的教育方法——枯燥无味,加速了精神生活源泉的干枯。然而这种推理并不为宗教信仰者所接受,他们清楚地知道信念与寓言“如同两极那么遥远”,因为寓言本身无信念可言,而信念却是一种实际的情感,它始终伴随着人类。宗教并非是幻想的产物,而是现实世界最伟大的,对信仰宗教的人是唯一的真谛,是他们生活的源泉和基础。不信奉宗教的人不一定是缺乏想象力的人,却是缺乏内心平衡的人。他们在逆境中不如宗教信仰者沉着、坚强。不仅如此,他们还不及宗教信仰者有主见。他们虚弱、垂头丧气,徒劳地渴望通过想象来为自己创造一个现实外的世界。他的心声用大卫的话大声叫道:“我的灵魂渴求上帝。”但是,如果他希望仅仅靠想象的帮助来达到真实生活的目的,他会感到在做最后努力的一刹那,双脚犹如站在流沙之中一样。

当传教士企图使人皈依宗教时

信仰了宗教就可以像使颤抖的双脚犹如站在了坚硬的岩石上一般，在心理上得到有力的支持——他所呼吁的是理解，而不是想象。因为他知道他的任务并非是创造某物，而是大声唤醒心灵深处酣睡的东西。他知道他必须像从埋在雪地里的活人身上拂去雪花一样，驱除卑微生命中的麻木，而不是堆积一个太阳一晒就会融化的雪人。

诚然，宗教中存在想象，却是在错误的伪装下进行的。例如，在中世纪，流行病被简单地说成是上帝的惩罚，现在才知道那是由于细菌直接作用的结果。帕平的蒸汽机使人想到穷凶极恶的干涉行为，但这很明显是在无知的空虚中出现的幻想似的偏见。

所有的宗教都不像在无知的基础上建立起来的空中楼阁。否则，我们便会看到蛮夷之邦信仰宗教，而文明之国却没有宗教信仰。蛮夷之人的信仰，主要是建立在由于大自然的神秘作用而引起的恐惧之上的脆弱、虚幻的宗教迷信；而文明之国信奉的则是实证主义。在实证科学被不断地用来渲染和解释大自然时，这种实证主义也随着自身的不断纯洁而变得不断强而有力。

更重要的是，在人们今天掀起一种将宗教从学校扫地出门的运动时，我们能否用发展寓言的方式来介绍宗教呢？打开直接通向宗教的大门，并让其光芒照耀万物，使生活更温暖、更充满生机，这其实非常简单。

但是，宗教应该像太阳那样普照万物生灵，而不是像比法娜那样从烟囱进入到人群当中。

从某种程度来讲，寓言为异端邪说做了准备，这种异端邪说将神分为无数个代表外部世界的小神。一旦这点为感官所领悟，就会导致幻想。但是，寓言却理所当然不必为基督教做准备，因为基督教使上帝与人类内心生活紧密相连，"融为一体，不可分割"。上帝还教给我们仅为我们"感觉到"的人生法则。如果实证科学与宗教毫不相干，就不能说它是挑拨我们与现实分离的科学。实证科学已经详细分析研究了外部世界，若实证科学能创造一个"富于同情心"的宗教，这个宗教就可能是异教徒的教义。事实上，到目前为止，科学已经使我们感受到了异教的迹象。当它能打动人们的心灵，揭示生命的法则和生存的目的时，一束强烈的基督徒之光就会照耀人们。孩子们就会像伯利恒[①]上空的天使，高唱赞美诗，祈求科学和信仰和平相处。

圣约翰在沙漠中"为上帝铺平了道路"，洗涤了世人身上最大的罪过。因此，一个给予内心平衡、驱散使智力窒息的最严重错误的方法，便做好了接受真理、认识"人生道路"的准备。

学校对大龄儿童的想象力培养

普通小学所采取的想象教育方法是什么呢？大多数情况下，学校是一个光秃秃的不毛之地，四周灰白色的墙壁、白棉布窗帘使人的感官总是保持紧张。这种压抑的环境装饰的目的是为了使学生专心致志地听教师讲课，防止他们因受到别的刺激而分散注意力，孩子们一小时一小时地呆坐着，一动不动地听讲。他们画画时只能细致地模仿另一幅画，活动时也只能听从别人的指令，他们的个性完全用是否能听从命令来进行评估。对他们意愿的教育内容中就包含放弃自我意志。

克拉伯雷迪说："我们通常的教育学，就是用一大堆对孩子的行为毫无指导意义的知识来压迫他们。他们无心听课时，我们强迫他们听；他们无话可说时，我们又强迫他们说、写、讲述、做作文、做演讲；他们没有好奇心时，我们强迫他们进行观；他们没有去探索发现的欲望时，我们强迫他们去推理、论证。我们促使他们努力做一些本该是他们自愿做的事情，往往事先没有得到他们的默认而强加给他们种种任务，这样也就失去了他们从事某项工作的道德价值的内在一致。"

孩子们如受苦役，他们用眼看，用手写，用耳朵听老师讲课。他们的身体实际上只是文具，而他们的头脑又不能专注于任何事情之上。因为他们必须竭力跟着教师的讲课思路，而从教师的角度讲，他们只不过是随意设计、制定没有考虑孩子们爱好的教学大纲。孩子的大脑在接受一个接一个的知识，漂浮不定的意象如梦境般不时呈现在孩子的眼前。教师在黑板上画一个三角形，然后将它擦掉，该三角形只代表一个抽象概念的暂时视觉形象。那些从未亲手拿过实体三角形

① 伯利恒：约旦的一个小镇，位于耶路撒冷南六英里处，为耶稣诞生地。

的孩子就必须用力记住三角形的形状，围绕这个三角形，许多抽象的几何计算接踵而至。这样孩子只能是一无所获。它不能与其他事物混合而被感知，永远不会成为灵感，其他的事情也是如此。目的本身就是疲劳的，这种疲劳几乎囊括了实验心理学中需要付出的所有努力。

在这样一个自由活动、工作选择和独立思考被禁止、各种情感受到压抑、丰富的才智和获得创造性成果的外部刺激被排除的环境中，教师会用写"作文"来激发孩子们的想象力。这意味着孩子们不得不凭空杜撰，空无一物，却要付出，不得不挖空心思。杜撰只能从杜撰的练习中产生。"不断的作文练习"是为培养想象力，但是最为复杂的精神成果怎么可能从不毛之地产生！

众所周知，"作文"是学校教育的一大难题。所有的教师都说孩子们"思想贫乏"、"思绪混乱"、"根本没有自己的创见"。作文考试总是最头疼的事情。所有人都知道，孩子听到命题后，必须在几个小时之后将作文——杜撰的文章——写好交上去时的表情。他们苦恼、心情压抑、手脚冰凉、眼睛总是盯着钟表唯恐时间飞逝、在像死牢中的看守一样的教师不信任的监视下，终于结束了痛苦的历程。他如果交不了卷，不知道又会怎样！他会毁了自己，因为这个考试很重要，在这次考试中他可以自由地展示自己的价值，拿出真正的个人成果，其他人也将以此来评估他的才华。正是这种考试使我们年轻的一代经常患有神经衰弱症，甚至自杀！即使像我们时代最伟大的诗人卡尔杜奇这样的大学者也回答不了这样的问题。当他应邀为某名人的逝世写挽歌时，他说："使我写出对死者的颂歌的是灵感，而不是时机。"

研究心理卫生学已经开始有所渗透的"现代学校"，如何尽力帮助学生减轻疲劳、如何引导他们逐渐学会写作文是非常有趣的。"作文"(我们必须暂时在措辞上宽容这个矛盾)是被"教授"的。作文教师像解算术题一样上大课，这被称为"集体口头作文"。

下面，我们摘抄一段这种方法的专家，准备的"命题作文应遵循的方法"的授课片段。

命题作文应遵循的写作方式

让我们用图解的方法，以下面这则包括三个方面的叙述为例：1. 欧内斯托不知道做功课。2. 老师严厉地批评了他。3. 欧内斯托哭了，发誓要更加努力。若是用语言来说明这件事:“欧内斯托不知道做功课”(首先说明事实，也是起因),学生们很容易就会根据这个原因,经过逻辑推理,按照时间顺序得出以后的结果。另一方面,如果我们只给出第二阶段的命题,即“老师批评了这个学生”,然后要求学生找出原因,并要求他们推断出下一阶段的事情。如果我们给出下面这个命题:“欧内斯托哭了,发誓要改正”,那么学生就会感到更有难度了,因为他们必须想出第二个阶段的事情,然后再推测第一阶段发生的事情。

因此,每个简短的叙述都要给出第一个阶段的事情,以指出主题。

方法——教师可以把主题写在黑板上，然后让学生考虑与主题相关的可能性后果。教师一定要让学生明白,他们要独立地去思考,不能寻求任何帮助。例如:

路易莎把一团羊毛扔进了火中(主题)。想想可能会发生什么结果,说说最终将发生什么事情。

“羊毛发出了难闻的气味。”非常好。请你重复一下这段叙述:

“路易莎把一团羊毛扔进了火中,羊毛发出了难闻的气味。”还有没有人有其他的想法?还可能有什么后果?

“老师批评了路易莎,一个学生打开了窗户。”教师用A、B、C主题重复这个练习,让学生们把共同合作得出的结果写在练习本上。

还可以给学生提出一个主题，然后让学生在没有任何更多解释的情况下进行自由地发挥。

主题A——路易莎将一团羊毛扔进火中,羊毛发出一股臭味,老师批评了路易莎。一个学生打开窗户,让难闻的气味消散。

主题B——欧内斯托将墨水瓶打翻在地(地板因此被弄脏了，老师批评了他,欧内斯托答应以后小心些)。

主题C——艾丽莎故事讲得非常好(老师表扬了她,给了她一个高分,她非常高兴)。

主题D——马里奥在练习本上弄了一个污点(老师没有批改他的作业,而且还批评了他,他哭着回了家)。

在所有这些集体练习完成之后,老师给了学生们下面一个自由发挥的主题:“玛利亚很熟悉她的功课”,在展开这个主题的过程中,老师要求学生们要参考以上的范例，也就是说，他们要用两个句子陈述这样一个原因的逻辑结果。（老师给了她10分，而且表扬了她，然后对她说要继续努力）”

有时这种教学具有心理学上的意义而非逻辑意义。在这样的情况下，学生们的“小脑瓜”不会将前因后果联系在一起，而只展示出心理活动的三个方面，即“知觉、情感和意愿”。例如：

艾米利亚让我闻到了氨气的气味（可以感知的事实）——多难闻的气味啊！（情感）——我再也不要闻到这种气味了（意愿）。

吉米扯我的头发（能感知的事实）——这让我很痛（情感）——我赶紧将他的手拉开（意愿）。

很显然，用这种教学方法，一切产生灵感和创造性思维的可能都将化为乌有。孩子们不得不一字一句地紧跟教师的指令，从而熄灭了产生天才作文的火花。孩子不但像过去一样缺乏创造的材料，而且连创造的能力也会消失。因此，即使将来在他们的头脑中有什么材料的话，他们也不会有激情去利用他们的思维，而会被所接受的学校中机械式的教育所桎梏。

教师用这样的方法进行的智力教育，使人联想到关掉马达，而试图用手臂的力量来推动汽车的司机。在这种情况下，他只是个苦力，而汽车只是一台无用的机器。但如果启动马达后，汽车靠自身的力量开动，司机只需要掌握方向盘，使汽车能在大路上安全行驶，而不碰到障碍物、不翻进沟中、不伤到行人。

这种引导才是唯一真正需要的，但是一个人的真正进步只能靠谁也无法创造的内部动力。正是如此，意大利文艺复兴刚刚到来之际，“新恋人体”作为一种感情的自然表述随但丁问世了：

“我也算是那样的一个人，
在爱情使我感悟时即以注意，
它在我心中怎么说我就怎么写。”

（但丁《炼狱篇》）

儿童要想表达，首先就要有内心活动，为此他要从外部世界寻找表达需要用的材料，经过多次思维锻炼，他才会发现事物之间的逻辑关系。因此，我们应该为孩子提供内心生活所必需的东西，让他自由地去思考、去创造。也许不久我们就会看到一位两眼闪着智慧的光、跑着要去写信的孩子，或是边走边思考的孩子，他这是在培养最初的灵感。

我们必须关心、爱护这个时期的孩子，等待他们表现出他们的实力。如果孩子富于想象的创造姗姗来迟，那只是因为孩子的智力还未充分发育成熟，我们不应该勉强孩子进行想象的创造。否则就等于给孩子戴上一副假胡子，实际上孩子要等到 20 岁才能长出真正的胡子。

道德问题

如果我们说实证科学对社会的贡献仅仅是给物质生活以及卫生学的现代规则带来了变化，那是不公平的。实证科学不仅顾及到了物质生活，还顾及到了道德生活。

一个不可忽视的重要之处在于：实证科学发展的主要标志与社会群体的利益密切相关，而这样的标志得到了前所未有的强调。如果要认识这个标志，想想细菌学关于一定环境中传染病的传播媒介方面的研究就够了。细菌主要在潮湿、肮脏的地方繁殖。营养不良、过度疲劳的人比其他人更易染病。那么，难道营养不良、过度疲劳、居住在潮湿肮脏地方的人命里注定要患病，要夭折吗？不，这里有一个传染媒介的问题。细菌通过灰尘、昆虫以及生活中所有常见的实物，事实上就是通过所有的传播媒介，从传染源向四处传播。它们以难以想象的惊人数目存在着，每个病人几乎都是疾病和死亡的源头，一个病人足以把疾病的病菌传遍整个欧洲。

交通工具使得细菌、微生物等，得以漂洋过海、翻山越岭。要想认识使天涯海角的人们蒙受苦难的疾病之间的联络线，我们只需看看横跨大西洋的航海线，以及世界各地的铁路线就知道了。要仔细跟踪使社会各个阶层能亲密联系在一起的细菌的每日活动进程，我们只需研究一下物质的工业变化即可。有钱人家的太太们穿的衣服都是穷人一针一线制作而成，并由穷人浆洗、熨烫、保管。她们吃的食物也都是穷人们一次又一次地洗净、做熟、端上。

有钱人呼吸的空气尘埃中也许含有患肺病的劳工残留的病菌，这是无法逃避的。数据已经证明了这一点：在所有国家中，无论这个国家富有还是贫穷，传染病的死亡率都是相当高的，当然穷人的死亡率是富人死亡率的两倍。我们怎样才能从这个灾难中拯救自己呢？只有消灭传染源，也就是说，让整个世界再没有不卫生的地方，让全人类再没有营养不良的人被迫做他们力所不能及的工作。拯救个人的唯一方式就是让全人类都得到拯救。一个伟大的、似乎是吹响了胜利号角的法则是：人类要互相帮助，否则就会灭亡。

事实上，科学已经将"卫生设施"作为向死亡宣战的实际行动，村镇不再闭锁，饮用水通到各家，给穷人建起了房屋，劳动力得到了保护。所有的环境都朝着改善人类"生活条件"的方向发展。没有任何慈善事业、任何爱与怜悯的表白曾经做过这么多工作。科学说明，那些被称为"慈善"、仅仅被看做是一种美德的事业，只代表了走向真正拯救人类健康的开端。这还很有限，很不充分，但这是与死亡作斗争所不可缺少的。然而，要达到拯救全人类的目标，这样的工作应该是全球性的，应该形成全人类的"革新"。当世界上不再有施舍与被施舍的人，而只有提高人类自身一切的仁义行为时，整个社会就会进步。这时的原则就是，人人都是姐妹兄弟。让他们互相爱护、互相帮助吧，别让左手干涉右手。这个原则将会付诸实际。

以前，贫穷是富人做出反应的刺激源，但是穷人并非有意想培养富人的情感。在那样的年代里，如果穷人说："给我生活必需品吧，否则你也会饿死的。"富人听了肯定会愤怒。他们绝不会意识到穷人就是与他们同生共死、患难与共的兄弟姐妹。

今天，科学使事物处于完全不同的立脚点。科学已经"意识到"慈善事业对穷人和富人都有益，而且当今的慈善事业已经建立起了文明原则，这种原则在以前是寄托以情感上的"道德原则"。

卫生学也同样已经渗透到了道德范畴，并给个人以生活的法则。正是通过卫生学，淫荡不再那样普遍，古代称颂的酒肉生活也已被今天的健康饭菜所代替，其价值在于身体需求与所准备的饭菜之间巧妙的比例搭配。酒和含酒精的饮料更多地为富人，而不是为穷人所反对。吃饭是为了强身健体，因此我们既不能暴饮暴食，也不能食用有害的食品。这就是古代道德在与暴饮暴食的陋习作斗争，也是斋戒与禁欲为美德所宣扬的原因。旧时代，谁也不会想到百万富翁会自愿用柠檬代替酒类，盛大的宴会完全消失，只留下关于这些宴会的记载的那一天会来临。不但如此，任何一位现代禁欲主义者都不会为他们的美德感到自豪，他们只是听从了福音中的训导：

"斋戒时，不要做伪君子，不要面带愁容……不要让人知道你在斋戒，主在暗中观察着你。"

古代的牧师如果能与现代的禁欲主义者交谈一番，也会受益匪浅。瓦卢瓦王朝(1328~1589)时代形成的"生活"、"欢愉"和"奢华"都遭遇到了什么呢？即使是现在，在英国，或是任何一个现代上等阶层，甚至是比瓦卢瓦王朝时代低得多的现代贵族阶层都不能与之探讨薄伽丘①的故事。现代的人害怕说出一个不妥当的词，甚至害怕谈论身体最纯洁的功能，或是谈论内衣这种直接与肌肤相接触的衣服。他们只谈论高雅的事物，只有那些教导我们的人，那些谈到旅游时便告诉我们民族风俗习惯、谈论政治时便告诉我们当前局势的人，才被我们看做是了不起的健谈者。过多的笑声、玩笑以及粗犷有力的手势都是不允许的。四肢要规矩、要保持不动，要避免那些令人感到愉快的、伴随着谈话所做出的自然的手势；音量也被压得几乎听不到。古代的牧师说："圣保罗说'像圣人一样，私通、猥亵不曾在你们之中提及；猥亵、不适当的愚蠢的言谈及戏谑也不要在你们之中发生'。这些人把他的劝导执行到了一种言过其实的程度。"

在这些行为举止的逐渐演变中，我们发现，通过服装的简化，不再穿着有衬架支撑的裙子、改进了紧身胸衣和鞋子，使拖着长长后摆的拖裙也消失于大街之上，推广统一的服装，卫生学成为这些潮流的引领向导。设想一下，如果一位古人突然出现在我们当中，他会问："为什么这些人都在苦行？我看见男人不带装饰，头发剪得非常短；女人穿着朴素，在大街上行走，既无假发，脸上也无任何装饰，头发只是简单地打个结。伯爵夫人也衣着朴素，穿着像修女一样的黑色衣服，与穷人相差无几。黑色的马车如殡车一般，仆人们则像穿着丧服。再也看不见有使大街充满生气的华宴。人来人往，但却都安静而庄严。"

有谁能说服惯于宣传奢华的古人，告诉他这样的画面并非代表苦行时代，而是普普通通的日常生活呢？

从现代人的角度讲，他们也绝不会认为自己是因受惩罚而过着痛苦的生活。恰恰相反，当他们追溯过去的社会时，会感到吃惊。他们绝不愿倒退到使人成为华丽服饰和胭脂膏的奴隶、由于淫荡而伤害自己、由于传染病而死去的年代里。

① 薄伽丘(Giovanni 1313~1375)，文艺复兴时期意大利作家，《十日谈》的作者。

他们从无数枷锁中解放出来,认识到更高层次的生活乐趣,使今天的生活变得如此美好和舒适,对上几个世纪的贵族来说是一个难解的谜,这就是生活之谜。

僧侣和生活在尘世中的人们也许曾用一种类似的方法想象对方。那些摆脱尘世枷锁及一切浮华虚荣的人，具有生活乐趣的秘密以及他们是否惊讶地看着那些当时所谓的乐趣,至今不得而知。而世俗的人将头用假发装饰起来、把脚硬塞进狭小的靴子中,他们还毫无意识地把这种类似于死亡的方式称之为“生活和乐趣”。

实证科学的另一个贡献就是直接渗透到了道德领域范畴。通过社会学的统计方法揭露了不道德和犯罪的社会问题,社会学统计法还研究了社会客观事实。犯罪人类学表明:遗传的“低劣人种”是那些对环境中所有道德传染病易受感染者。莫雷尔关于堕落理论以及郎布罗索卓有成效的罪犯理论,无疑给这种混乱带来了光明,关于人类善恶的评价也就泾渭分明了。“堕落”的形成主要源于神经系统,因此产生的一切畸形人格与正常人“分道扬镳”了。他们具有一种不同的智力与道德,错误的知觉、推理、幻觉,异常的意愿,如冲动、优柔寡断和疯狂,这样的意志异常现象以及畸形智力形成的一连串幻想的道德感的缺陷，使这些人处于一种非社会正常人的位置。

神经衰弱和精神恍惚使这些人对工作提不起兴趣,成为无生产能力、只能靠别人的劳动果实生存的人。这个基本的事实——即把抢劫行为归结为不愿意劳动——使得他们充分利用那些为犯罪提供外部手段的环境因素。这些人是“坏人”,但是如果我们更仔细地观察,我们就会发现我们不得不对付的不是邪恶,而是非常态环境和社会普遍存在的错误。如果事实果真如此,这些并非是由于他们自己的错误,而是因出生在不幸的环境中、为社会所迫走向毁灭的“坏人”,才是真正的“受害者”。经过仔细调查研究后,他们的整个历史揭示了这个事实,从刚一降生,他们就已经成为了猎物,受到冷落。由于心理缺陷、意志紊乱、性格反常以及缺乏个人的吸引力,他们不被人们所喜爱。从受父母的虐待、学校的虐待,到受社会的虐待,使他们备尝人间心酸。

莫雷尔描绘的“民族亡者”中的第一幅画给人印象深刻。根据他独到的理论,如果说不是非常确切,但也综合地涵盖了这种现象。当人出现退化问题时,就会产生畸形儿,并在以后的两三代中增加,一直到最后退化到极点。莫雷尔认为,疯子、罪犯、癫痫病人和白痴构成了令人伤感的人类毁灭群体。一个留下强壮后代的人虽死犹生,他在后代身上得以再生,因为青年继承了老年。只有退化了的人才会灭亡,因为他们的种类已经“灭绝”,而他们几个可怜的后代却代表着一种“活着的痛苦”。这个生活在健康人中并暴露出其弱点、幻想、激动、愤怒、自私的“即将灭亡的种族”,最终被驱赶进活人的坟墓——疯人院、监狱。

这是一幅多么生动的悲惨画面,一个对人类多么严重的警告啊!一个“错误”便会断送他的一生,因为它像《圣经》诅咒的那样,将其传给子孙,走向永恒的地狱。

想到那些天真无邪的孩子会遭此厄运是多么可怕啊!当我们获取人生真正的奖赏和惩罚时,很明显我们现在的生活并非就是一切,而是其延续。这种选择很大程度上掌握在我们自己的手中。我们是要一个美丽、健康、富于创造力的孩子,还是要一个畸形、瘦弱、思想贫乏、不爱我们、不理解我们的孩子?遗传卫生学是道德卫生学最重要的组成部分, 拯救个人生活如果只能通过关心整个人类的卫生生活才能达到目的,那么也只有严格遵守健康法则和生活法则,才能拯救人类。酗酒、吸毒、过度疲劳、身患疾病、放荡不羁、犯罪、懒惰都是退化的根源。正是为了解救人类,科学才不断地宣传这些东西;也正是通过这些途径,美德才得以发扬光大。但最重要的是,科学传授了伟大的“宽恕”法则,到现在为止,这个法则还一直是宗教道德的一个奥秘。

几年前,没有人——无论这个人多富于同情心,多么慷慨大方——能像科学那样公正。科学指出,我们应该为那些社会原因的牺牲品负责,我们必须明白自己同样犯有低等人所犯的罪行,并应该竭尽全力,帮助他们获得重生。只有圣人在他们为芸芸众生树立美德典范,并为一切罪过承担责任的时候,才有对真理的直觉。“你必须有责任感,”圣约翰·克莱索斯托姆说,“不仅为拯救你自己,也为拯救全人类,祈祷者将全人类的利益放在了自己的肩上。”

可以肯定,如果某位圣人将整个人类中的畸形人全部消除,如果有一种与之相似的道德对人类的疾病、虚弱和痛苦报以冷漠的态度,那将不会有优生学诞生于世了。只有认识到这些,我们才能追溯不健康的原因,才能将人类从危机中解救出来。死亡的原因如同细菌一样看不见、摸不到,喝了毒药的人还以为是在品尝琼浆玉液, 如果不是那些患者和弱者在我们面前展示出使我们走向死亡的错误,我们便会蒙受灭顶之灾。科学并非像医护人员那样严格地将自己束缚在关照病人的工作上,而是通过它那敞开的大门渗透进来,向着正常人性相反的方向,对自己所面临的危险毫无察觉。科学的最终目的不是关心病人,而是关心人类健康。我们把有益于身体健康、大大降低死亡率的非常卫生的“惬意感”归功于病人被集中起来进行照料这个事实。

优生学使得我们能够养育出优良的后代,使人类不仅得以延续,而且使我们的后代比前一辈更加生气勃勃、生活幸福。因为我们出于仁慈,已经把神经衰弱者、癫痫病人和不健康的人集中起来了。也正因为如此,我们才必须寻找通往健康的道路,开启更加幸福生活的大门。

当基督向人们指出拯救之道时,他指着那些被社会遗弃、邪恶的影子在他们身上显而易见的人(因为邪恶的根源太复杂了,因此常常不为人所见),说道:“你用耳朵听,却不领其义;你用眼睛看,却视若无物。”

但另一方面,其后果是显而易见的,为了获得拯救,人的“意愿”认为将他们慈悲地、不反感地集中在一起就足够了。圣马太说,在最后的审判时,被淘汰的将与被拯救的分离开来,上帝会把那些被拯救的人们召集到他的右手边说:“来吧,我的主啊,将这些从创世纪起就为你们准备的国土拿去吧!因为我饿了,你们给我肉吃;我渴了,你们给我水喝……我没有衣服,你们给我衣服穿·……我身陷囹圄,你们来到我身边。”正义问道:“上帝,我们何时曾见您饥饿、口渴、一丝不挂?我们何时曾见过您生病、身陷囹圄,并在这时来到您的身边?”上帝说:“因为你关照了我的同胞,所以也就是关照了我。”然后,上帝对他左手边的人说:“滚吧,该死的,滚到永不熄灭的烈火中去……因为我饿了,你们却不给我肉吃;我渴了,你们却不给我水喝……我病了,身陷囹圄,你们却看不到我。”这些人说:“我们何时曾见您饥饿、口渴、一丝不挂、生病、身陷囹圄,而没人来照顾您呢?”上帝回答:“因为你们没有关照我的同胞,所以你们也就是没关照我。”

这就是异教与基督教道德之间、智慧的希腊哲学和实用的现代科学之间、艺术的理想与“生活”的现实之间的根本区别。

第10章　儿童的道德与信仰

学校是培养“社会情操”的地方，是学生的天地。实际上，问题不在于学校，也不在于学生间的交流，而在于如上所述的其目的，在于培养这种情操的教育。

实证科学使我们认识到了基督教的一部分。我们几乎可以说，寺院制度实际上代表了历代不同文明国度中唯一的生活形式——而今天，科学已经将这种生活展示出来了。

在那混乱、无节制的年代，只有他们实行了现在普遍认为健康的饮食方式。他们吃粗制的面包、新鲜的水果、喝刚挤出的鲜奶，他们多吃蔬菜，少吃肉，他们饮食简单但又非常规律。他们从人口稠密、受到污染的大城市搬出来，住在旷野中宽敞的房屋里，或至少是独处。如果有可能，他们尽量住在地理位置比较高的地方。他们的奢华不在于富丽堂皇的家具，而是庭院宽敞，甚至能在院中居住。他们的奢华还在于宽松的着装、舒适的马鞍、光足赤脚、羊毛外衣、体育锻炼、农业劳动以及旅游，这些使得他们几乎成为现代运动生活的先驱。修道院将博爱洒向人间——接纳穷人、照顾病人，似乎在用这些方式表明更自由、更具优势的生活只是一个方面，它必须与帮助人类相辅相成。他们代表了社会和智慧的精华：保存手稿、珍藏艺术品的正是本笃会①的僧侣，实践了农业的正是圣伯纳德②的门徒，

---

① 本笃会是天主教的一个隐修会，又译为本尼狄克派，529年由意大利人圣本笃在意大利中部卡西诺山所创，遵循中世纪初流行于意大利和高卢的隐修活动。其规章成为西欧和北欧隐修的主要规章。本笃会隐修院的象征是十字架及耕地的犁。

② 圣伯纳德，法国教士、罗马教皇顾问。

宣传和平的正是圣方济[①]的儿子们。

或者可以说以对生命法则和拯救生命的实证研究为指导的现代社会，已经与揭示生命之路的宗教法则有了冲突，并且实现了一种文明的复苏。从某种意义上讲，再造了精神上的古老绿洲。

然而，如果我们大胆地将现代社会和修道院做个比较，现代社会将是什么样的修道院呢？

在这个修道院里，信徒们吃定量的饭菜，穿有益于健康的服装，言谈得体，从不争吵，循规蹈矩，生活情趣相投，毫无热情地进行赈济，仿佛所有这些都只是习惯，或者说是日常职责。他们虽然思索着永恒的生命，思索着拯救来世的惩罚，却从不为这些思想所打动。显示的真相却是：他们失去了信念，互不相爱；野心、气愤、嫉妒、甚至是仇恨驱走了他们内心的平和；由于仁慈已不复存在，堕落便开始在这些罪恶下渗透出来，并显示进一步堕落的迹象。基督教徒们的标准、对生命的尊重，以及通向永恒生命的纯洁奉献，已经同信念一起被抛弃。人类的爱不能与动物的纵欲相提并论，正是通过对全人类强烈的爱、对他人的理解、对真理的直觉的这种纯洁，才如一股香风升起。正是被称作仁慈或爱的熊熊火焰，才使生活充满光明、使万物获得价值。“尽管我把所有东西都拿出来送给穷人，尽管我捐出躯体让其燃烧，”圣保罗说，“但如果没有仁慈，这对我便毫无裨益。尽管我有预知未来、看透一切秘密、懂得所有知识的本领，但如果没有仁慈，我便分文不值。尽管我用人类、天使的口舌讲话，但如果没有仁慈，我便会成为一切叮当作响的黄铜或者是挂钟。”(《圣经·新约》哥林多前书，第十三章)

在“堕落”的修道院里，最伟大、最高尚的学识，尽善尽美已经消失殆尽。如同受堕落惩罚的人，将获得的最后、也是最好的东西丢掉了，只留下那些低劣的东西。

社会修道院却是另一番景象：基本的造诣尚未达到，这就是不同。朝着基督教迈进的社会进步只跨出了第一步，缺乏爱、缺乏仁慈，由于丧失信念、由于精神生活受到压抑而带来的赤贫和空虚，一切都丧失了。实证科学尚未触及人的内心世界，在全球文明力量中，社会环境也还没实现人类所获得的更高层次的向往。

当我们将注意力放在对孩子的“道德教育”时，我们首先应该问我们自己是否真的爱他们，是否对他们的“道德”有着诚挚的希望。

---

① 圣方济，以简朴驰名的圣人，他曾立志做一个为世人奉献的神父。住进学校的神父宿舍，夜半时分苦读之余，到教堂默想，无意中发现了存放葡萄酒的酒柜，终于又发现了尘世间另一妙宝。于是他背弃了主的道路，步向地狱。

让我们更加实际一些吧！父母亲们，你们应该寄予孩子一些什么样的希望呢？欧洲战争对于他们身体造成的危害，远不能与他们所经历的精神危机相比。我们来想象一下，如果有一场更宏大的全球性战争，孩子们都要应征入伍，而且幸存者寥寥无几。因此你就必须向你的儿子进行死亡教育。那么，如果他们即将不久于人世，你抚摸他们柔软的头发、嫩嫩的小手、充满活力的正在发育的小身板，又有什么用呢？

那么，所有爱孩子的人们，一定会投身到这场正义的战争中，一定会为和平而斗争。法国革命时期，德·埃内库特夫人在她的著作《解放了的妇女》中有段脍炙人口的话：

母亲们，你们告诫孩子不要撒谎，因为这对一个自尊自爱的人来说是不足取的；不要偷盗，别人偷你的东西你会愿意吗？这是一件可耻的事；不要欺负比你弱小的伙伴，不要对他们粗暴，因为那是懦夫的行为。这些都是很好的做人原则，但是等孩子长大了，妈妈们又会对他们说："要放荡不羁"。放荡不羁就是要他必须去诱奸、通奸、经常光顾妓院。天啊！这就是那个告诉过孩子不要撒谎，现在却允许她已经成人的孩子去玩弄像她一样的女人吗？尽管她教育孩子不要去偷另一个孩子的玩具，却认为去糟蹋像她自己一样的女人的生命和荣誉是天经地义的。那个曾经教育孩子千万不要欺负弱者的她，现在却允许自己的孩子跻身于奴役别人的暴君之列。

这些母亲们竟然能接受这种卑劣的使人性堕落的事实。因此在现代社会掀起了一场强烈反对白奴贸易的社会运动，同时，保护后代的优生学也逐步兴起。

这些都是大好事。但是，所有这些问题的根源都是一个精神问题。并非说白奴是"被抛弃"的人，他们是毁灭人类的议案以及奴隶制的受害者。如果这样一种阴沉的精神危急时刻围绕在我们的心头，除非是先对这种威胁进行直接的斗争，否则还能有什么样的卫生习惯拯救我们呢？被真正"抛弃"的人是那些一直处于死亡状态却没有感觉到死亡的人。

倘若所有人都已经察觉到了这种危险，那人们就可以仅凭这一点找到拯救之路。被称为是白奴的那些人，他们被社会轻视、被鞭打所压迫，他们大叫要在全世界报仇雪恨，要让全人类蒙受羞耻。但实际上他们不是真正的被抛弃者，或者说他们不是唯一的奴隶。被抛弃的是那些无辜的、受到过良好教育的年轻人，他们没有同情心，对自身的堕落丝毫觉察不到，还虐待那些已经成为了他们奴隶的人,更有甚者,丧尽天良,丝毫听不到良心之声在呼喊:“你为什么要百般挑剔你的兄弟姐妹?不要再如此下去了!”也许,他这样做是在试图保护自己免遭灾难,虽然这些灾难常常是难以避免的。无缘无故地冒着自身和种族灭亡的危险,他只关心为自己寻求社会地位和受人尊敬的家庭。因此,他才是被抛弃在黑暗之中、沦为奴隶的那种人。

他的母亲也同样是奴隶。因为她不能理解曾为其身心健康含辛茹苦、呕心沥血才抚养成人的儿子。当她的儿子被迫离开她,也许是走向死亡,也许是拖垮他自己的身体健康,或是沦为堕落之人时,她却无能为力,只能呆呆地望着他,这时她也沦为了奴隶。她伤心地进行自我解脱,说她的尊严和贞洁阻止了她与儿子同行。仿佛是在说:“我的儿子在受伤、在流血,我却不能去救他,因为道路太泥泞,会把我的靴子弄脏。”真正的母亲会这样吗?母性的情感怎么会堕落到这种程度呢?“她只是高贵、贞洁而已,”德埃内库特夫人哀叹道,“她如果有孩子,这个孩子必须是从未有过什么羞耻的事情可以向母亲诉说,否则她不能将他抚养成人。”

完全失去了权威的母亲也就抛弃了她自己。从另一方面讲,母性的尊严是伟大而具有影响力的。让我们看看古罗马的主妇克里奥拉纳斯之母维特里亚吧!她听说自己的叛徒儿子率领一支他国的军队即将进攻罗马,便勇敢地走出城墙,穿过虎视眈眈的敌人,径直走向那位伟大的首领,并质问道:“你是我的儿子还是叛徒?”克里奥拉纳斯听到母亲的问话,便放弃了这种不应有的背叛行径。

同样,如今真正的母亲们也应该冲破偏见的束缚,带着足够的尊严面对自己的孩子,并告诫孩子:“不要背叛人类!”

是什么压力使母亲放弃了拯救自己儿子的神圣权利呢?又是什么削弱了慈爱,使年轻人蔑视母亲的权威呢?

只有心灵的死亡。

生命道德与信仰

如果实证科学将自己局限于只研究疾病的外部原因，或是只研究堕落的原因,并且只限于对物质生活的卫生方面进行谆谆教诲——也就是说,只保护人的物质生活——它就已经对道德做出了极大贡献，那么我们还能期望从只专注于保护人类“内心生活”的实证科学的道德高度方面得到多大启迪呢?

如果第一部分经过严格认真的研究，追求真理，终于实现了对基督教教义的认识，那么我们就可以推断出，其延续将伴随同样忠实、精确的研究，将成功地填补现代文明的空白。

我相信，这就是我对那些质问我从我的教学法中，对于从新一代的道德和宗教中希望能得到什么的人的最清晰而直接的回答。

若实验医学追溯疾病的根源，成功地解决了有关健康的难题，那么一种集中研究正常人心理活动的实验科学就会导致对生命最高法则和人类健康的重大发现。

然而，这种科学尚未建立，还有待研究者的出现。但是我们能够预见到，给人类物质生活提供保证的全球性卫生学会从医学研究中应运而生，那么这种新科学将创立一种为所有人类道德生活提供实际指南的卫生学。

病人由民间和公共慈善机构凭借良知和经验的指导集中于贫民院中。若实证科学从这里诞生，那么它首先应研究学校，即为了提升社会的整体素质，使儿童集中起来受教育的场所。

逐步取代经验法的科学医学的伟大之处在哪里呢？在经验医学还迷信放血和药物浸泡时，科学医学就已经升华并阐明了被遗忘的、却集中所有全新智慧于一体的古代原理：自然医学致力于与疾病作斗争，战胜疾病的自然力量存在于充满生气的机体中，我们要建立理性医学，就必须依靠这种机体。谁相信医生与药物治愈了病人，谁就肯定是庸医；谁相信“唯有机体”方能治愈疾病，且坚信必须保护和增强大自然为拯救我们而赐予我们的这种能力，谁才是真正的科学家。

如今，需要用于保护自然防病的治疗及对实证医学的整理编纂比以前的定时记录多多了，而且涉及的领域也广泛得多。大量专家不再像上个世纪的医生那样类型单一，这个庞大队伍的数量足以说明实际中新趋势所包含的巨大不同。

回顾一下医学界所取得的成就也是非常有趣的。医学从一开始治愈疾病，就不断发现正常物质生活的规律，为健康者指出养生之道。医学发展到这一步便发现，治愈疾病的最佳方法，与养身所需要的方法相同，因为赐予健康的体魄和医药的天生效力为同一生命之源。举例来讲，我们现在普遍倡导合理饮食，这不仅是那些为了自身健康的人所必须采取的卫生措施，也是治疗疾病的最重要因素。饮食学或营养卫生学无论是对不幸的痛风患者、粗皮病患者、感冒患者、肺结核患者，还是对糖尿病患者来说都是至关重要的。相比之下，氧化锂盐、咖啡因和杂酚油都无济于事。现代的趋势是统统废除这些无益的治疗，取而代之以疗养、健身体操、水疗及气候疗养等自然疗法。精神病学和神经病理学已经在采用工作疗法——即用一个井然有序的智力活动的疗程，提供给初显精神病症的病人。正如在这一方面取得的进展一样，"自然治愈"的概念将会取得胜利，这是所有人都更清晰的概念，即这是维持生命的动力。

只有大自然才会无所不能，如果一位医生想有所作为，他就必须紧跟大自然的脚步，并用与日俱增的热忱来顺从大自然并服务于大自然。这种研究自然会导致人们阐释身体健康所依靠力量的愿望，而且有关这些"免疫力"的研究已经成为所有医学研究中最卓越、最具影响力、最科学的研究。

当梅基尼可夫①认为他已经发现了血液中的白血球能吸收并消化活的微生物，因此使人类免于传染病时，一线清晰、平常的光芒好像照亮了所有秘密。然而，他的理论一经发表，便为后起的研究所推翻了。他的理论被这些研究置于毁灭性的批评之下，因为白血球并不能永远吸收活细菌，要使白血球具有这样的功能，机体必须具备特定的"条件"，于是问题的结点变化了。而且真正致病的不是微生物，而是毒素。这样毒素理论似乎成为研究的真正指南。但是，我们又陷入了并发症的泥潭。因为很明显，我们只掌握了免疫力的表面现象，所有研究需要我们揭示的就是两个字——奥秘。

基于这个原因，对于免疫的问题，至今大家都避而不谈。过去曾经是非常普遍的想法，到现在却成了连在校大学生都不是很清楚的研究。

无论如何，除非认识到研究生命奥秘——这种奥秘就是隐藏生命的源泉，但又随时随地显示其力量——的紧迫感，否则要发展建立在自然力基础之上的医学科学是不可能的。

这种我们见不到、确实又是健康与痊愈的根源，总是存在于我们一切努力需要达到的最高点。从那里发出的使心脏跳动的力量是我们能够感受到它存在并使生命的复兴显而易见的唯一事实。因此我们必须把医学科学与这个奥秘结合在一起。

这种结合也许将由研究灵魂健康与病理的科学来实现。这种结合若发现灵魂也会腐化、会染上疾病、会死亡，还发现它自身健康及自然医药效力的规律，那么尊重并帮助这种生命宝贵力量的疗法就应得到无限发展。同时，这种神秘的源泉就会与免疫问题一样，进入现代医学领域。这样，生命、道德和宗教便能牢固地结合为一体。

---

① 梅基尼可夫(1845~1916)，俄国动物学家及细菌学家，1908 年获得诺贝尔医学奖。

父母与儿童的不断"斗争"

现在让我们回到两岁半或三岁孩子的话题上来吧！他们这个年龄什么都要碰一碰，摸一摸，尤其是那些他们显然很喜欢而且还特别简单的东西，例如纸质的立方体、四方砚台、闪闪发光的圆形铃铛等这类"都不属于他们的"物体。

因为不属于他们，所以妈妈走过来，把这些东西都收走了，还爱抚着拍打孩子的小手，说道："别碰！淘气！"我曾亲眼看到过这种情景，这种场面并不为人所察觉。例如，父亲是位医生，正伏案工作。妈妈怀里抱着宝宝，宝宝不停地伸手去摸桌上的东西，孩子的父亲对我说："这孩子虽小，却非常淘气。尽管他妈妈和我总是想方设法制服他爱随便碰我东西的毛病，但是我们都没有成功。""淘气！你这小淘气！"妈妈不停地叫着，紧紧抓住宝宝的小手，小家伙身子向后一仰，大哭起来，小脚也胡乱地蹬着。

等孩子长到三四岁时就更爱动了，他们希望有事情可做。细心的家长们发现，孩子具有某种"倾向"，他们模仿母亲的一举一动，如果他们的母亲是家庭妇女，他们便乐意跟她下厨房。他们希望分担母亲的工作，想碰母亲需要碰的东西，他们偷偷摸摸地捏面团、做饭、洗衣服、拖地板。妈妈们被他们搞得疲惫不堪，于是不停地说："你安静一会儿，别动！不要总缠着我！去！去！"孩子便大哭起来，躺在地上乱踢。过了一会儿，一不注意，他们就又偷偷摸摸地忙活了起来。忙着洗衣服，结果全身弄湿了；未经许可想把浓汤藏起来，结果弄脏了地板。母亲大发雷霆，于是向他大喊、责备他，孩子则以调皮和泪水反抗。不久之后，所有这些照做不误。

如果妈妈不是在做日常的事务，那么如果这个孩子聪明一些的话，就会更不幸。他会寻找事情做，但当找不到时，就会无缘无故地大哭大叫，无缘无故地勃然大怒。有的父亲为此几乎绝望，叹息道："我的孩子非常聪明，可是太淘气了！什么都不能满足他，给他买玩具也没用，不管怎么做都无济于事。"

这种的情况下，妈妈会询问我："孩子淘气时，我该怎么做呢？孩子发脾气时，我又该怎么做呢？孩子太淘气了，从来没有安静过，我实在是没办法了。"

我很少听到有妈妈这样说："我的孩子非常乖，因为他总是睡觉。"谁都听到过可怜的母亲用威胁的语气对怀中大哭的孩子大声喊："不许哭，我叫你安静点！”可想而知，孩子会被惊吓住，哭喊得也就会愈加厉害。

这就是人类初次步入这个世界的第一个战役，他必须与给他生命的父母作斗争。这种斗争之所以会发生，是因为孩子的童年生活与父母的生活“全然不同”。小孩子要塑造自我，而他的父母已经定型。小孩子必须要东跑跑，西跳跳，这是为了协调其尚未受到控制的行为。而父母却要使孩子的活动循规蹈矩，并给以严格控制，也许他们这样做后也感觉非常累。儿童的感官发育还不完全，适应力也有限，他们要弄清楚物体及空间，就必须借助于触摸，孩子们的视觉通过触觉的经验得到纠正。相反，父母的感官都已经发育完成，已经纠正了这些感官的原始错觉，如果他们的适应力没有被陈规陋习所糟蹋，那肯定是完善的，因此他们一般来说已经没有触摸的必要了。孩子们非常渴望从外部世界获得知识，而他们的父母对这些已经相当熟悉了。因此，父母不能理解孩子。同样，孩子也不理解他们的父母。

父母都希望他们的孩子能像他们那样去做，孩子们做得稍有不同便会被说成是“调皮”。想一想妈妈硬拖着孩子跑的情形，妈妈走的时候他需要跑才能跟上，因为他的腿短，而妈妈的腿长；孩子还很弱小，而妈妈却身强力壮；他必须承受身体的重量以及他那与身体相比不成比例的大脑袋的重量，而妈妈的头与身体的比例要匀称得多。孩子跑累了，就会停下来大哭，妈妈于是便责骂他：“快走！你这淘气的小东西！我可不会任你胡来的。懒虫，是不是想让我抱你走？别想！我不会抱你的！”再或者，当妈妈看到孩子坐在地上或趴在地上玩，时，就会大叫：“起来，淘气包！看你这身衣服弄得多脏！”

所有这些都可以这样解释：“孩子与成年人不同，他们的身体构成是这样的：头、身体与其细小的腿——因为腿是发育最多的部位——比起来显得很大。因此，小孩子不能走远路，却喜欢身体全部放松舒展地躺着——这种姿势对其健康最为有利。他们具有令人惊讶的发育速度。为了认识物体的形态及其距离，儿童产生了外部生活的最初念头，用触摸来辅助视觉和听觉。他们手脚动个不停，因为他们需要协调、适应灵活性。因此他总是在动，但很少走，我们可以把他放在地上，任他摸、爬、滚，这正是他们生机勃勃、不断成长的展示。”然而，所有这些却被成年人看做是“淘气”。

很明显，这并非道德问题。我们没有探索能纠正那些新生儿有堕落倾向的方法。不，这不是道德问题，而是生活问题。

孩子在寻觅生活，而我们却想妨碍他们。从这个意义上讲，这确实成了道德问题，因为从我们自身角度讲，我们确实已经开始伤害和侵犯别人权利的错误了。而且我们的利己主义深深地隐藏在对待孩子的错误中,我们生孩子气的真正原因是孩子给我们带来了麻烦。我们和孩子们斗争,是因为我们要保护我们自己的安逸和自由。在我们的内心,我们经常感到自己遭到了不公正的对待,却又不愿意在孩子们面前表露出来。而孩子们并没有指责我们,并非对我们持有恶意,恰恰相反,正如他们始终改不掉"淘气"——这形成了他们的生活——一样,他们一直坚定不移地爱我们,原谅我们所做的一切,将我们的过错忘掉,渴望与我们在一起,坐在我们的膝盖上、在我们的怀中入睡。这也是一种生活形式。我们如果很疲惫或是感到厌烦,就会冷淡地拒绝孩子,还假惺惺地用关心孩子的借口说"不要这么撒娇啊",以来掩饰自己的私心和对孩子的欺骗。"调皮、捣蛋"之类的话简直成了我们对孩子侮辱和中伤性的口头禅。然而,儿童的形象也许是完美的象征,"没有邪念、分不清真善美、什么都能忍受、什么都相信、什么都渴望……"至于我们——不,我们怎么能总是先想到自己呢!

如果孩子与成年人之间的这种斗争能"和平"解决,成年人愿意接受孩子童年生活的自然需求与条件,竭力帮助他们,那么我们成人将向着大自然赐予的最崇高的愉悦迈进,即遵循儿童的自然发展,并看到人类向前发展。如果初开的玫瑰花蕾能成为人们经常称颂的诗歌,那展现儿童心灵的诗歌不是更伟大吗!现在我们为了让孩子伴随我们,并使我们自己感到安逸,我们却把这个上天赐予我们就在我们身边无与伦比的礼物狠狠地踩在脚下、对他们进行疯狂的亵渎。

只有创造才是仁慈的

尽管有"各种各样的惩罚",孩子们在渴望东碰碰,西摸摸的时候,还是会义无反顾地去做,以满足"其发育的需要"。尽管他们的力量微小,但他们还是显示出了顽强的意志。在呼吸、饥饿时的哭嚎,以及想走路时站起来就走的过程中都显示了强烈的意志。同样,对待为了满足自己需求的外部物体也是如此。一旦孩子看到这样的物体,便会非常高兴地将精力用于肌肉和感官的运动中。如果找不到这样的东西,便会像欲望得不到满足似的烦躁不安。玩具太轻,不能满足双臂搬动、抬起玩具时需要做出的努力;玩具太过复杂,不能满足需要对单个感觉做出分析的感官。玩具是一种虚荣,本身代表着现实生活,是对实际生活的模仿。然而,它们组成了儿童的世界,在这个世界中孩子处于一片责骂声中,"消耗"着他们的潜力,而这些责骂又刺激着他们去毁坏东西。

幸运的是,儿童没有总是听到人们说他们具有毁坏的“本能”,他们也不熟悉另一种说法,即“天赋”本能。换句话说,自私在他们身上得到了充分的发挥。而儿童自己却只是使这种不可抗拒的本能发育成长,以促使其自身的发展和完善。在生命的每个阶段,儿童都凭本能竭力为下一阶段做准备,这个事实比起我们强加给他们的荒诞本能来要容易理解得多。

试想一下,如果我们允许孩子们只按他们自己的意图去做事,那么他们就会立刻“变了”。在“儿童之家”,一把梳子就足以使最调皮、最具反叛精神和那些被教师认定为需要“调教”的孩子,变得活泼、迷人、乐意为同伴梳理头发。一个孩子走过来,伸着胳膊要我们把袖子给她放下来,如果我们对这个笨拙又显懒惰的孩子说:“你自己放!”孩子的眼睛里便会立刻闪出一丝智慧的光芒,袖子放下来后,疲倦的小脸上会闪耀着满足的骄傲和惊喜。当我们给孩子们一个小盆和一块肥皂时,他们唯恐会把盆摔坏,于是非常仔细地用肥皂把盆洗干净,放回原处,然后轻轻地放下肥皂。这如同在音乐的伴奏下,把任务交给一个有音乐伴随的活动木偶。木偶即儿童,音乐则是他们的快乐。

这些孩子每天都在对穿衣服、清洁、洗涤、梳妆、调整周围的东西等乐此不疲。他们会很喜欢有用的东西,甚至是将一块纸片保留好几年。他们不是在敲打家具或摔坏东西,而是在使自身的活动更加完善。

但是,我们却不顾已经引起的反抗和恐惧,阻止他们的自我完善,千方百计地使他们受我们的约束。我们温柔地哄骗他们、靠近他们,因为当一个孩子打坏了东西,他显然会很伤心,会尽量自行纠正错误、完善自己的行为。因此我们不应让他们感到恐惧,因为恐惧是“造成错误肌肉部分悔改的”自然反应。但是,我们却把一些不容易摔坏的东西给他们,如金属的盘子、盆、水杯,以及毛绒玩具、橡胶娃娃等。这样孩子的“错误”被掩盖起来,机体的每个错误都不会被孩子所注意,他将不会再为做错事而难过,也不会为完善自身而努力了。他会深深地陷入错误之中,笨手笨脚、反应迟钝、面无表情、怀里还抱着一个鼓鼓的玩具熊!他们被牢牢地束缚在虚荣和错误的环境中,丧失了一切敏感。

成年人把孩子禁闭得更为严密,所有事情都替孩子做,穿衣服,甚至是吃饭。但是,孩子的欲望并不是让人给他穿衣服或给予他物质上的种种满足,他内心真正渴望的是“做事”,是去用自己的智慧践行自己的能力,以提高自己的能力水平。而成年人给了他们什么样的伤害啊!你尽心尽力是为了什么呢?难道是为了让别人给洗澡?还是为了戴上围嘴?所有这些都可以毫不费力地让别人为你做到。你会发现别人做所有这些都会完美、轻松，你不需要动一个手指头，别人就会为你完成上百倍于你自己竭尽全力而做的事情，你甚至用不着自己把饭送进嘴里，就可以把更多的营养吸收了。

魔鬼在荒野中向耶稣展示世界所有王国和荣耀，用来引诱他时，似乎所说的话并没有那么残忍："你若拜倒在我的脚下，敬慕我，我便将所有这些王国赐予你。"然而儿童没有能力像耶稣那样回答："滚开，撒旦！《圣经》上早就写着：你应敬慕上帝，你只应伺候于他。"儿童应遵从上帝的意志，上帝赐予儿童的天性需要活动，上帝还预示儿童应像征服生活那样去征服世界，目的是最终能使自己高尚，并非为了得到永世的荣耀和舒适。但是，儿童禁不住诱惑，他们对于现有的精致的东西，不会拒绝，然而他们的灵魂却得不到进步，于是他们失去了目标。让我们来看看这些孩子：笨拙不堪、脚跟不稳、呆头呆脑、受人驱使！肉体桎梏了灵魂，而这种毁灭性的对被压迫的惯性远远超过了最初他们与成人抗争所受到的压迫。他像罪人一样常常发怒，撕咬不易损坏的玩具，大人给他洗澡、梳头时歇斯底里地哭叫，给他穿衣服时反抗、挣扎。魔鬼允许他做的只有发怒，从而渐渐地他陷入了软弱无力的深渊。大人们说："孩子们总是忘恩负义，他们没有更高尚的情感，一切都只为了自己高兴。"

谁都见过非常有耐心的母亲和保育员，从早到晚忍受着四五个让人感到可笑的孩子，他们边嗷嗷哭叫边玩着金属盘子和布娃娃。他们似乎在说："孩子就这样"。仁慈的怜悯代替了急躁的自然反应。于是我们赞美她们："看，她们多辛苦，多有耐心！"

但是，在这样的过程之后，魔鬼也会有耐心。他也会细心地观察他控制下的灵魂的苦恼和无力的反抗，这些灵魂因空虚而被降伏，因魔鬼的许多奸计而被压迫，他们已经失去了方向，失去了罪恶意识，逐渐陷入不能宽恕的错误深渊中。魔鬼耐心地关注着他们，忍受着他们的哭嚎，还给他们提供不易破碎的玩具，喂养他们，用物质满足他们。可以说，用新的空虚掩盖他们的错误、滋养他们的身体。

谁要是对这样的母亲和保育员产生疑问："她们真的很仁慈吗？"那么，从上帝那里得到的回答就可能是："除了上帝，没有仁慈的人。"这里，上帝即造物主。仁慈专属于上帝，上帝创造出来的都是好的，只有创造才是仁慈的。因此，只有那些帮助创造达到最终目的的人才是仁慈的。

谈谈学校的问题

“听话”和“调皮”的概念在这里一定是界限分明的，因为当老师需要离开教室的时候，她会指定一个孩子在她离开教室期间负责在黑板上写出“好”孩子和“坏”孩子的名字。这个被指定的孩子完全有能力判断出谁“好”谁“坏”，因为在学校里没什么比区分乖学生和捣蛋鬼更容易的事情了。乖学生就是那些安静、不好动的孩子；捣蛋鬼则是那些爱说爱动的学生。这种分类的结果不是很严重，老师还要分别给他们“打分”，这也不是毁灭性的，倒是像评判人们行为好坏的公众舆论。这并不影响社会，而且这种评判既不让人得到荣誉，也不让人受到监禁，只是给了人们一种看法而已。然而，“尊敬”，甚至是“荣誉”及那些具有较高道德价值的东西都要依靠它。在学校里，“表现好”说明有惰性，而“表现差”则说明比较活泼。校长大人的“尊严”、教师及同学的“名誉”，事实上，奖惩制度的整个“道德”部分都建立在这些评价之上。如同在社会上一样，它们不需要任何“法院合格证明”，也不需要任何“权威”，它们是以某种大家都看得见、都可以评判的东西为基础，是外界真正的道德评判标准，任何学生都完全可以在黑板上把这些标准罗列出来。事实上，行为本身并没有什么神秘或具有哲理性的东西，它只是行为的总和，是生命本身的事实。大家都看得见，都可以对此做出评判。

另一方面，还有更为严重的行为，这些行为的后果可以影响周围环境，而且触动了人人都依赖的公正原则。因此，他们需要“有权威的判决”，凭借这种判决才会没人再有争议。为此，一种类似于最高法庭的东西开庭了。

考试时，学生们一个挨一个地坐着，教师让他们当场举出所学知识的例子，或者说是交一份真实的“合法文件”，人人都可以评判的证明，即作业。无论是听写、作文，还是习题，如果有哪位学生帮助别的同学，那便不只是调皮，而且是品德败坏，因为他不仅活动，而且是为别人活动。那么对他的惩罚可能非常严厉——考试作废。还有可能意味着整整一学年的学习化为乌有，他必须重修那年的课程。帮助别人的孩子心地是善良的，但是他却被罚几个月后重新参加考试，或是被迫降级一年，全部从头开始。这个善良孩子的家庭经济情况可能非常拮据，他也许是竭尽全力去争取获得好成绩，这样便可以尽快靠他绵薄的劳动去补贴家用。谁知道这家的状况会怎样牵扯一个孩子的心呢！他或许是从那个困惑的孩子身上看到了这个孩子和他一样处于同一种情况，由于贫困家里的争吵声或缺粮问题常常使他躺在床上难以入睡，早上起来，神志不清，那不幸的同学在考试前夕也许也正处于这种情况中。

要知道，在有些家庭，做母亲的天天在算着本学年过去了多少天。因为在她看来，这么多的日子被白白地浪费掉了。孩子考试时，她又很自然地担心地注视着她的孩子，看到孩子回到家，可能还没到家门口，她便会把头伸出窗外，问道："考得怎么样？"这样的情景会浮现在孩子帮助他同学时的脑海里。

他完全可以不将试卷给别人看，自己做进一步检查、修改，或是第一个交卷。在公正的原则中，完成试卷所需的时间应以分钟计算，几乎像心理实验时所用的精密计时器一样，原则也是严格的。教师在学生上交的试卷上，会注明交卷时间：10点25分、11点5分。如果两份考卷成绩相同，而且比别的试卷都好，很难从内容上判定哪份试卷更好，但又要决定出谁是第一时，这个决定非常重要，因为这涉及奖励问题。在这种情况下，标注的时间就起到了关键作用：一份是10点30分上交的，而另一份是10点35分上交的，那么10点30分交的那份就被判为是第一名，因为他能比他的对手提前5分钟完成同样的试题。奖励有时是没有任何根据的，因此勤奋的孩子在复习考试时，必须要多加小心。刚讨论的那两个学生同样聪明、伶俐，但一个带了好钢笔、好墨水，另一个却没有。而这个学生疏忽的代价是失去了奖励。事实上，买钢笔的是父母而不是孩子。公正地说，所有学生都应当使用同样的钢笔。但是，我们又陷入了一个顾虑重重的泥沼，公正的原则也因此被掩盖。不，公正的原则必须是严格的，不应该顾虑重重。现在，帮助同学的那个聪明孩子失去了时间，因此失去了部分优势，也因此为了别人而"牺牲"了自己。

毋庸置疑，这种惩罚绝不能以体谅、宽容来迁就。家庭状况、孩子的母亲……一切都不能成为废除考试成绩的理由，即使是最严重的犯罪也可以存在减刑情况，但学校却另当别论。在学校，我们必须面对这样一个事实：人们的思想总是相互渗透，我们因此不能仅仅以孩子的功课去判断他们的优劣。况且，考试是对个人的测试，如果最后的期末考试作废，那么违法者就要重修一年，那是整整一个学年。这与犯罪不同，罪犯服刑是以月、周为计算单位，而学校里以学年为单位。而且对于罪犯，我们还可能会考虑到他的罪行也许是不可抗力或环境造成，但是谁能控制自己不去做好事呢？做好事当然不是一种不可抗拒的冲动了！

然而，为了预防引起类似的麻烦，学校一直不断地教育学生不能互相帮助，甚至达到了直接阻止学生间相互交流的程度！这算什么追求目标！聪明务实的教师采取非常普通的战略战术，而且对学生在这种暗地里采用不诚实的竞争手段了如指掌。孩子们互相支持,互相交流,他们什么办法都能想出来。例如,如果一个学生在按老师要求背诵课文,别的同学给他提醒,被老师听到了,那么我们就会看到:坐在这个学生前面的同学就会把书打开,紧贴在肩膀上,这样背诵课文的同学就可以看到。或者老谋深算的老师为了不让背诵课文的同学得到任何帮助,让他从座位上出来,到讲台上去背诵,那他的同学就会向他打手势,比如用哑语来帮他。如果老师再让背诵课文的同学将脸转向一面墙,而老师则目不转睛地盯着全班同学看,那么这个背诵课文的同学就完全被孤立起来了。“没什么能逃脱”聪明老师的目光,她能当场抓住一张某个学生揉皱了扔在另外一个学生课桌下的纸条,她能抓获两个孩子以需要为借口互相交换上面写了字的吸墨水纸。

因此,制作合理的课桌应该是前面敞开,否则要从桌子下面递东西就太容易了。有了不仅能促进健康,而且能促进“道德”的课桌,诸如此类的狡猾手段就难以实施了。

事实上,从道德的角度上讲,前面敞开的课桌使得对学生的监管也变得更轻松一些。因为学生总是一个挨一个地坐着,没有任何精神方面的交流,他们被老师不断的大喊大叫搞得头脑发麻。因此有很多孩子常常染上诸如手淫之类的毛病,这样的毛病来自于教育本身的陈规陋习,而这样的坏习惯又不像脊柱弯曲、近视或是过度疲劳那样被公开讨论,但是这种恶习在很早,甚至在科学对这种学校环境引起的疾病进行研究之前就已经被认识到了。久坐的习惯妨碍了骨盆的血液循环,导致血液的不流动,而且我们给孩子提供了其他宣泄精力的措施吗?正因为如此,孩子们以令人感到惊讶的方式进行宣泄。

“前面敞开的课桌使得学生不可能做出任何伎俩。而且在学校里还兴盛起许多与此作斗争的防范性措施。例如,在罗马的学校里,监管制度和措施都非常完备,甚至完备到不允许学生上厕所。众所周知,‘厕所问题’能引起很大的混乱,如果某个孩子厌烦了一动不动地坐在那里听老师讲课,他就会请假上厕所。学校严禁学生在走廊逗留,走廊一直有人看守。因此,为了提神,他只能在厕所里长时间地逗留。但这些人就此上厕所成瘾,于是学校决定采取制裁措施。现在,学校从生理角度计算出了如厕的更准确时间,在某个固定时间段,所有学生在教师带领下,像士兵训练一样,两人一行上厕所。第一排的学生过去后,第二排等待,然后第三排、第四排……每排上厕所都要记录时间。学生如厕完毕,出来之后再继续排成队伍。不难想象在四五十人组成的队列中最后那对学生进厕所时的情景了。那么既然这些学生绝不是为了敷衍,生理计算上厕所的时间也算是好事,所以我们不会去考察从卫生学角度会得到什么样的结论。但是我们可以看看厕所外面的情形:每个便桶前装有一个小门,门上门下都有很大一块地方没有遮挡,这样谦让和道德都能同时得到保护。在小门里,除了大小便外,别的什么都不能做。有些学校厕所更加现代,没有便桶座,便池安装在地上,这样就避免了接触,保证卫生。如厕时不舒服的姿势也使得学生不再长时间逗留。很显然,这样的装置在普通公寓、临时收容所和学校是最好最实用的。"

培养儿童情操的教育

学校是培养"社会情操"的地方,是学生的天地。实际上,问题不在于学校,也不在于学生间的交流,而在于如上所述的其目的,在于培养这种情操的教育。因此,我的教学法为大家所知时,尽管我已经说过在有些地方,孩子们在一起生活、一起学习非常惬意,但还是有人用批评的语调问我:"如果孩子们自己学自己的,那他们怎么培养社会情操呢?"因此我们只能得出这样的结论:这种让孩子们同时做一件事,甚至连上厕所都要同时去的管理制度,就应该是在培养他们的社会情操了。也就是说儿童世界与成人世界的完全对立。在成人世界,虽然每个人都有自己独立的事情需要去做,但是有交际能力指的是相互有礼节,并能互相帮助。而在儿童的世界,善于交际却指的是身体姿态的一致性和集体行动的统一性,与快乐和礼节毫无关系。在成人社会中的互相帮助在儿童世界里则被认为是最严重的错误,是对纪律的最大冒犯。

现代教学法要求教师像古典寓言那样,对每篇课文都从道德层面进行总结,无论这篇课文讲述的是鸟、黄油,还是三角形,最后教师都要以指出道德论点来结尾。"教师必须不失时机,"教学法专家说,"讲出道义是学校教育的最终目的。"

"互相帮助"是教学法需要避免的问题,因为所有道德的主调——学校也不例外——是要"互爱"。要劝诫孩子们相互帮助,并显示出互爱,教师可能需要分三个阶段采用一种心理学方法,这三个阶段分别是:区分知觉、联想和意志,或采用因果关系法。这取决于教师想采用哪种方法,但无论采取哪种方法,她都要保证始终使她的班处于纪律严明、听话的状态,因为这两者是必不可少的组成部分。但是,为学校的教育机制提供最为必要的支柱的因素仍然是奖惩机制。

教育家们用奖惩制度作为他们处理问题的主要方式,所有人都或多或少地承认应该用一些外部刺激来引导在校的学生们学习,引导他们要有良好的行为举止。但也有些人认为最好还是灌输给学生爱的品质和责任感,而不是因为畏惧惩罚而阻止他们做坏事。这种想法被公认是高尚但不切合实际的。想象孩子能仅仅被责任意识的愿望所刺激,那是“教学法的荒唐”。让孩子胸怀大志地通过勤奋学习,有朝一日在世上达到一个显赫的地位,就能在辛勤耕耘的美好行为道路上不懈地前行,这也是不可靠的。一些直接的刺激、一些在他行为做出的当时就能给予的赞许是必要的。但是,人们一直建议采取一种折中的办法,即惩罚不应太严厉,奖励也不应太炫耀,这种办法目前已经非常普遍的被采纳了。实际上,不久前在监狱、精神病院以及学校中还司空见惯的棍打和体罚已经被学校废除。现在学校里的惩罚要轻得多:给低分、斥责、向家长出示对学生不利的学习通知书、停学等。颁奖仪式已成往事。过去,在隆重的仪式上,获奖者如凯旋般登上领奖台,从当地最高贵的知名人士手中接过奖品,这些高贵人士一边颁奖一边给予亲切的鼓励。下面的观众主要由父母、亲人组成,他们自豪、兴奋,低声说着赞美和羡慕的话语。现在,所有这些都被废弃不用了,奖金、奖品都只是在学校的前厅,由执礼杖者简单地发给获奖者。

重要的是,孩子应该得到他应得的奖品。昔日学生能够带在胸前的奖章现在已经被废除了,取而代之的是一本书或实用的东西。奖品的实用性已经在我们的学校里找到了市场,也许一位优秀的学生能得到一块肥皂,或是一块做围裙的布料。尽管简单,但是奖励是必须要有的。

然而,通览所有教学法专家的讨论以及奖惩的演变过程,没有谁问过自己:到底什么样的“好”应该被奖励?什么样的“坏”应该被惩罚?或者说,在敦促学生去做某件事情之前,是否问过自己这事本身是对是错,是否判断过其价值所在。

对学校问题的实证研究最终提供了足够的线索,让我们能为陈旧的问题建筑一个新的基地。用奖励引诱学生,消磨他们的神智,伤害他们的智力,这好吗?难道勤奋学习、努力工作、好好做人,这一切都是为了得到奖励吗?当他们为一种无法抗拒的自我保护本能所驱使,竭力避免这些危险时,我们却用惩罚来遏制他们,这样好吗?众所周知,小学的获奖者到高中后都是很普通的学生,高中的获奖者到大学时也是如此,而那些在学校期间能经常获奖的人在生活的浪潮中却几乎很容易被击倒。

认识到这一点,我们再想一想:我们这种一方面压抑、一方面刺激,使学生到头来处于毁灭处境的方法妥当吗?用不着再对他们施加刺激,便能引诱他们把所有精力都用在这些冒险上,那么校园生活的危险不已经是非常严重了吗?近来,有人对一些聪明的获奖学生和一些愚钝的受罚学生进行了一系列较为有趣的比较性研究。某些在科学方面比较有创见的人类学家潜心地研究了这个问题，他们建议调查那些更聪明的获奖者是否表现出更具有形态学方面的优势、是否具有什么特别的先天特质、头脑是否比那些中庸者更发达。而结果却恰恰相反，人类学家们揭示出他们在身体方面显出劣势，即身体低矮、胸围窄小。他们的大脑与不太聪明的人的大脑没什么两样，其中还有许多人戴眼镜。

因此我们得到了一幅更为清晰的儿童生活的画面，他们怀着唯恐出错的惴惴不安之心勤奋地完成所有的任务，这种心理会发展为极度的苦恼。这些孩子要背诵整篇课文，因此不得不舍弃散步、出去游玩，甚至是一个小时的休息时间。为获得第一名的渴望魂牵梦绕，受能够比同伴有更美好未来的幻想所驱使，或使他们相信自己是“国家的希望”以及“父母的安慰”的奖励和奖品所振奋，他们弯腰驼背地向未来前行。而那些马马虎虎的同学们，他们却发育良好，而且是班上最快活的孩子。

其他聪明类型的孩子在家里有家庭教师辅导，或是专心致志照顾家庭受过良好教育的母亲给予辅导。那些比较愚钝、经常受罚的孩子在家里是常常不受欢迎的一类，他们有时在街上闲逛，没人管他们；或者一大早还没有上学就要先为自己一天的吃饭问题干活。在我进行的一次调查中，那些受到奖励可以免试的学生都带着非常可口且丰盛的饭菜上学，而那些班上最差的、常常受罚的孩子却没带什么饭菜，或仅仅带一块面包。

大家千万不要误会，认为我在上面罗列了造成与奖惩相关的所有假象。但是很明显，我们能够通过这些清楚的迹象弄清事实。

奖惩并不意味着结束，而只是学校道德教育的有机组成部分。正如宣布舞弊学生的考试成绩作废一样，这只是教育学生的一个例子，这种教育旨在把个体孤立于群体之中。因此奖励和惩罚都是学校这个有机体采用的一贯方法——即竞争——的极端事件。竞争的意思就是：孩子们看到别人比自己聪明，得分比自己高，并受到了奖励，在这些人获得奖品时，他们便会受刺激，于是便模仿这些人，更加努力，试图超过这些人。因此，这种所谓的体制便得到发展，并且提高了整个学校的工作水平和成就，使孩子们习惯于“经受磨砺”的道德目标。

我们来举一个有关竞争的例子。当观察力敏锐的医生走进学校，他的注意力便为感官所吸引，他发现学生中有许多人轻微失聪。他们听到的比别人少，显然他们相对没那么聪明，因此作为一种“惩罚”，他们这些人被排在教室的最后一排坐着。因为他们从未在听写中表现良好，犯下了难以置信、不可饶恕的错误，因此经常被要求重新听写。竞争和惩罚对他们起不到什么作用，无论把他们安置在教室中离老师多远的位置,他们也没有任何提高。他们很活泼,老师一再地惩罚他们,让他们学会保持安静,并劝诫他们要向那些作为榜样的同学学习,但这些劝诫显然都白费了。许多孩子都患有扁桃腺肥大,只能用嘴呼吸,注意力也不能集中,就是因为他们从来不能集中注意力,他们的学习成绩不好,因此受到惩罚。而同时,善良、细心的老师也在徒劳地与这样张嘴的缺陷做着斗争,他们经常给孩子们讲一些故事,都是有关孩子张着嘴、手指放在嘴里的丑态。

我们发现,许多懒惰的孩子不像别的同学那样做操,他们总是找借口,树立了坏典型。这些孩子大都患有心脏病、贫血、或是肝炎。比耐力、速度的比赛是竞争的最好例子,我们鼓励孩子们在尽量长或尽量短的时间内跑完一段路程。在这里,体力成了锻炼的基础。人类学的研究表明,人类有两种主要体格:一种是胸腔占据优势,另一种是大腿占据优势。胸腔发育良好,肺和心脏功能强,具有耐力要比具有敏捷更符合自然规律;反之就适合于另一类,由于腿长、胸窄,敏捷就占了上风。任何竞争都无法将此类变为彼类。对那些身体随着年龄的变化而变化的孩子的形态学研究,应该作为组成体操队的基础,而不能作为一种竞争。体质和疾病是影响身体强健与否的内在因素,必须加以考察,否则竞争就不可能创造出奇迹。

对竞争的偏爱根深蒂固。1898 年,我在意大利设法与小学联合成立残疾儿童独立班时,还有人在用竞争原则反对我。那些聪明、勤奋的学生榜样不会对残疾儿童有帮助,这些弱者们被剥夺了竞争的刺激后,就会一事无成。

但竞争只在平等的环境中有效,举行"比赛"时,就要先选出"竞争对手"。对一个残疾孩子来说,非残疾对手只能令他感到自惭形秽,他的缺陷和劣势不断地遭到比赛得胜同伴的嘲讽。热心的老师虽然不断鼓励他、劝解他,甚至为了让他克服缺陷而惩罚他,指出应该学习强者什么,但是他还是变得越来越失去信心。能给他们带来一线光明和一线希望的是让他们看到在自己力所能及的范围内能够有所作为,让他们深入到某些他能与别人竞争的领域,从而受到鼓舞。这样他们便会像别人一样,得到安慰,感到振奋,心底微弱的花蕾才会开放。因此,他们的活动需要比正常孩子得到更多的鼓励、安慰和外部刺激。

那个被树立为残疾孩子榜样的正常且聪明的孩子又怎么样呢? 他应该与谁竞争呢? 谁带领他不断进步呢? 如果说所有人都需要拖着向前走的话,那么谁是站在最上面拉他们的那个人呢?因此这个时候谈论这个问题显然不合适了。对这个聪明孩子而言,推动力是逆向的。有一种人非常喜欢与不如他的人竞争,这使我想起了沃森讲述的在他的疯人院里由一个白痴组织的一场比赛。这个男孩个头很高,他将所有白痴中个头最矮小的挑出来,然后跟他比。他当然总是获得第一名，他便会欣喜若狂。然而，像这样的例子不只是在沃森的疯人院才有，它是那些野心勃勃，但又非常懒惰、不想费力、不想完善自己、仅依靠外表的不同便能压倒别人的人的一种“态度”。这样，我们便发现口若悬河的演说家，总是想方设法找一个笨拙的演讲者打头阵。漂亮的女孩子没有办法打扮自己，以显示其美丽，于是便热衷于与长相难看的朋友在一起到处东游西逛。

我曾经读过一则有趣的寓言，显然这则寓言就是对这种现象的讽刺。古代有个国王长着很长的鼻子，非常滑稽。当邻国的一位国王提出要来访时，他怕自己的缺陷让即将来访的国王看到，所以他感到很不安。大臣于是想出了一个权宜之计，并向国王呈上了他的计策：“陛下，请让您高贵的宫廷人员暂时隐退，我将在全国上下寻找鼻子最大的人，届时由他们组成宫廷人员。”事情便这样办了。有了这些大鼻子，国王的鼻子相比之下再正常不过了。就这样，尊贵的邻国国王只注意到了皇宫以其鼻子大而著称，却没有注意到国王奇长无比的鼻子。

白痴比赛的故事和国王鼻子的故事都会令我们发笑，但是正常孩子之间的竞争却不会成为我们的笑资。身强力壮的孩子与失聪、有病、有残疾的孩子在一起，只会感到自己无比的优越。有些孩子的母亲受过教育，他们能得到母亲的辅导，这些幸运的孩子与那些贫穷、无人照料的孩子接触，只会感到自己是那些穷孩子的楷模。饱食终日的孩子在舒适的床上睡醒一觉，起来后便会精神抖擞；而另外一些孩子在日出之前就要起床去卖报、送奶，到学校后已经感到精疲力竭。当他们坐在一起时，那些精神抖擞的孩子便会想象自己比那些小童工们优越得多，将自己想象为他们“更好表现”的“刺激物”——实际上所有这些孩子都走上了一条错误的道德轨道。他们正在被错误地引导，不知不觉地走向不公正的歧途。他们正在受到欺骗，他们并非比别人更好，只是比别人要幸运。我们应该引导他们以慈善的心去认识真理、去同情病人、去安抚那些不幸的人、去崇拜英雄人物。如果孩子们没有这样，而是虚荣、野心、错误在他们的内心滋生繁衍，那也不是他们的过错。

确实，老师都会用同样一个寓言故事使学生想到身患疾病、不幸却很勇敢的孩子，老师竭力启迪学生们的良知，强调要展现人类的美好情操。然而，因为所有孩子都有学上，谁也不曾想到那些身患疾病、不幸、却勇敢的孩子比比皆是。但是他们却不能相互交流、相互认识，因此这些孩子受到责备、惩罚和侮辱。那些幸运的同学却在他们面前作威作福、被树为榜样、获得奖励、得到奖品、受到表扬，在此过程中却在逐渐地丧失自己的良心。

人在道德思想混乱时，就会“看不到上帝”，如同在地狱中一般。那么人们内心中什么强烈的精神被激发起来以实施宝贵的行为、培养自己的心灵呢？所有人都迷失了，无论是强者还是弱者，很少有人能进行自救，能不为奖励所诱惑、不为惩罚所恫吓、不受竞争和欺诈竞赛地不断提示所驱使，能够最终完好无损、心灵依旧纯洁无瑕，并感到人性之伟大。那些经过严峻考验，未被空洞的荣耀及迫害伤一根汗毛的人，凭着内在的力量走在以真、善、美为目标的生活之路上，他们才是我们人类的天才，是我们人类的恩人。

孩子教会了我们他们是怎样生活的

当我们主动分析一下好与坏时，我们会感到，在现实中，我们理论上所说的个体身上的坏都可以归结为外部原因。民众的堕落可以归咎于贫穷和酗酒、犯罪归咎于堕落、儿童和学生所犯错误则归咎于偏见。但这些原因并非绝对、一成不变的，而是与能改变的短暂状态相连的。因此，邪恶的古老哲学概念便把这些部分归结为众多社会问题和行为。正是通过提供工作以及与酗酒作斗争，才消除了许多产生罪恶的根源，对道德做出了伟大贡献；正是通过对堕落进行改造和教育，也就是通过与犯罪作斗争，才提高了人们的道德修养。

因此，如果学校中所存在的严重偏见成为无数道德恶疾的根源，那么靠自然法则的帮助来改造学校，便会成为向道德化迈出的第一步。

从这个目标讲，我们就必须面对这个重大问题，不是靠分析考察奖惩制度、竞赛原则，以及灌输道德原则的最适当、最实际的方式，也不是依靠创造新的“十戒”，而是要把说教问题看做是重大的、真正的社会问题。

当某个道德问题被限制在可以预防的原因和影响时，这个道德问题也就显而易见了。举例来说，我们想象有一个人口稠密的地区，在那里到处都可见贫穷，穷人为了一片面包可以铤而走险；在那里，妓院、酒吧、无视公民权使居民们堕落；在那里，无论男女，都给罪恶让路。这时候，我们对这些人唯一的印象就是，这些人太恶劣了！我们再来看看某个工业化城市的发达地区。在那里，人们的房屋都非常卫生，工作人员也都能得到合理的劳动报酬，具有真正艺术感的大众电影院代替了酒吧。我们再走进一家餐馆，人们正在安静、文明地享受着他们的食物。这时我们便会由衷地赞叹：“这些人真不错！”但是，他们真的不错吗？真正的好人是那些改善了他们社会条件的人。但是那些通过自身努力“生活得更好了”的人，从严格意义上讲，在道德层面上他们并非是“更值得赞扬”的好人。

如果他们是更值得赞扬的好人，那为了把他们看做是借助于生在不同时代的“有道德的”人，我们就需要想象有一种社会，在这个社会上，经济问题已经得到了解决。很显然，道德问题是一个截然不同的问题，是生活问题，是“自然”问题，而不是一个凭外部的偶然事件就能解决的问题。也许人类或多或少是幸运的，他们也许就诞生在一个或多或少是文明的环境中，但是他们将永远面临比幸运或文明更为复杂的“道德问题”。

儿童所谓的“淘气”很容易让人相信是“为精神的存在”而斗争的一种表现形式。儿童想让他们身上的男子气显现出来，而我们却想方设法地想阻止，给他们注入黑暗及错误的毒液。他们为了他们的精神食粮而斗争，就如同穷人为了面包而斗争一样。他们像穷人出于对酒精的迷恋使自己堕落一样，让自己成为我们诱惑的牺牲品而堕落。在这场斗争和堕落中，孩子们显得“可怜”、“匮乏”、遭人冷落、一无所有，谁也不能比他们更清楚地表明：“人不只是需要有物质食粮，还要有精神食粮”、“物质食粮”的问题并非真正的“人类问题”。过去与身体需求相关的所有灾难、所有斗争，以及所有社会主张，在这里惊人地表现出与精神需求相关联。孩子们想成长、想自我完善、想提高智力、想培养他们的内在能量、想形成他们自己的性格。为此，他们就要从被奴役中解放出来，就要战胜“生活”。只注意他们的身体营养还不够，他们更渴求精神食粮。对孩子来说，有了使其四肢免于寒冷袭击的衣物还不够，他们还要求体面的衣着和优雅的装饰来保护、衬托精神。为什么我们成人要压制儿童的这些要求，几乎就像信仰经济问题才是解决人类生活问题的唯一办法？为什么我们从未想象过即使经济问题解决之后，由于更高的精神饥渴没有得到满足，还会再度出现冲突、愤懑、绝望和堕落呢？这些表现我们总能在当今世界的孩子们身上我们，他们吃得饱、穿得暖、穿得好，而且完全符合改进后的身体卫生学标准。

满足人类的精神需求便是对道德做出了一项巨大贡献。事实上，当我们的孩子能够自由地专心于他们的脑力活动时，也就是在自由地满足其内心的需要，以及自己挑选刺激物。当他们成长得足够成熟，能完成抽象行为，并能集中精神潜心思考时，秩序和平静已经在他们身上得到发展。在这之后，优雅的举止、审美能力、对音乐的敏感，以及他们之间友好的关系便像泉水一般涌现出来。

所有这些都是“解放”的成果。我们从未用任何特殊方式使我们的孩子有道德，从未教他们如何“克服任性”的毛病，从未教他们安静地坐下工作。我们也没有激励他们互相交往、向别人学习，或是向他们解释秩序对人类的重要性。我们从未教他们在工作与活动中保持镇定和秩序。从没有教他们互相尊敬、尊重别人的工作、不伤害别人的权利,所有这些都没有教过。我们只是让他们自由,帮助他们“生活”。而正是孩子教会了我们他们是怎样生活的,让我们知道了除物质需求外他们还需要些什么。

以前孩子们当中未知的行为与勤奋、持之以恒和忍耐的美德在高兴之余,在平和的气氛中习惯性地、自然而然地流露出来。他们已经踏上了平和之路,一直挡在他们面前的原有障碍没有了。

当成年人饱餐了营养丰富的食物、摆脱了毒药的危害后,就会变得安静,就会表现出自己喜欢更高层次的娱乐,而不是喜欢劣等、堕落的嗜好。和这些成年人们一样,儿童的内心需求一旦得到满足,他们也会变得沉静,并继续追求更高的目标。

然而,所有这些都未触及道德问题的根源,只是清除了堵塞它的一切渣滓和污垢。人的需求越是得到满足,就会越感到幸福。但是人们还不像我们想象的那样,已经具有高尚道德情趣的人所必须具备的那些“高贵品质”。更确切地说,是我们剥夺了人类的高贵品质,在社会变革出现时,“善”与“恶”都消失不见了。当我们发现许多的“善”是伴随着好运、许多的“恶”伴随着厄运时,人性就被真理完全揭示于阳光下,一览无余。这样人就必须重新开始真正的生活,并获得优良美德。从这时起,从道德角度讲,人获得了新生,从纯洁、善良、健康、生机勃勃的人类之蛹中破壳而出。

培养朝气蓬勃、勇于探索的孩子

如果我们教学法的整个结构是从某一感官刺激物,对全神贯注的行为开始并将自身建立在对感官的训练之上,并局限于此,那么很明显,这样的教学法没有把全人类考虑在内。因为如果人类不能只靠物质食粮生存,也就不能只靠精神食粮生存。

环境刺激物不只是物体,还包括人。我们与人的关系不仅仅是感官方面的。事实上,我们已经不满足于羡慕使希腊人如此敏感的美,也不满足于倾听他们的朗诵及歌唱,人与人之间的真正关系虽然始于感官方式,却是建立于同情之中的。

实证科学所论及的“道德感”在很大程度上是同情心,对他人的痛苦的理解与正义感——缺乏这些情感的正常生活便会受到冲击。用死记硬背道德准则以及如何应用这些道德准则的方法不会成为真正有道德的人，因为我们会一次又一次地记不住那些信条，而且最细微的感情冲动也会战胜我们。事实上，罪犯甚至在对那些道德准则最熟悉了解时，也常常触及法律。而那些普通人，虽然对法律毫不在意，却由于某种内在的感官所引导，也从不触犯法律。

就"道德感"而言，实证科学包括某种复杂的东西，这种复杂的东西同时是对公共舆论的敏感，也是对法律和宗教的敏感。由此可知，它并不只限于"道德感"所包含的内容。我们凭直觉谈论它，每个人的内心里都有对某种称呼相对应的东西，也都必须凭自己内心的这种对应来理解判断这个"道德感"所包含的内容。但是宗教就非常简明扼要：它把这种存在于生命核心中的内在感觉叫做"爱"。社会法则并没有很深地触及这个领域，"爱"是灵魂与上帝的接触。当存在这种接触时，其他的一切便成为虚无，"美好"便自然而然地流露出来，犹如太阳光芒四射，在释放"爱"的同时，天地万物便获得了生命。就如同生灵对有无边威力大自然的奉献一样，是"爱"维持了生命的存在。

力求探索大自然奥秘的生物研究也承认，爱是生命的核心。科学家经过许多研究，最终发现了这个非常明显的事实——是爱，而不是"生存斗争"延续了物种。事实上，生存斗争导致毁灭。生存，并不像我们从前猜想的那样，是"适者"的唯一特权，但是生存确实与爱紧密相连。事实上，奋斗者和战胜者都是成人。然而，保护初生儿及其在成长过程中的小生命的是谁呢？如果坚硬有角的外壳是该物种天然的保护，那么刚出生的小生命却没有这种外壳；若是强壮的肌肉，那小生命也非常虚弱；若是锋利的牙齿，小生命也没有长牙；若是敏捷，它还不能行走；若是生殖能力强，它还尚未成熟。如此说来，所有的物种都早该灭绝了，因为无论其种类有多么强大，它都曾经虚弱。况且世界上也不存在比成年人生命力更强的婴儿期。正是"爱"保护了这些弱者，解释了"生存"的奥秘。今天母爱作为一种自然现象已经为科学家认真研究。若是为生存所做出的斗争向我们展示了一幅固定不变的毁灭的图画，那么，今天母爱现象就以其最丰富、最迷人的形式展现在我们面前。这些形式几乎代表了大自然各种各样不胜枚举的神秘而富有情趣的方面。母爱现象最终被认为是"物种的基本特性"，应被所有学者所认知。

法布尔[1]已经对昆虫这种东西进行了详尽的描述。从中我们得知，昆虫虽然很小，而且与我们相去甚远，却展现了奇妙的母爱现象。有位自然科学家发表了

---

① 法布尔 Jean Henri：1823~1915，法国昆虫学家及著作家。

一篇最早关于这种现象的论文——《蜘蛛心理学》。这篇论文可以作为一部戏剧的主题。众所周知，蜘蛛通常在树叶背面编织茧，将卵产在茧中，她自己也钻进茧里和卵在一起，这样能给这个物种的未来做更好的保护。如果茧壁的某一处破了，蜘蛛便会立即将它补好。为了做试验，我们将一只蜘蛛从茧中取出，在距茧有一定距离的地方放20天。多了不起的蜘蛛啊！一个仅仅几立方毫米大，没有大脑没有心脏的黑色物种，它的生命极其短暂，20天已经占去了它生命的很大一部分，而这个小生命却从未放弃过逃跑的努力，它的焦虑也从未减弱过。20天后，当它终于获释，便飞快地逃向它的茧，藏在里面，并将茧补好。那么这些"爱"和记忆都存储于哪里呢？实验者再次将这只蜘蛛移走，然后放进另一只蜘蛛，这只蜘蛛立即扮演起母亲的角色，保护茧免受伤害。如果茧壁有破损，便立即补好。这个生物一定具有某种不以母体为转移的母性本能。然而，当真正的蜘蛛妈妈走近被别的蜘蛛收养的茧时，继母不但没有保护茧的企图，相反，它放弃了自己的角色，逃之夭夭了。藏在茧里的不速之客是什么心灵感应觉察到了母性力量的逼近呢？

下面是实验结果：小蜘蛛被孵化出来，在茧里与母亲待在一起。实验人员将茧撕开，看看会发生什么。结果是小蜘蛛四处逃跑，而母亲却依然蜷缩在破碎的茧上，死去了，几乎是猝然地死于后代的毁灭。从这个实验我们可以看出，母爱并不需要复杂的器官，它不需要大脑，不需要心脏，不需要感官，似乎不需要任何物质便可以存在。这是生命用来保护自己、保存自身的一种力量。一种似乎在创世纪前便已经存在并一直伴随天地万物，如同所罗门所说的那种智慧力量："上帝在一开始，在他古老的善行之前，就占有了我……当没有面临苦难深渊时，我就被叫出来……这样我成了他的得意工匠，每天总是带给他快乐……谁找到了我便找到了生活。"

然而，早在生物学家发现爱是一种能够保护物种并能解释生存的强大力量之前，宗教就已宣布爱是保存生命的力量。为了生存，仅仅被创造出来是不够的，一切生灵还要有爱，这是大自然的法则。"谁不爱……谁便会死去。"当摩西指引希伯来人走上拯救之路的"十诫"时，在"十诫"前加上了这样的法律："你们应全心全意地爱上帝，要像爱自己一样爱邻居。"当法利赛人①走向耶稣，要他宣布法律时，耶稣回答："难道你们不知道你们应像爱自己一样爱邻居？"他似乎是在说：法律很明显很独特，它是生命的法则。因此，从世界诞生的那一天起它就一定存

① 法利赛人：古代信奉犹太教的一个民族派别，该派标榜墨守宗教传统礼仪。基督教《圣经》中称他们是言行不一的伪善者。

在着了。然而对后来成为新教领袖的圣彼得来说，对从旧秩序到新秩序过渡的爱得到了更加完整的阐述。耶稣说道："像我爱你们一样去爱吧。"不要像你们所能爱的那样，而是像我所能爱的那样。人类自爱的方式与耶稣爱人类的方式有着巨大的差异。人类经常径直冲向自身的毁灭，他们混淆美与丑、生命与死亡、食物与毒药。因此，在"像爱自己一样爱邻居"的训导中，人类没有感到有任何信心做到这点。当耶稣说"像我爱你们一样去爱吧"时，他的教诲的确是一条崭新的圣训。

摩西被迫凭借一条实用的戒律来实施爱的法则："孝敬父母吧，你不应该搞谋杀、偷盗、伪证别人的东西。"耶稣教诲说：我们的爱若不需要讨价还价、不需要法规的保护就好了。我们必须让这些保护措施成为过眼云烟。看吧，这本身就是开启了拯救人类的大门！"你们若只爱那些爱你们的人，有什么可感谢的呢？就是罪人也爱那些爱他们的人；你们若善待那些善待你们的人，有什么可感谢的呢？就是罪人也能这样；你们若赐予人，指望从他们那里收回，有什么可感谢的呢？就是罪人也赐予同伴，而要如数收回。你们要爱仇敌，也要善待他们，并要供给他们，不指望偿还。你们必做至高者的儿子。"①

抛弃一切束缚，挣脱一切桎梏，只抓住一件需要的东西——朝气蓬勃，勇于探索。这就是耶稣像摩西一样到山里去，不是为了躲避人们，而是叫人们跟随他，向他们揭示所有真理的秘密。上帝庇护探索的人们，即使他们受苦，受苦也便是探索，也是生活。上帝保佑那些哭泣的人们，保佑那些为了正义而受饥饿的人，保佑那些受迫害的人，保佑那些心灵纯洁而不受黑暗奴役的人们。谁探索，谁便得到满足；谁不探索，谁就会迷途。但愿那些做享清福的人备受苦难；但愿那些饱食终日的人们备受艰辛；但愿那些讥笑别人的人们备受挫败——他们已经丧失了"识别力"。所有这些都只是虚无的，因为既然心灵已经死去，知道一切道德法律，甚至即使当上律师又有什么用呢？犹如我们粉饰坟墓一样，有道德、自我满足，然而却没有灵魂的人就像是一座坟墓。

道德感教育

如果我们不想把儿童引向幻想、欺诈和黑暗，那么道德教育的概念就与智力

---

① 《路迦福音》第六章 32~35，本段参照香港圣公会 1979 年所印《圣经》之译文。

教育的概念一样,必须包括一个感情基础,并将之建立在这个感情基础之上。一方面是感观教育和按照自身规律提升智力的自由,另一方面是感官教育和提升自身的精神自由,这是两个类似的概念,两条并行的道路。

考虑一下我们与孩子们的关系吧,实际上我们就是他们借以发展其情感的刺激物,而这种情感的发展非常微妙。

对于智力而言,我们有很多教育客体,例如颜色、形状。但对于精神而言,其客体就是我们自己。孩子纯洁的心灵必须从我们这里获得营养,如同他们的注意力集中在自己喜爱的刺激物上一样,他们应该全身心地把注意力集中在我们身上。通过爱我们,他们得以提升自己的内心精神创造。

当兴趣驱使儿童拿起颜料盒,并被五颜六色所吸引时,盒子里的东西就会被动地任他们摆布。而这些颜色反映出了太阳的绚烂色彩,这些色彩又落在孩子尚未完全成熟和适应的天使般的视网膜上。同样,当孩子们转向我们,向我们的心灵渴求营养时,我们应该像那被动的颜料盒一样,随时做好准备。我们绝不应该由于自私而对孩子的需要置若罔闻。我们应竭尽全力,为他们那尚未适应生活的纯洁心灵带来所有光芒。

我们不应直呼其名,然后把爱粗暴地塞给他们,并命令他们要接受我们的帮助。我们应该像那些很自然地吸引他们的平滑、光洁、形态各异的物体那样,应该像那些在彩色字母表和小盒子里包含着计数的最基本技能一样,将更高级的智力练习以直观的形式表现出来。我们还应该等待,但不是冷漠地注视,而是应该让孩子感到我们拥有丰富的物质随时随地供他使用,只要他一伸手,就可以抓住。我们对孩子所做出的"反应"应该像他所摆弄的、每触摸一下对他的智力都有提高的物体那样强烈、及时、完备。

很多人都注意到:有些时候,当他们抚爱孩子时,孩子却似乎很反感,像被冒犯了一样地逃避。许多人也都注意到:孩子的感情冲动受到阻止时,便像含羞草被触摸了一样,沉默寡言,忍辱负重。我们应按如下所述尊重孩子的精神自由:无论我们的爱如何强烈,都不能把我们的爱抚强加于他们;也绝不能压制他们情感的迸发,即使我们没有做好准备接受孩子的爱,也应该竭力真诚、小心地做出反应。我们是孩子爱的"对象",是孩子用以组织生活的对象。

也许有人会问:怎样才能让孩子爱我们呢?怎样才能使孩子感到我们爱他们呢?

如果孩子看不到颜色,那么他就是个瞎子,没有人能给他视力。因此,如果孩子不能感受,也就没有人能把这种感受能力给他。既然上帝不仅用肉体将母亲和孩子紧紧联系在一起,而且还用爱使他们联系得更为密切,那么,毫无疑问,婴儿在降临人世时,不仅是带着肉体,而且还带着爱。谁有爱,即使它可能只是一个物体,谁就会拥有一种能够接受印象的感官;谁能看到物体,谁就拥有视力。因此,谁能看到一个物体,谁就能看到所有东西。谁爱他的亲人,谁就能去爱。所以说这种感官当然不只是能为当时在场的物体产生效应。

就连被人为地放在另一位蜘蛛妈妈的茧里的蜘蛛,也会收养、保护那些不是自己的卵,因为它具有母爱。因此,被母亲爱,并受到母亲帮助的孩子具有一种"内在的感官",凭借这种感官,他也能够去爱。

我们要耐心等待孩子自己"看到"这一点,要让他们在那些智力活动中徜徉,当孩子们感觉到我们的精神实质、心神安逸地和我们在一起时,这一天就到来了。对孩子来说这一天将是一次新生,一次与他第一次被某个物体深深吸引时的觉醒相似的新生。那一天、那个时刻一定会来到。我们已经为孩子付出了我们美妙绝伦的爱,我们默默地奉献,不期许孩子能看到我们爱的付出,随时准备提供帮助。我们以最大力量,用尽了一切方式满足他们的智力需求。当他们需要用语言来进一步表达思想时,我们便教给他们事物的名称,但只限于此,孩子不问我们时我们立刻隐退,我们不会强加于他们任何东西。我们已经教给了他们字母如何发音、数字的奥秘,也已经将他们与万物联系在一起,但只限于给他们提供对他们有用的东西,却几乎将我们的身躯、呼吸和整个人都遮掩起来。

孩子一旦想进行选择,绝不会在我们这里遇到阻碍。当他们长时间地全身心投入到各种使自己健康成长的锻炼中时,我们便会像母亲保护婴儿的睡眠一样,精心保护他们,让他们安心学习。

当孩子第一次尝试抽象思维时,除了在我们这里感到快乐的共鸣外,别的什么也感觉不到。当孩子有事相求时,他们会发现我们总是有求必应,就像无穷无尽的飘逸芳香是花朵的使命一般,满足他们的需求就是我们的职责。

他们在我们这里找到了新生,新生命的甘美不亚于母亲的乳汁,随着吸吮妈妈的第一口乳汁,孩子的爱也诞生了。因此,终有一天,他会与这个为了他的生存而生存的人心心相通,会从这个自我牺牲的人身上得到生活的自由和发展。

毫无疑问,孩子的精神会与我们心心相通的这一天终将来临。从此以后,他便开始欣赏灵魂与灵魂密切接触的极大乐趣,他不再只用耳朵听我们的声音,听从我们、与我们交流他的成功、与我们分享他的快乐,这些都将成为他生命的组成部分。我们肯定会看到他突然注意到自己的同伴几乎与我们一样深切地关心他们的进步。四五个孩子拿着汤匙,坐在桌旁,盯着热气腾腾的饭菜,他们没有感到一丝来自饥饿的刺激,因为他们都在细心地观察一个小同学,那个小同学正在竭力将餐巾往下巴下面塞,好不容易才塞好。我们看到这些旁观者们就像是父亲看到儿子成功了一样,显出一副宽慰和骄傲的神气。目睹这样的情景是令人愉快的。孩子们会用进步、情感的外露和温柔的顺从等令人感到惊异的方式来回报我们,因为他们,我们才会收获比我们的想象要多得多的累累硕果。因此,生命奥秘被这样诠释:“你如果施与,就会得到。人们会争相跑过来,把你应得的收获送入你的怀抱。”

道德教育的本质

道德教育的本质就是保持和完善心理的敏捷性，像从感官训练开始的智力教育一样,良好的秩序会围绕它自行建立起来,好与坏的区别就会显而易见,谁也无法将这种区别教给那种看不见它的人。然而,看到差异与知道差异并非一回事。

但是,为了“能对儿童有更大的帮助”,我们必须使其成长环境更加合理,必须对善恶进行恰当的区分。一个善恶被混淆在一起,热心与冷漠、呆板与灵活、好与坏、幸运与灾难都分不清楚的地方,绝不是一个在道德意识里对秩序的建立有所帮助的场所,更不用说那些存在非正义的行为和迫害泛滥的地方了。在这样的环境下,孩子稚嫩的心灵就会像被污染的水,比酒精对胎儿的毒害还要可怕。秩序也许会和纯洁的心灵对好坏的鉴别意识一同被放逐。我们无法预测,这对那些“有道德的人”会产生什么后果。“谁冒犯了我们的孩子,谁就不得好死。”“你的手和脚如果冒犯了你,那么把它砍掉！”

然而,合理安排的环境并非意味着一切。即使是在智力教育中,这也不是开发智力的唯一条件，教师的授课也巩固和启发了儿童内心发展过程中的内心秩序。教师在授课时会说:“这是红色,那是绿色”,现在她会说:“这是对的,那是错的。”我们发现像上面所叙述的那样,孩子把善行和恶行看做是意识中最重要的事情,并且把这一点看得比物质食粮和精神食粮还要重要,他们会提出这样的问题:“好在哪里？恶又到底是什么？”对他们来说,这个问题比其他任何问题都重要,这种现象非常普遍。但是我们不能忘记,道德课程应当简洁明了,智者之父摩西为了向一个民族——而不是一个孩子——灌输道德理念，还要制定在耶稣看来是多余的“十诫”。这十诫之首就是爱的“条款”，而耶稣用放大了的爱的律法代替了十诫，这个律法自身包括了所有法则和道德准则。

感知让儿童走向完善

凭借“内心感应”，而不是凭借对道德的理解来区分好与恶是有可能的，当然，在这种情况下所提及的好与恶应该是绝对的。也就是说，对好与恶的划分应该是与生活本身相联系，而不是与获得的社会习惯相联系。我们总是说，是我们的下意识告诉我们区分两件事情：美好带来安宁，即秩序；美好也带来热情，即力量；而恶则是有时无法容忍的痛苦：悔恨不仅是黑暗和混乱，而且还是高烧、会使我们的精神反常。我们可以肯定的是，社会法则、公共舆论、丰富的物质以及可怕的威胁都无法产生这些感觉。在倒霉人中常常可以找到心灵的平静，而在麦克贝斯夫人看到手上的血迹时的懊悔，时刻撕咬着她那颗本来已经得到了王国的心。

我们具有一种警告我们危险的存在和使我们辨认出适合于生活环境的内部感知，这一点并不令人感到惊奇。当今的科学如果能够证明维持物质生活的手段与合乎道德的行为相一致，那么，我们就可以断言：我们将能够凭内在感知去推测什么是生活所必需。生物科学不是也证明了一个类似的事实吗？运用于人类的生物测定计使得再造完全相同的人成为可能，即再造出一个身体各部位比例完全相同的人。通过医药方面的统计研究和形态研究，这些相同的比例与“正常”人完全一致。这样的人会非常完美，不易患官能性疾病。按照生物统计学的标准比例来再造人的体型时，我们发现该体型与希腊雕像的比例惊人地一致。这个事实有助于重新阐释“美感”。很明显，只有凭借美的感觉，希腊艺术家的慧眼才能抽象出各个器官的标准尺寸，才能建造一个奇妙、精确的整体。艺术家的“享受”就是他对“美”的享受。但是，他甚至还能更深刻地感受生活中的成功带给他的享受，并把它与能诱发疾病的天然缺陷区分开来。创造的成功给能“感知”它的人以最大的喜悦。错误，即使是最轻微的错误，也会被看做是不和谐的。简单地说，美学教育与数学中绝对平均数所取的近似值相近，这种近似值与真实的尺寸最大限度地接近，我们便越能感受到它，也就越有可能成为一种考虑到偏差问题的绝对的比较方法。因此，伟大的艺术家就能在每一个细小处看到美，即使是在别的不和谐的细节中。艺术家越能拥有一种绝对的美感，就越能迅速地看出任何形式的不和谐。

关于在意识里区分好与坏的问题上,也是如此,只要好的东西在实际生活中代表的是美的东西,那么坏就可以说成是代表危险了。动物不是具有敏锐的自我保护的本能吗?这种本能支配着它们的一切行为,既要生活,又要进行自我保护。狗、马、猫,一般来说,所有家畜都不会像人类那样麻木地傻等着地震爆发,它们会在地震来临前烦躁不安。当冰层要裂开时,拉着雪橇的爱斯基摩犬会互相分开,好像是为了避免掉进冰窟窿中去似的。而人类只能茫然地看着动物惊人的本能,人类天生就不具备这种本能。人类是运用才智和对善与恶的意识情感,才建立起防御工事,才得以感知危险。如果这种改变世界的才智使人类高于动物,那么通过开发自身的道德意识,人类将把自己提高到多么卓越的高度啊!

但是,从另一方面考虑,今天的人类已经不得不冷静地扪心自问:难道动物真的不如人类吗?当人类希望标榜自己时,便会说:"我像狗一样忠诚,像鸽子一般纯洁,像狮子一样强壮。"

事实上,动物总是具有令人羡慕的本能,这种本能赋予了动物一种奇妙的力量。但是如果人类缺乏意识感应力,就会比动物还要低劣,那样的话,就没有办法使人类的行为不过分,人类就会自行毁灭,用一种使动物茫然不解、惊骇不已的方式向灾难与死亡冲过去。如果动物可以的话,就会竭力教诲人类,那么人类也就会和动物一样了。没有意识的人就像没有自我保护本能的动物,就像冲向死亡的疯子。

如果一个人不懂得进行自我保护,那么凭借科学方法尽量多地挖掘出人类自身的自我保护功能又有何益处呢?如果一个人具有完备的卫生知识、保持健康体重的方式、洗浴方式以及按摩方式,却完全丧失了人性,残杀同类,或是轻视自己的生命,那么这个人再悉心照料自己、保养自己,又有什么用呢?如果是他的内心毫无感知、异常失落呢?如果是失落使他这样做,并使他陷入深深的痛苦之中,那么他的身体营养状况再好、卫生状况再好,又有什么用呢?

善即是生存,恶即是死亡,两者泾渭分明。我们的道德良知像我们的智慧一样能够得到完善和升华,这是人与动物的本能最根本的一个区别。

我们的良知就像是对美的感觉一样能够得到完善,直到能辨别并享受到"善"的极致,也同样能鉴别最细微的"恶"。有了这种鉴别力的人就得到了"拯救"。谁不能这样,谁就要警惕,并要尽最大努力保护和发展这种神奇、珍贵的指引我们区分好坏的感知力。在不仅拥有道德规范知识,而且还拥有爱的知识作为我们启蒙源泉的同时,有条不紊地检查我们自身的意识是一生中最重要的行为之一。这种感情只有通过爱,才能逐步完善,感官得不到训练的人,不能进行自我评定。例如,医生可能对疾病的症状了如指掌,对心脏和脉搏的跳动也非常熟悉。但是,如果他的耳朵听不见、手也感觉不到脉搏的跳动,那么科学对他又有什么用呢?他诊断疾病的能力是以感官知觉为前提的,如果没有这种能力,他的知识对病人就没有价值。这种情况同样适用于诊断我们的意识。如果我们又聋又瞎,那么再多的症状也会丝毫不被察觉地从我们的面前溜走,我们也不会知道我们的判断是建立在什么基础之上。从开始的那一刻起,单调、无用的事情就会一直烦扰着我们。

另一方面,也正是"感知",鞭策我们走向完善。如同希腊艺术家在美感的指引下显露出非凡的鉴别标准体型的能力一样,世界上也一直有人具备非凡的分辨善恶的能力。修女特蕾莎告诉我们,当世俗的坏人接近她时,她就像吸进了一口臭气一样感到非常难受。她还说,实际上她当然什么都没闻到,但她确实感到难受,这种难受不仅仅是想象,她的痛苦是她不能忍受真正精神上的痛苦。

下面这则关于居住在沙漠里的早期神父的故事更有趣:"我们坐在主教周围,"一个僧侣说道,"聆听着他神圣的教益,我羡慕不已。突然,安提阿[①]最漂亮的舞女,第一流的哑剧演员,满身珠宝地出现在我们眼前。她那赤裸裸的大腿上几乎挂满了珠宝,她的头没有蒙纱,肩膀也赤裸在外,一大群人前呼后拥。当时的男人对她是百看不厌,她身上散发出的浓郁香水味在我们呼吸的空气中弥漫。她走后,我们那位一直目不转睛盯着她的神父说道:'难道你们不为这样的美人倾倒吗?'我们都默不作声。主教接着说,'从对她的观望中我得到极大的享受,因为上帝已经指定,她有一天会来评定我们。''我看着她,'主教又补充说,'就像看一只被玷污、被染黑了的鸽子,但这只鸽子会被洗得洁白如雪,飞入天堂。'这个女人后来果真回来了,请求为她洗礼。她说:'我叫佩拉基,确切地说这名字是我父母给起的。安提阿的人都叫我珍珠,因为我的罪而用无数的珠宝装点了我。'两天后,她把所有财物都送给了穷人,戴上头巾,搬进了蒙特·奥里维托的一间小屋,到死都没有再离开。"[②]

① 安提阿:小亚细亚的一个古城,其遗址在今土耳其境内。

② 蒙塔郎贝尔:《西方僧侣》第一卷第 86 页。

我们的麻木

我们对于微妙的恶给我们带来的痛苦的敏感度，远不如我们从别人那里感受到友善而带给我们欢乐的敏感度。在我们这个社会,我们很有可能长期和一个罪犯生活在一起、尊敬他、与他握手等,直到有一天他的罪行可耻地暴露于光天化日之下。于是我们这时会说:“谁会想到呢!他看起来可真像是一位了不起的人呢!”

然而，这个罪犯不可能没有显露出一点点本该从一开始就把自己暴露于天下的劣迹、怪癖和残忍。没有人会说我们所有人都应该成为像希腊雕塑家那样伟大的美学家,或像圣人一样敏感。但是,如果我们承认从绝妙的艺术品旁经过而没有感觉到它们的美，这确实是件没有教养的表现。如果我们承认将可怕的粗野、畸形与理想的美相混淆,将嘎嘎作响的电车车轮声或走调的乐器震耳欲聋的声音与贝利尼、瓦格拉和谐的音乐声相混淆,如果我们承认这些都是不完善的人类文明。如果我们承认每个人都会为这样的迟钝而脸红,并掩饰这种羞怯的话,那么我们为什么对道德方面习以为常的事情却迟钝得视而不见呢？美好为什么这样模糊不清,以至于我们会将美好与幸运混为一谈？福音中说:“富人们,准备迎接灾难吧,因为你们将会得到报应！”那些富人怎么能不检查他们自己的道德生活或那些属于他们的生活,而去考虑“改善穷人们的道德生活”呢？仿佛他们坚信富人本质上就是好的,而穷人就是坏的。

像这样的黑暗如果统治着世界，我们无法想象出会有什么样的疯狂呈现在我们眼前。道德界中存在着其他生活领域无法想象的混乱,如果未来有一天,其神智比今天还要清醒的各民族的青年听到在欧洲大战的阵地上举行过圣诞节的盛宴,他们就会理解战争的根源了。在这种情况下,大卫(对他来说一定是不可思议)一定会接受他的敌人问他“你们的上帝在哪里？”时对他的嘲弄。“我们已经失去了上帝”这是比较合乎适宜的感叹。但是,在这种情况下,置若罔闻地庆祝圣诞节就是没有意识到我们已经失去了上帝。那么我们的灵魂已经逝去多久了？越来越多的人逝去灵魂又是何时开始的？这种情景多么疯狂！为了表示对救世主的敬意,我们在这个心灵的屠宰场上种植了和平之树。

比起修女特雷莎对罪恶奇妙的敏感，或被罪孽深重的女人所玷污了的羽毛遮掩下洁白鸽子的敏锐洞察力,我们无奈相距太远了。这种差距不像农民和艺术家在趣味上的差距,而像是行尸走肉和充满生计的人之间的区别。显而易见,我们已经历过死亡,虽然我们并没有意识到已经死亡。

那么,我们必须在这里而不是在卫生学中找到我们生命的奥秘。我们有某种比自身尸体容易腐烂的东西,有一种比我们的物质生活更脆弱的生活,黑暗的危险一直笼罩着我们,这就是人类的奥秘。

人类如果失去了引导他走向美好世界的明灯,就会掉进一个远比其他动物都要低劣的深渊。

因此,爱别人的人会将所有精力用在生命的泉源上,新生婴儿的肺是多么的脆弱啊!如果哪位灭绝人性的母亲想窒息婴儿,那是多么容易的事啊!然而,这种只杀一条生命的轻易举动与那种再容易不过却又更加致命的扼杀灵魂的举动比起来,又算得了什么呢?

灵魂的死亡与身体的死亡相同,与麻木状态毫无区别,我们将烧红的烙铁放在尸首上等于是白放,毫无反应。

然而活着的人不仅能对比烧红的烙铁小得多的刺激立刻做出反应,而且只要他活着,有感觉,他就能完善自我,因为这就是生活。

灵魂能够感觉就足够了。那这样的灵魂又怎么能宁静地生活在罪恶之中呢?如果人们都在我们自己的窗前倾倒垃圾,直到空气中充满了恶臭的味道,我们还能忍气吞声、不加以指责、让垃圾继续留在那里吗?如果我们还有一个孩子,我们甚至会大声抗议,或者因担心孩子的健康而亲自动手将垃圾清除干净。但是,如果是妈妈和孩子的尸体躺在那里,他们永远也不会意识到这种能够引起瘟疫的空气。

净化环境和清除对灵魂健康有害的物质是生命的特征,耶稣被称为“除去世人罪孽的神的羔羊”,他不是来传教的,而是来净化的。这就是从敏感中迸发出来的道德:净化世界,清除生活的障碍,并将精神从死亡的黑暗中解放出来。

所有人都感到应归于意识的成就不像欣赏音乐或有所发现之类的事情,他们肯定会说他们所做的都是为了拯救生命、维持生活。这些净化意识的价值就像进步一样,是无价的。“扔掉所有的束缚,跟我来吧!”耶稣对那些向他请教该如何做的人说道。

因为人类能够通过其他能督促自己向着无尽天堂前进的力量来强化自己的力量,在这个熟睡的人的面前是看不见的雅格的天梯[①],天使们从这个天梯上下

① 雅格的天梯:《圣经》中雅格(一个以色列人)梦中见到的天使上下天堂所用之梯。

来,召唤他走向天堂,走向超自然的生活。是的,成为一个超人吧!对缺乏信心的人这只是一个梦想,但是对有信心的人来说,却是一个可以实现的目标,是生活的目标。

对弗雷德里克·尼采来说,超人只是没有实际结果的概念,即使用他接受的进化论来测试,超人也是荒诞不经、漏洞百出的。他的观念对克服人类的邪恶不仅不能提供半点帮助,而且还成为将人类限制于地球上的一条锁链。在地球上,人类只有千方百计地按照自己的样式创造出一个优于自身的人,就这样,人类被引上了自私、残忍和愚昧的歧路。

但是,无数的圣人按照他们自己的信念去感受、去做:"我活着,但不是我,是耶稣活在我的心中。"

如我们的诗人所说,如果人类"注定要成为天使般的蝴蝶蛹"的话,那么人类一定要走这样的路:从精神角度讲,要么升入天堂,要么就下入地狱。

因此,遵守物质卫生学和精神卫生学的法则并不是生命的全部内容。然而,它是唯一能从周围环境中寻找到净化自身和拯救自身方法的生活,而这种生活是超自然的,需要为其自身转化所需的力量提供爱和神圣的光芒。

确实,圣人的特征不是出神入化,而是优秀与低劣的天性之间真实而又成功的斗争。

道德与宗教

众所周知,在历来已久的宗教观念中,有些现象,例如宗教皈依的关键时刻,其最大的特点是人的"顿悟",在其内心刹那间形成一种"秩序",通过这种秩序一切都突然豁然开朗:善与恶的区别因而也自行揭示出来。事实上,那些皈依宗教的人受到启示时的一刹那似乎与神学、教义和礼拜仪式没有联系。他们通常是那些远离尘世暴乱的良民,似乎已经没有了自己的物质生活和精神生活,他们全身心地投身于闭关冥想。此时他们的意识似乎正被某种巨大的光芒所照耀,这时的他们会大喊出:"我是个罪人!"仿佛黑暗和所有腐朽、令人虚弱,以及令人窒息的邪恶都已经远离了他们,当邪恶消失后,他最终看到的到处都是可怕的、昏暗的、无形的危险。正是如此才使他们焦虑不安,使他们哭泣;也正因如此才促使他们去寻找能理解、安慰、帮助他们的人。皈依者会像刚刚出生的婴儿一样需要帮助,他们像刚刚出世的即将迈向新生活的婴儿那样又哭又闹，他们不受世间礼教的约束和限制，他们感到这是他们自己的生活，他们的生活价值对于他们自己来说似乎比整个世界的财富和一切有益的事情还要有价值。他们感到了一种从巨大危险中逃脱出来后的如释重负。他们的渴求就是可以从压迫他们的邪恶中解放出来，因此他们在能向前再迈出一步之前，必须要重新考虑当罪恶深深扎根于他们之中，而他们却毫不察觉的那一可怕时刻：

"好像一个人从海里逃到了岸上，
喘息未定，回过头来，
向那险恶的波涛频频观望，
我仍旧在向前飞奔的心灵，
就像那样地回过头来观望，
那座没有人兽能生还的关口。"

(但丁《地狱篇》)

这种罪恶桎梏了所有的精神财富，而这种精神财富最终会获得自由，到那时他们的眼前会有一个崭新的、充满生机的世界：

"如今我看到我眼前的景象，
仿佛是整个宇宙披上了一个笑容……"

(但丁《天堂篇》)

我曾听到过这样一个皈依宗教的故事：有一位僧侣，他因出色的演讲才能而闻名。一天，他正在一座教堂里给一大群虔诚的听众布道。突然，他被一声呜咽打断了，人群中有人在大声地哭，还伸开双手喊道："我是罪人！"这个僧侣像平常一样，走过去帮助那位皈依者，并接受了他心灵抛弃罪恶时的忏悔。然后，僧侣由于很想知道是哪句话打动了那个人的心，便问了他，"啊！"皈依者回答道，"你说的我连一个词都没听到，我也不知道为什么走进了教堂。当时，你加强了语气，用手用力地指着我。对，一点都没错。我就哭了，我是罪人，我感到一直有件如灌了铅一样沉重的斗篷从我的肩上滑了下来，然后泪水不受控制地如洪水般从我心头涌出。"教义在这次皈依过程中没有起到任何作用，起作用的不是"信念"，也不是新的"知识"，而是一种完全自发的心灵现象。这种现象也许经过一段时间的无意识准备,将光明与黑暗相区分,然后开始了对一个新的人的创造。

皈依者比其他任何人都更清楚地感到,罪恶是一种“障碍”,这个障碍阻挡了人类达到比平时人们能够享受到的最高尚的欢愉还要高的境界。人类不仅净化了自己,而且还改变了自己。皈依者就像一块埋在渣滓和泥潭中的钻石,突然从覆盖物中显露出来,裸露在外面,明亮如镜,熠熠发光。它不只是一块洁净且华丽的石头,真正改变了它的是使其熠熠发光的太阳,使之映射出光芒。毋庸置疑,这是天然的光泽,与被清除的渣滓以及与宝石固有的特性都毫无关系。渣滓不仅污损了宝石,而且还阻止了它与将会赋予它独特美丽的阳光的接触。

每个虔诚的人都知道,罪恶对我们来说是条“锁链”,把我们牢牢地抑制在坟墓般的地狱里。对爱怀有敌意的情感成为阻止我们发展、阻止我们与内心的优良品质自由地交流的障碍。我们思想中最少量的杂质、最少量的渗入物都足以减弱我们的才华放出异彩,都足以导致我们从上帝选民的金匣子中被淘汰出局。判断我们是兄弟的简单的一眼,不是宽恕我们,而只能使我们的心更加冷酷,或产生无限的憎恨和疯狂的嫉妒。

“肉体的作用显而易见,即憎恨、分歧、竞争、狂怒、斗争、煽动、异教、嫉妒、巫术、暗杀。”‘带着一颗忍受着痛苦的心走向圣坛,就像一只受伤的兔子带着射到她身上的箭跑回自己的巢穴。兔子跑回巢穴不是为了拯救自身,而是为了死在自己的洞穴里。’“同样,如果你带着祭品来到圣坛,你还想到你的兄弟没有什么和你过不去的……那么,先去和你兄弟和解,再来献上你的祭品。”

原谅别人过错的人做的并不是一件合情合理的正义之事, 对被原谅的人来说也没有什么益处。因此,考虑某一过错是否值得原谅,干了错事的人是不是需要我们的宽恕等等这些事简直是在浪费时间。我们必须宽恕别人,不是从正义感出发,也不是为罪犯着想,而是为了我们自身的缘故。谁宽恕别人,谁就抛弃了嫉妒和怨恨,抛弃了一切使他无法抬头、压迫和桎梏精神的枷锁,这就是我们为什么必须宽恕的缘故。这样,我们就可以挣脱阻止我们自由活动和升华的桎梏,我们剪断一个气球的绳索时,并没有考虑气球是不是朝向地面,也没有考虑绳索是否值得剪断。我们剪断它就是因为要让气球飞向天空,必须这样做。飞向天空的人饱览了在地面上无法看到的美妙景致,在这得与失的选择中,谁会做出合理的选择呢?

如果你宽恕了别人,那么你也会感受到全世界的人都在宽恕你,这就表示你升华了。

儿童的宗教情感

我们对儿童的心灵危机以及儿童自发的宗教情感研究得太少了。不错,近年来发生在英国的宗教运动狂潮中，出现了最令人感到难以解释的儿童宗教狂热的例子。5 岁的小奈丽在病榻上弥留之际时要求圣餐,就是在这次圣餐后,庇护十世[1]才允许将圣餐施与不同年龄的儿童。这个案例形成了当今实证科学研究中匪夷所思的一部分。

被提到国际心理学代表大会上这项单独的研究，就是 1911 年 11 月在布鲁塞尔召开的第一届国际教育学代表大会所讨论的课题——《儿童道德及宗教情感发展观察报告》。作为观察对象的儿童没受到过任何宗教教育,有一天,观察者看到孩子突然无缘无故地抽泣起来。当孩子的妈妈问他为什么哭泣时,孩子回答说:“因为我记起两个月前看到一只小狗被虐待,现在我又感觉到它了。”一年半后,相似的情景又一次发生了,一天傍晚,这个孩子从窗口望着月亮,突然伤心地大哭起来。“不要责怪我,”孩子动情地说,“当我望着月亮时,我感到我经常让你伤心,我明白我冒犯了上帝。”

这项有趣的研究揭示了道德意识的自发现象的阶段性周期性：第一阶段是促使孩子伤心的事件发生两个月后的强烈感情流露，他感受到了那只被虐待的小狗的痛苦。第二个阶段是这次感情爆发之后很久孩子的心灵活动才趋于正常。孩子能区分好和坏,能认识到他惹父母不愉快了,这种不愉快也许并不严重,实际上是非常轻微的,因此孩子当时没有感觉到。但是当孩子在洗涤这种轻微的不道德行为时感到了上帝的存在,当他说“我明白了,我冒犯了上帝”时,他清楚地知道他冒犯的不是他的父母。当时,没人对他谈到过上帝,也没有训练过他检查自己的思想意识。

我到现在也没有机会目睹类似的精神成长过程。我在宗教教育方面的经验因此而受到限制。事实上 ,在由弗兰西斯肯姐妹照看的“儿童之家”里,宗教教育还是通过普通方法来进行的,所以不可能进行有创见的研究和观察。另一方面,市政当局占统治地位的政党偏执地在公共学校里废除了宗教，造成了人们非常

① 庇护十世 Piusx(1835~1914),罗马教皇,任期 1903~1914 年。

害怕“上帝”这个词汇,如同怕“魔鬼”一般。

因此,我的经验就仅限于我在家里接受的一些孩子的身上。这些孩子来自不信奉宗教的家庭,因此都没有受到过宗教影响。

我有一个刚年满7岁的学生,他家的一位朋友发现他很聪明,并且知道他受到过“自由”的教育,便想简明扼要地根据拉马克和达尔文的进化论原理给他阐述动物的进化,用以对他进行测试。孩子非常专心地听他讲,然后问:“啊!人是从猴子变来的,猴子又是从别的动物变来的,以此类推,那第一个动物又是从什么演变而来呢?”“第一个动物嘛,”这位朋友说,“是偶然形成的。”小孩子大声笑了,把他妈妈叫过来,兴奋地说道:“听,简直是一派胡言!生命是偶然形成的,这不可能!”“那你说生命是怎样形成的呢?”“是上帝造的。”孩子深信不疑地回答。

征得母亲的同意后,这个孩子准备和他的姐姐共进圣餐。圣餐由一个受过高等教育、具有渊博美学知识的年轻神父主持。我很想听听这个孩子提出的异议。但是,我没有得到允许。只有一次参与机会,但那次去的时候快近尾声了。神父说到保留葡萄酒,说道教士在神圣的宗教仪式过程中能发现自我的实际情况,我觉得这样的演讲对孩子完全不合适,并且很可能使孩子不去注意我们所期望给予的结论。但是我很惊奇地看到,孩子们都目不转睛地盯着圣坛。很显然,他们不熟悉这样详细的讲解,却被深深地吸引着他们的一种情感所打动。装着酒的圣餐杯像深深吸引了天真的帕西夫[①]一样深深吸引着这些乐于接受的灵魂。他们第一次用圣餐时,我认识到了他们用一种美好的信念和绝对的单纯接受了这些神秘的东西,好像他们能理解一切属于上帝,否认上帝才是荒谬的,他们精神上的胜利一直伴随他们走完人生。

这之后很长时间,一个小孩的表妹准备接受圣餐。在此之前她从未在家中受过宗教方面的任何培养。有一天,她在课堂上正专心致志地学习时突然说:“解剖花朵多美啊!算术和几何我也喜欢!但无论如何,宗教却是最美妙不过的。”

学校里有一个年龄稍大的孩子,她的父母仇视宗教。这个女孩子虽然对学校的训练显示出了很浓厚的兴趣,但总会焦虑不安。后来,在她居住的小屋里举行了一些非常棒的儿童晚会,一些名副其实的艺术品装饰着她的小屋,于是她变得更加焦虑不安、玩世不恭,像正受着精神幻灭的折磨似的。一天她把一个从墨西拿[②]来的孤儿叫来,这个孤儿是我们“儿童之家”的孩子,她把她领到一个安静的

① 帕西夫:瓦格拉歌剧《圣林》中的人物。

② 墨西拿:意大利东北部一海港。

角落，请求她重复祷告词。这个孤儿背诵着祷告词，那个富有的孩子在一旁看着她。然后，像顺从什么神圣的启示似的，走到钢琴旁边开始弹奏起来。她的双手颤抖不已，上身倒向一旁，肘部放在键盘上，头低垂着，再也无法掩饰内心的激动。她的灵魂在渴望得到满足。除了爱她的人不愿意给她的东西外，什么也不能使她平静下来。她的心仍然充满活力和渴望："就像心灵渴求甘露，我们的灵魂跟随着你，我的上帝！"

她的周围至今还没有形成使成人不能像小孩子那样很快领会精神奥秘的来自黑暗的杂质。这种精神奥秘后来变得像对尼克迪莫斯一样不可理解，他问耶稣："人怎么会再生？难道他能再钻回到娘胎里不成？"

但是，这项非常潦草的研究足以让我们明白：孩子除了智能需求外，还有其他的需求，而且他的纯洁和坦率的精神远在他的智力得到发展和满足前就反射出了神圣的光芒。他也许就是我们等待着的神情沮丧、精神抑郁的帕西夫，然而，由于我们双手的不洁，鸽子再也不能从天堂飞降到装满了和平之液的圣杯中。①

① 这里几乎没有提到道德问题，甚至没有概括性地谈论到道德问题。事实上，这个问题的研究是对智力教育研究的贡献。在西班牙的巴塞罗那一项关于儿童道德和宗教教育的实验性研究刚刚开始，此书的续篇将论述这个问题。我现在还很难预见到我和我的同事是否能将这项繁重的工作胜利地进行到底。